江苏省高校哲学社会科学重点项目(2017ZDIXM088)

中国书籍学术之光文库

汽车时代城市交通治理社会路径研究

何玉宏等 | 著

中国书籍出版社
China Book Press

图书在版编目（CIP）数据

汽车时代城市交通治理社会路径研究/何玉宏等著
.—北京：中国书籍出版社，2019.12
（中国书籍学术之光文库）
ISBN 978-7-5068-7663-6

Ⅰ.①汽… Ⅱ.①何… Ⅲ.①城市交通—交通运输管理—研究—中国 Ⅳ.①U491

中国版本图书馆 CIP 数据核字（2020）第 002646 号

汽车时代城市交通治理社会路径研究

何玉宏等 著

责任编辑	张翠萍　李田燕
责任印制	孙马飞　马　芝
封面设计	中联华文
出版发行	中国书籍出版社
地　　址	北京市丰台区三路居路 97 号（邮编：100073）
电　　话	（010）52257143（总编室）　（010）52257140（发行部）
电子邮箱	eo@chinabp.com.cn
经　　销	全国新华书店
印　　刷	三河市华东印刷有限公司
开　　本	710 毫米×1000 毫米　1/16
字　　数	269 千字
印　　张	17
版　　次	2019 年 12 月第 1 版　2019 年 12 月第 1 次印刷
书　　号	ISBN 978-7-5068-7663-6
定　　价	95.00 元

版权所有　翻印必究

内容简介

汽车时代中国城市交通面临新挑战与新问题，城市交通治理要突破困境必须创新路径。本书以城市交通系统中的矛盾为切入点，深入分析城市交通中人与人，人与车、路、环境之间的矛盾和冲突，提出城市交通治理需要强化制度设计、政策制定、需求管理和系统协同。

目 录
CONTENTS

第一章 导 论 ······························ 1

第一节 研究背景与研究意义 1
一、研究背景 1
二、研究意义 6

第二节 国内外研究综述 7
一、关于汽车社会与汽车时代 7
二、关于城市交通问题研究（交通矛盾及冲突等） 11
三、关于城市交通治理模式 15
四、关于城市交通治理途径 17
五、国内外研究评述 21

第三节 研究内容与基本研究思路 21
一、研究内容 22
二、研究基本思路 23

第四节 基本概念的界定 24
一、汽车社会与汽车化 24
二、交通管理与城市交通治理 25

第二章 汽车时代城市交通中的矛盾与冲突 ·············· 27
第一节 城市交通系统的构成要素 27

一、"交通人"：交通系统的主体　29

　　二、车：交通工具　30

　　三、路：交通基础设施　32

　　四、交通环境　34

第二节　社会学分析城市交通的视角　36

　　一、功能主义视角　36

　　二、冲突论视角　37

　　三、互动论视角　39

第三节　城市交通系统中的矛盾及冲突　40

　　一、城市交通系统各要素间的矛盾　40

　　二、汽车时代城市交通系统的主要矛盾与矛盾的主要方面　47

第四节　城市交通矛盾及冲突形成的原因　51

　　一、社会客观原因　51

　　二、文化及观念原因　53

　　三、体制机制原因　55

　　四、经济原因　56

第三章　人本与公平：城市交通治理的根本原则 …………… 58

第一节　以人为本原则　58

　　一、以人为本作为一种价值理念　58

　　二、人本思想在城市交通领域的确立　60

　　三、以人为本在城市交通中如何体现　61

第二节　公平正义原则　67

　　一、城市交通系统中的公平正义原则　68

　　二、中国城市交通路权分配不公症状　70

　　三、城市交通中的公平正义如何体现　76

第四章　城市交通治理借鉴：国外经验与国内经验 …………… 82

第一节　国外经验与借鉴　82

一、英国伦敦：实施交通拥堵收费政策　82
　　二、德国城市：推动交通可持续发展　87
　　三、法国巴黎：打造自行车城市　94
　　四、日本东京：轨道创造的世界都市　97
　　五、韩国首尔：实施公交改革和需求管理　102
　　六、新加坡：控制拥有与控制使用并重　108
　　七、巴西库里蒂巴：引领世界快速公交系统　111
　第二节　国内经验与借鉴　116
　　一、中国香港：享有盛誉的公交都市　116
　　二、上海：政策导向与管理导向的一体化交通　120

第五章　城市交通治理路径：制度设计与政策制定 …………… 127
　第一节　城市交通治理要从制度顶层设计入手　128
　　一、交通制度的萌芽与演变　128
　　二、现代城市交通制度的的形成　136
　　三、城市交通制度建设的战略意义与关键作用　138
　第二节　城市交通政策的科学制定与有效实施　141
　　一、交通政策的价值取向及其功能　142
　　二、发达城市交通发展政策的经验和启示　144
　　三、建立和完善城市交通政策制定与实施的机制　148

第六章　城市交通治理路径：需求管理与系统协同 ……………… 153
　第一节　用需求管理调控汽车出行需求转变　153
　　一、交通需求与交通需求管理　154
　　二、城市交通供给与需求的矛盾　162
　　三、城市各社会阶层交通需求——兼议高兹的汽车社会意识形态
　　　　批判　164
　第二节　以系统协同缓解各要素矛盾与冲突　176
　　一、协调城市交通管理系统之间的矛盾　177

二、协调城市交通系统群体之间的矛盾或冲突 179
三、协调人与路及环境之间的矛盾 185

第七章 汽车时代城市交通治理的实践——以南京为实证 …… 193

第一节 汽车时代南京交通治理基本情况 193
一、南京交通发展概况 193
二、多重战略叠加下南京交通发展定位 194
三、江苏省对南京市综合交通发展的定位 199

第二节 汽车时代南京城市交通治理基本做法 203
一、全力打造公交都市 203
二、城乡交通一体化发展 205
三、统筹都市圈交通发展 207
四、开展城市治堵工程 209
五、建设综合客运枢纽 213

第三节 汽车时代南京城市交通治理的评价与展望 215
一、基本经验 215
二、存在的问题及解决对策 223
三、南京交通运输发展的展望 229

第八章 汽车时代城市交通治理须绿色转向 …… 230

第一节 城市交通发展绿色转向的理论依据 230
一、交通绿色转向是生态学发展的必然结果 230
二、交通绿色转向是可持续发展环境伦理观的客观要求 232

第二节 绿色交通的发展模式契合中国国情 233
一、中国国情现实：地大物博抑或资源匮乏 234
二、城市交通发展绿色转向切合中国实际需要 235

第三节 城市交通发展绿色转向何以可能 236
一、绿色交通是城市交通绿色转向的目标 237
二、交通发展绿色转向是"绿色化"在城市交通领域的体现 238

第四节　城市交通发展绿色转向如何实施　239
　　一、重建"慢行系统",让步行融入城市生活　240
　　二、让自行车回归城市,规范共享单车出行　240
　　三、优先发展城市公交,构造"公交都市"　241
　　四、建立"汽车共享"制度,减少汽车依赖现象　242
　　五、调控和引导私家车发展,从拥有管理转向使用管理　244

主要参考文献　　　　　　　　　　　　　　　　　246

后记　　　　　　　　　　　　　　　　　　　　　259

第一章

导　论

第一节　研究背景与研究意义

一、研究背景

急剧的社会变迁往往是各种社会矛盾、社会问题的催化剂。1978年12月十一届三中全会的召开，揭开了中国经济体制改革的序幕。从此以后，中国开始实行的改革开放政策，促进了国民经济的迅速发展和城市的空前繁荣与发展，大大加快了现代中国的城市化进程。城市化进程的快速推进导致城市交通需求不断增大，我国多数城市如火如荼的交通基础设施建设场景便是证明。与欧美发达国家城市发展相比，我国城市交通发展最大的不同就是在很短的时间内实现了跨越式发展。但是，交通机动化或汽车化的迅猛发展与城市发展格局、道路空间资源以及相对单薄而脆弱的城市公共交通服务体系之间的矛盾日益凸显。与此同时，在汽车国际化的影响下，国人对汽车的消费欲望逐渐变得强烈，需求也逐渐增加，加之国际汽车工业的不断萎缩，中国被看作振兴汽车工业的新兴市场，这使得我国汽车的产销量飞速提高。因此可以说，中国城市交通问题（矛盾及冲突）就是在城市化、机动化（汽车化）以及国际化这些特殊社会背景下产生的。

（一）城市化

从传统社会向现代社会的转型，实质就是从传统的农业社会向现代的工业社会的转变，城市化是实现这个转变的重要过程。改革开放以来，我国城市得到了前所未有的发展。截至 2017 年末，中国内地（不含港澳台地区）共有设市城市 663 个，城镇常住人口 8 亿多。由于城市规模的急剧膨胀，城市社会系统内各部分之间的平衡不断被打破，人口增长过快超过了其他各项事业的发展速度，这就不可避免地诱发了交通需求的急剧增长。人到城里必行路，人口与社会活动的大规模集聚使得日常交通量大幅度上升，这样交通拥堵的矛盾自然变得日益突出。需要指出的是，中国在城市化过程中所表现出来的特殊形态是我们探究城市交通问题的基本背景。

首先，城市化进程速度之快是最显著的特征。按照国际城市化的发展规律，城市化率从 30% 到 70% 是加速发展期，这个过程西欧用了近 180 年，美国用了近 100 年，日本用了 50 年。而中国城镇化率 1996 年达到 30%，2018 年末常住人口城镇化率达 59.58%，每年增长超过 1 个百分点，按照目前的发展速度，城市化率达到 70% 所需时间不超过 40 年，这将对中国城市的各项基础设施建设提出极高要求。

其次，城市化模式不同。中国的城市化实际上是一种跳跃式不均衡发展模式，位于东部沿海地区、发达的特大城市是农村人口的主要吸纳地，大量农民工跳过原籍周边的中小城市（镇），跨省域长途跋涉向沿海大城市和特大城市聚集。根据人口普查数据发现，2000 年到 2010 年，中国 337 个城市中的约 26.71% 发生了人口流失。① 中小城市的人口在向大城市和特大城市聚集，而中小城市人口则为负增长，有中等城市年递增率竟达 -9.0%。

最后，城市化的基础条件不同。在快速城镇化进程中，许多大城市在户籍制度、教育体制和资源、住房与交通等公共服务设施方面尚未为接纳"农民工大潮"做好准备，而由此造成的"城市病"与西方国家相比更是有过之而无不及，尤为甚之的是交通问题，如交通基础设施供给严重不足、现代交通文明意识淡薄、交通运行管理与服务手段落后等。

在这样特殊的城市化模式发展进程中，交通需求构成与时空分布特征更加畸形，供求关系更为复杂。

（二）机动化或汽车化

进入 21 世纪以后，中国的汽车保有量增长迅速，一举成为世界上最大

---

① https：//news.sina.com.cn/o/2019-04-08/doc-ihvhiewr4146336.shtml.

的汽车市场，并以惊人的速度进入汽车社会。继 2009 年我国汽车产销突破 1300 万辆首次成为世界汽车第一生产和消费国之后，汽车产销量年年攀升，连续十年位居全球第一。据公安部交通管理局提供的数据显示，截至 2019 年 6 月，全国机动车保有量达 3.4 亿辆，其中汽车 2.5 亿辆，私家车保有量达 1.98 亿辆。全国 66 个城市汽车保有量超过 100 万辆，北京、成都等 11 个城市超过 300 万辆（其中北京、成都汽车保有量超过 500 万辆）。机动车驾驶人数量达 4.22 亿人。① 以北京这样的超大城市为例，2009 年机动车数量超过 400 万辆，2013 年底超过 530 万辆，成为全国第一个机动车保有量突破 500 万辆的城市。与同样的超大城市东京相比，北京机动车数量从 200 万辆增长到 300 万辆用了 4 年，东京用了 10 年；从 300 万辆增长到 400 万辆，东京用了 12 年时间，而北京仅用了 2 年时间；400 万辆以后北京发展速度不减，而东京则进入了缓慢发展阶段。②

当然，我们可以把机动化或汽车化看成城市化的衍生品，但是以汽车工业推动经济增长的发展模式让我们不得不把机动化看作造成城市交通拥堵的又一现实背景。进入 21 世纪，汽车工业在我国多个城市蓬勃发展，市场是这场发展的根本动力，但是政府的政策支持却是汽车工业的发展润滑剂、催化剂。当前，我们很难对这些政策的合理性、科学性进行评估，但是仅从城市交通拥堵来看，汽车工业发展的推动政策，尤其是鼓励小汽车进入家庭的政策，的确是造成拥堵的直接而重要的因素之一。

从工业化和现代化的角度，我国选择小汽车作为新的主导产业的政策无疑是正确的。然而，从另一方面看，小汽车如果作为大城市的主要交通工具，产生的最直接的影响就是交通拥堵。国外的交通实践证明，大量发展私人小汽车，并不是成功的里程碑。私人交通与公共交通相比，除了带来交通拥堵的后果之外，还会带来死亡率高、能源消耗大、生态环境破坏严重、社会效益与经济效益低等不良后果。况且，中国与欧美发达国家不同，多数城市在机动化和汽车社会到来之前，已经形成了人口和各种建筑都高度密集的

---

① 参见：中国新闻网，2019-07-04。http://www.gov.cn/xinwen/2019-07/04/content_5405841.htm。
② ［日］北村隆一. 汽车化与城市生活——21 世纪的城市与交通发展战略［M］. 北京：人民交通出版社，2006：36.

城市结构。因此，在现有高居住密度的城市格局下，无论是拓宽道路、提高路网密度，还是建设地面、地下轨道交通，我国城市都面临着比欧美城市高得多的建设成本，中心城区交通状况的每一次改善都会诱发新一轮的开发高潮。如此下去，便不可避免地陷入"水多了加面，面多了加水"的恶性循环。

（三）国际化

中国与国外发达国家之间的差距首先表现在经济水准方面的悬殊上。在某种程度上，人们情绪化的东西往往要多于理智化的东西，甚至对于外国的消费品以及生活方式表现出一种盲目推崇的情形，却不能真正地把握住本国与发达国家各自的具体情况，而对于小汽车的消费尤甚。在几乎所有国家中，汽车已成为基本的城市交通方式。以美国为例，汽车的普及已使得美国人的生活方式发生了重大变化，乃至于美国被称作"车轮上的国家"。汽车不仅改变了美国的经济结构、城乡格局，而且完全融入城乡人民的日常生活，成为和衣食一样的日常消费品。这就不可避免地影响了中国人的消费观念和生活方式。随着国民财富的不断增长，拥有小汽车已不是一个家庭的梦想，变成可以达到的现实。

2008年，美国金融危机导致的全球汽车业严重衰退，领军世界汽车产业近百年的美国三大汽车公司濒临破产；传统内燃机技术面临挑战，新能源技术正在以前所未有的速度占据产业舆论话语权；世界汽车工业在经过了从欧洲到美洲再到亚洲的自西向东迁徙之后，又一次成了世界最关注的热点，只是这一次，中国成为人们最看好的主角。与此同时，国家出台汽车产业振兴规划，小排量购置税强烈地刺激了汽车消费并拉动了国民经济增长；汽车产业重组规划思路的全新推出；国家汽车新能源战略的风起云涌等等，都给这块已经成为全球最大汽车市场的土地带来了天翻地覆的变化。① 2009年中国汽车产销量首度超过美国，使得2015年中国取代美国成为世界最大汽车消费国的预测提前6年实现。

中国人财富的增加、对汽车的消费理念的变化以及国际汽车工业的重心

---

① 世界汽车工业由西向东转移——中国被世界看好[EB/OL]. 每日经济新闻，2009-04-22.

专业造就了我国汽车市场的春天,但是我们在欢呼雀跃的同时,是否也应该扪心自问:我国城市的道路容量准备好了吗?我们将如何面对更为严重的城市交通困境?

党的十八届三中全会提出推进国家治理体系和治理能力现代化是社会主义现代化的应有之义。城市交通治理是国家治理体系和治理能力现代化的重要内容。尽管交通管理受到城市政府高度重视,但多年努力却收效有限,凸显城市交通管理模式的困境,倒逼城市交通发展理念更新、理论重构与方法创新。特别是近年来,随着移动互联网与智能手机等新技术普及应用,共享单车、共享汽车、网约车等新型交通服务模式与业态不断涌现,在改善大众出行便利性的同时,也引发了一系列新的交通与社会矛盾,如共享单车不仅引发了对国民素质与社会公德大讨论,也提出了公共空间使用规则、企业与用户的信任困境、政府与企业责任分担等新问题;网约车不仅冲击传统出租汽车行业,也模糊了拥有与使用、营运与共享的界限。可以说,新老矛盾交织与新旧利益碰撞,使城市交通已经呈现出与以往差异显著的基本特征。对城市交通发展的认识,必须由提供基础设施向提供均等的公共服务转变;需要打破对传统城市交通管理的路径依赖,从设施建设管理、系统运行管理和行业管理范畴向公共服务供给和社会治理转型。解决城市交通问题的手段也应从工程和管理向社会和治理方向转变。① 城市交通发展既要面向国家战略,也要面向现实问题,面向普通百姓和面向未来。

党的十九大做出了中国特色社会主义迈入新时代的重大政治判断,指出了新时代我国社会主要矛盾是人民日益增长的美好生活需要和不平衡不充分的发展之间的矛盾。这个历史性定义,深刻回答了我国经济社会发展所处的新征程,也深刻阐明了我国城市交通发展已进入汽车社会的新阶段。城市道路交通是交通管理体系中供需矛盾最为紧张、路权博弈最为突出的领域。过去五年,我国城市化率年均提高1.2个百分点、8000多万农业转移人口成为城市居民,意味着城市需要更强大的承载能力和更优质的公共服务作为支撑,而城市交通首当其冲。

中国特色社会主义进入新时代,人民美好生活需要日益广泛,不仅对物

---

① 陈小鸿. 城市交通治理:问题与方法的思考[J]. 城市交通,2017(5).

质文化生活提出了更高要求，而且在人本、公平、正义等方面的要求日益增长，人民群众对交通治理提出了内涵更广、层次更高、体验更佳的新需求。然而，城市交通基础设施建设、公共交通发展及管理工作仍然比较滞后，大城市交通拥堵、出行难、停车难等城市病突出，并向中小城市蔓延，影响市民生活质量和城市品质形象，影响群众幸福感。

中国城市交通已进入汽车交通时代，这是一个属于中国特色社会主义进入新时代的汽车时代，城市交通系统的主要矛盾已转变为人民日益增长的美好交通需要与交通出行的不平衡不充分发展之间的矛盾。面临不同的交通治理风险和压力，面对人民群众出行需求发生的深刻变化，就更加考验交通发展需统筹推进、综合布局的战略智慧，更加考验交通制度与政策梯度化、差别化的适应能为，更加考验交通服务公平高效、以人为本的发展定力。在中国特色社会主义迈入新时代的历史方位下，城市交通发展面临的挑战和机遇并存，需要准确把握新形势与新挑战，抓住关键环节，主动承担起新时代赋予的历史使命。

二、研究意义

对汽车时代城市交通治理的社会路径研究，既有着迫切的社会现实意义，也具有一定的理论价值。

1. 促进汽车交通良性发展，实现城市交通可持续发展

快速增长的汽车使得土地、能源等资源日趋紧缺，交通污染严重，交通与环境冲突加剧；汽车社会的到来，城市交通变得更加拥挤，人车冲突显著，交通事故频发。研究治理路径缓解因汽车交通发展带来的道路拥堵和路权争夺，减少人车冲突和交通事故，促进人际和谐、人车和谐乃至社会和谐，实现城市交通的可持续发展。

2. 利于破解城市交通矛盾，并为缓解城市交通问题提供决策参考

研究利于提高人们对城市交通的认识水平，利于解决城市交通发展中人与人、人与车及环境等的利益相冲突的问题，满足人民对美好生活的向往，提高人民生活质量和满意度，促进城市的良性、健康运行和发展，实现城市交通真正的以人为本、公平正义，从而创造出人与车、路及环境和谐发展的城市交通系统。

3. 理论意义

研究有助于构建适合中国国情的城市交通治理模式，形成城市交通治理路径理论范式，为完善城市交通治理制度创新提供有益指导，为城市交通治理政策的制定提供理论支撑，并可以丰富交通社会学或城市交通科学等学科的理论体系。

第二节　国内外研究综述

我国从"自行车交通"走向"汽车交通"这一历史进步已不可逆转地到来。欧美发达国家的经验表明，汽车交通时代到来后，城市的扩张才真正开始。交通与环境的关系紧张，交通需求与供给的矛盾加剧，交通发展不平衡引发新的公平问题，等等。中国走在汽车社会的进程中，必须未雨绸缪。因此，国内外相关理论成果对我们研究汽车时代我国城市交通治理有着重要的参考和借鉴价值。

一、关于汽车社会与汽车时代

随着小汽车大规模进入家庭，表征着汽车社会或者汽车时代的到来。20世纪60年代中期日本步入汽车社会，80年代韩国步入汽车社会，90年代后其他一些发展中国家纷纷步入汽车社会。

陈清泰认为，中国的汽车只用了约50年的时间，就走完了从无到有，到蓬勃发展，很快迈入汽车社会的历程。汽车不仅成为经济增长的新动力，也影响了社会的方方面面。① 美国福特斯提出美国的汽车社会和相应的城市扩张模式是资本逻辑的产物，汽车产业没有真正的生态性。日本学者北村隆一认为，由于汽车的发展，我们的社会从物理上、制度上被改造成汽车导向型社会②。

---

① 陈清泰. 汽车产业与汽车社会：一个汽车人的思考 [M]. 北京：中信出版社，2014：62.
② [日] 北村隆一. 汽车化与城市生活 [M]. 吴戈，石京，译. 北京：人民交通出版社，2006：1.

王俊秀等对一些具有区域影响的城市开展调研，对汽车使用、交通环境、交通政策以及人们对汽车社会的基本看法进行了深入研究，同时还调查分析了中国城乡居民对于当前交通状况的满意程度，发现只有大约40%的居民对交通现状较为满意。①

胡小武的研究发现，城市化带来的城市空间变迁，使得汽车扮演了一个重要的社会性工具，进而影响到城市就业结构、社会关系、沟通方式、生活节奏，乃至文化习俗等。并认为随着汽车社会到来，引发了大量社会不平等现象与不公正后果，导致了城市生态、环境、交通、安全等一系列的社会问题②。

邓万春和王晓珏指出，汽车已成为社会阶层分化的一种机制，汽车社会具有阶层政治特征，汽车承载着功能性范畴的社会价值和意义。③

然而，尽管汽车的使用和普及极大地推动了经济高速发展，也使人们超越了传统的空间限制，使人们获得更多的自由，但汽车所代表的功利哲学和阶层文化被无限制地放大，汽车不仅仅是一种交通工具，还成为一种阶层分化的"社会符号"，对人类出行方式、生活方式、时空观念、人际关系等带来许多负面的影响，引发了人们对汽车的反思。20世纪90年代莫什·萨夫迪就提出："在使用汽车一个世纪之后，现在是从根本上重新考虑汽车的时候了"④。汽车化带来的问题如此之多，中外学者的批判不胜枚举⑤。

汽车的大规模使用消耗了大量的能源和土地，对环境造成很大影响。学者Freund指出：汽车不但消耗大量不可再生能源，而且还消耗大量土地⑥。美国环境保护局（USEPA）在2000年的一份报告里称，"在我们的城市里，

---

① 王俊秀. 中国汽车社会发展指数报告［M］//中国汽车社会报告（2011）. 北京：社会科学文献出版社, 2011.
② 胡小武. 汽车社会的来临与城市治理模式的变革［J］. 城市问题, 2010（9）.
③ 邓万春，王晓珏. 汽车社会的政治图谱［J］. 北京工业大学学报（社会科学版），2015（6）.
④ ［美］莫什·萨夫迪. 后汽车时代的城市［M］. 北京：人民文学出版社, 2001：112.
⑤ 陈永森. 汽车的福与祸——国外学者对汽车社会的批判性思考［J］. 国外社会科学, 2015（4）.
⑥ Freund P. & Martin G, The Ecology of the Autimobile, Montreal：Black Rose Books, 1993.

有一半的空气污染由汽车和卡车造成"①。莱斯特·R.布朗则提出,"整个汽车交通的基础设施——汽车、城市蔓延、高速公路和汽油,其产生的效应是极其恐怖的。它主宰了地球上的生命,它是资源耗竭、生境破坏、气候变化和物种灭绝的罪魁祸首"②。

日本东京大学教授宇泽弘文指出,汽车就像侵入人生物体中的癌细胞一样,在经济社会中扩散开来,具有破坏经济社会自身的特性。当人们开始担心是否已经无药可救时,才逐渐摸索出一些解决的方法。最初的"症状"表现为交通事故;第二个突出"症状"是公害。尾气、噪声、震动等公害随着车速的提高、排量的增加,以及大量普及而越发严重。当人们开始专注于汽车表现出的这些"症状"的解决方法时,汽车早已渗透到了城市构造和产业结构,甚至是人们的精神层面等各个方面中。如果采取有效的手段抑制危害发生,则有可能危及经济社会的持续发展。这是因为汽车有促进经济社会发展的一面,我们不可能只将有害的一面切除。与生物体不同,构成经济社会每一个细胞的是人类。③

从中国的国情出发,"自然之友"创办人梁从诫认为,无论是从能源消耗,还是道路、停车场建设对土地资源的占用来说,中国都不适宜太多的私人轿车。④

何玉宏认为,中国正在以惊人的速度进入汽车社会。但令人遗憾的是,今天的中国既没有充分认识到汽车社会的巨大成本,也还没做好进入汽车社会的准备。由于特殊的国情,中国走向汽车社会过程必将面临严峻的挑战与冲突,而且必将付出社会、经济与环境的诸多代价。⑤

交通公平要求社会应该公平地分配道路交通资源和权利,每个人能够公

---

① "Environmental Quality and Community Growth: How to Aviod Flooding, Traffic Congestion, and Higher Taxes in Your Community," Washington: Environmental Protection Agency, 2000.
② [美] 莱斯特·R.布朗.B模式:拯救地球延续文明 [M].林自新,等译.北京:东方出版社,2003:35.
③ [日] 宇泽弘文.汽车的社会性费用 [M].郑剑,译.成都:四川教育出版社,2013:16-17.
④ http://www.sohu.com/a/253606301_570559 (2019-09-08)
⑤ 何玉宏.挑战、冲突与代价:中国走向汽车社会的忧思 [J].中国软科学,2005 (12).

平地从交通发展中获得福利。一些学者对汽车社会到来小汽车所引发的公平问题从不同角度进行了研究。

列斐伏尔指出，私人小汽车的所有者按照自己的意愿占据城市空间，他们自己仅支付极低的成本，而整个社会要为小汽车的使用支付非常高的成本。①

Michael Cahill 认为，居民若没有汽车会"影响他们对就业半径的选择，以及产生参与远距离交往与休闲活动的通勤困境，从而产生一种发展机会与社会参与机会的损失"②。

美国学者 Todd Litman 通过对小汽车的发展模式、公共交通以及道路收费政策的比较，分析了道路使用的公平性与效率。他认为交通政策应平等地保证每一个社会成员的基本可达性，现有交通政策必须向经济和社会层面的弱势群体倾斜。③

Inge Mayeres 和 Stef Proost 等从交通价格的可接受性研究了交通公平问题，提出"交通价格改革必须综合考虑交通运输量、社会成本以及个人效用"。他们通过实证调查后计算得出，美国私家车主为小汽车使用付出的内部成本约为6000美元/年，而社会另外还得为其付出约4000美元/年的外部成本，社会成本的高昂付出对无车者来说很不公平④。

王蒲生提出，"汽车社会的发展造成了新的社会不公平，每一次机动车道路的改善几乎都会使步行者的境况变得更坏，汽车使用者没有为其享受的权利承担相应的社会成本；轿车的使用还产生了国际间的不平等与代际间的不平等"。⑤ 郑也夫则认为，"社会公平问题作为中国汽车交通的发展面临的三个现实难题之一，与燃料问题、空间问题相并列"⑥。杨文银提出，"交通

---

① HENRILEFEBVRE. The Production of Space [M]. Translated by Donald Nicholson – Smith, Oxford: Basil Black – wellLtd, 1991: 358.
② Michael Cahill. The New Social Policy [M]. Blackwell Publish – ers, 1994: 121.
③ Todd Litman, "Using Road Pricing Rwvenue: Economic Efficiency and Equity Considerations," Journal of the Trasportation Research Board, 1996, vol. 1558: 24.
④ Inge Mayeres, Stef Proost, Kurt Vandender, "The Impacts of Marginal Social Cost Pricing," Research in Transportation Economics, 2005, vol. 14.
⑤ 王蒲生. 轿车交通的伦理问题——作为技术伦理学的一个典型案例 [J]. 道德与文明, 2000 (3).
⑥ 郑也夫. 城市交通 [J]. 北京城市规划, 2004 (2).

公平应是交通资源在空间、时间上公平配置,交通服务在不同群体间公平分配,以及交通中的权利和义务相统一"①。

雷颐指出,作为一种"社会性"很强的消费品,汽车的使用成本实际反映出公共空间的分配、政府的政策导向等诸多问题。政府有关部门在道路划分上对机动车的偏向,实际反映出政府政策制定中偏重经济发展,而对社会均衡发展注意不够的"汽车中心"考量。公共空间的分配是政府考量、社会不同利益集团相互博弈的结果。②李春利、张钟允指出,汽车通过"以时间消灭空间"的方式,延展了个人的物理空间和社会空间,并因此改变人们的工作和生活。汽车社会不平等现状可能引发"反汽车现象",阻碍汽车社会进程。③

二、关于城市交通问题研究(交通矛盾及冲突等)

城市交通问题是一道世纪难题。特别是随着汽车社会到来,汽车大量地使用,交通拥堵成为困扰各大城市的常态。城市交通系统及交通管理中存在着诸多的矛盾,既有交通供求矛盾,也有交通结构矛盾,还存在着交通治理理念之间的矛盾,学界十分关注。

城市交通拥堵的根源之一在于城市交通供给与需求矛盾。美国人安东尼·当斯提出了"当斯定律",即道路等交通基础设施的改善只能在短期缓解交通拥挤,一段时间之后将诱发交通需求大量增加从而可能引发更严重的交通拥堵。新建的道路设施会诱发新的交通量,而交通需求总是倾向于超过交通供给。④ 道路的增加导致人们更加倾向于选择私人交通,因此公共交通运营状况受到冲击。那么为了弥补损失公共交通的运营商只能减少服务频率或者提高公共交通收费,这加剧了人们放弃公共交通出行的状况,进而公共

---

① 杨文银.试论构建和谐社会背景下交通发展新的价值取向[J].北京交通管理干部学院学报,2006(4).
② 雷颐.交通拥堵与"公共空间"公正分配[J].同舟共进,2007(3).
③ 李春利,张钟允.汽车社会成本中的交通拥堵机理分析与"东京模式"[J].汽车安全与节能学报,2015(2).
④ Downs A. The Law of Peak-hour Expressway Congestion[J]. Traffic Quarterly, 1962(3).

交通走向没落，私人交通又提出了修建更多道路的要求。①

我国学者刘治彦分析了城市交通的发展现状，指出20世纪90年代以来，汽车产业发展助力下，我国大城市的居民出行机动化率快速增长，大运量的轨道交通建设相对滞后，交通资源的供需之间的内在矛盾，加之城市空间布局规划和城市道路规划缺乏前瞻性，导致交通拥堵严重影响我国城市居民的工作与生活②。

James P. People 认为城市伴随着经济增长而迅猛扩张，交通运输系统、城市规划和城市管理等方面往往难以做到与城市发展变化同步，土地资源的供给与社会需求之间呈失衡的发展态势，用于拓展道路资源的土地极为有限，拥堵现象在所难免。③ 杨向前提出，居住空间分布和城市公共服务资源分布不均匀使各种交通需求向中心城区叠加聚集，加重了城市交通系统的压力。④

贾元华探讨了城市交通的供给与需求问题，认为在城市交通需求方面，城市交通需求主要受城市化水平、城市人口、居民收入和消费水平的影响，加上城市规模扩大带来的职住分离模式和汽车的普及，导致城市交通需求发生结构性变化；在城市交通供给方面，交通基础设施薄弱、道路修建和扩容速度滞后于车辆增长速度、静态交通的布局与结构欠合理、管理手段落后等均是城市交通供给的主要问题⑤。另外，还有学者指出，目前，我国存在各种交通工具结构失衡，城市公交系统的发展虽已提速，但仍赶不上城市交通的需求发展速度⑥。

经济学家加里·贝克尔曾对交通拥堵的经济损失进行测算，提出全世界

---

① Downs A: "Stuck in Traffic: Coping with Peak – Hour Traffic Congestion", The Brookings Institution, Washington, D. C. and Lincoln Institute of Land Policy, Washington, D. C, 1992: 210.
② 刘治彦，岳晓燕，赵睿. 我国城市交通拥堵成因与治理对策 [J]. 城市发展研究，2011 (11).
③ James P. People, planet and the Anthropocene: Spectators of our own demise? [J]. 2013 (41/42).
④ 杨向前. 社会学视野中的北京城市交通拥堵问题 [J]. 北京工业大学学报（社会科学版），2011 (4).
⑤ 贾元华. 城市交通经济 [M]. 北京：北京交通大学出版社，2013.
⑥ 岳睿. 我国城市交通节能减排政策研究 [J]. 汽车节能，2009 (3).

因交通拥堵造成的损失相当于全球GDP的2.5%。陆化普认为产生交通拥堵的根本原因是交通供需存在的不平衡矛盾所造成①。

王振坡等运用"当斯定律"阐述了城市交通拥堵的本质是交通需求和交通供给之间的竞赛，在无外界干涉的条件下，交通需求总是超过交通供给能力，从而导致交通拥堵，并从多元化供给、智能化需求引导、精准化管理及网络化空间结构等角度探讨移动互联对其困境的破解路径。②

城市交通结构上矛盾既指人、车、路与住宅、学校等城市功能点的空间组合方式上不合理，也指机动车与非机动车及机动车内部与非机动车内部的矛盾。莱斯特·R.布朗直接道出："在城市范围内来看，汽车和城市是有冲突的。……从某种程度上来说，城市和汽车无法并存，即城市和汽车是不相容的"③。

刘贤腾等以南京市为例分析认为，大城市交通供给与需求不平衡的原因从主要到次要依次为交通供需的总量不平衡、供需的时空不匹配和道路利用率低下；主张通过政府的规划行为扩大交通基础设施供给，采取适度分散化的城市空间发展模式消解交通需求的过度集中。④

陆礼研究了道路交通伦理历史观的嬗变，认为我国城市交通的困扰主要表现为：私人轿车猛增、公交萎缩滞后、拥堵、污染及其蕴含的人类自由、公正、权利等一系列深层伦理紧张。问题的根源是在功利性与公共性的长期博弈中前者占据了主导地位。在其利益导向作用下，城市交通的公共性及其伦理正当被长期挤压甚至完全消解。⑤

林晓珊2012年从生活世界空间安排的现象学视角出发，探讨城市居民是如何在汽车消费的过程中突破时空限制并重新组织日常生活的各项活动，提

---

① 陆化普.城市交通拥堵机理分析与对策体系［J］.综合运输，2014（3）：10-19.
② 王振坡，朱丹，宋顺锋，王丽艳.时间价值、移动互联及出行效率：一个城市交通拥堵治理的分析框架［J］.学习与实践，2016（12）.
③ ［美］莱斯特·R.布朗.环境经济革命［M］.北京：中国财经经济出版社，1999：182.
④ 刘贤腾，沈青，朱丽.大城市交通供需矛盾及发展对策——以南京为例［J］.城市规划，2009（1）.
⑤ 陆礼.功利性与公共性的博弈：我国城市交通困扰的伦理焦点［J］.中国软科学，2007（4）.

出居住与就业的"空间错位"与"汽车化空间"的形成对生活世界产生了重大影响,这种空间重构实际上成了推动城市家庭汽车消费的一种结构性的约束力量。①

分析公共交通与私人交通之间的矛盾。大城市公共交通的发展滞后于私人小汽车的发展,公共交通与私人交通之间的不协调发展是导致城市交通管理中矛盾加剧的重要因素。仇保兴认为,北京小汽车发展超前于公共交通发展,依赖小汽车出行的交通习惯已经形成。北京在已经出现严重交通拥堵的情况下再确立大力发展大容量轨道交通的政策,再加上建设周期,要再过几年才能发挥其效用,培育公共交通出行的最佳时机已经错过,倡导市民公共交通出行的难度明显增大。②

城市交通应该"以人为本"还是"以车为本"的理念矛盾冲突。肖秀娟提出,我国是一个人口大国,随着城市化进程加快,城市人均道路资源会越来越匮乏,应引导居民选择绿色环保的交通出行方式,控制并逐步减少机动车的总量,通过立法平衡行路人和驾车者之间的权利冲突③。

李春利、张钟允认为,交通生活是现代城市生活中不可缺少的组成部分,而看似简单的"人"与"车"的路权问题,却给城市交通生活带来了诸多的待解难题。④ 陆礼、程国斌提出现代交通问题需要伦理学的介入,以解决其日益暴露的人性化缺憾。⑤

孙章认为,汽车优先分配路权模式并不适合人口众多的国情,城市交通应从"以车为本"转向"以人为本"⑥。苟劲松侧重研究了人的因素,认为人既是交通拥堵的制造源,也是交通拥堵治理的主要参与者,从"人、车、

---

① 林晓珊. 城市、汽车与生活世界的空间重构 [J]. 学术评论,2012 (3).
② 仇保兴. 缓解北京市交通拥堵的难点与对策建议 [J]. 城乡建设,2010 (6).
③ 肖秀娟. 论破解我国城市"堵局"的法律需求——以行路人的权益保护为中心 [J]. 经济经纬,2010 (6).
④ 李春利,张钟允. 汽车社会成本中的交通拥堵机理分析与"东京模式" [J]. 汽车安全与节能学报,2015,6 (2).
⑤ 陆礼,程国斌. 人性化的诉求与缺憾——伦理学视域中的现代交通 [J]. 江苏社会科学,2007 (2).
⑥ 孙章. 城市交通应从"以车为本"转向"以人为本" [J]. 城市轨道交通研究,2013 (6).

路、环境"四个方面,提出"以人为本"治理城市交通拥堵的策略建议。①

三、关于城市交通治理模式

学者们对于城市交通发展或治理模式进行了深入的研究,认为应大力发展公共交通,尤其是绿色交通和轨道交通。

陆化普认为,生态城市是城市的发展方向,而可持续发展的绿色交通是我国城市的理想交通模式。可持续的城市交通应满足协调性、高效性、可达性、生态性和以人为本的要求。② 仇保兴指出,中国不能效仿美国"无序机动化"和少数国家"消极机动化"的城市交通模式,城市只有坚持"可持续机动化"的发展思路,才能建立起节能减排、方便出行、安全可靠的城市交通系统。③

自20世纪60年代起,随着欧美等发达国家的部分大城市遭遇交通拥堵问题,西方学者开始通过增加道路交通设施的角度来研究增加交通供给以解决交通拥堵问题。20世纪80年代,随着人们对交通拥堵研究的日益深化,逐步形成交通需求管理研究模式。主要运用调控、疏解、引导等方式,达到交通需求减少、道路空间资源节约,实现交通供需平衡,促进城市交通可持续发展。

Stopher通过对出行特点和模式的研究,提出了交通需求的管理办法。④

安德里亚·伯德斯等认为,要摒弃过去扩大交通供给、提升车辆通行速度的传统观念,应以经济和行政的手段严控小汽车数量⑤。

胥耀方等提出,从控制出行需求和引导小汽车合理使用两方面提出交通需求管理的措施。控制出行需求措施包括:均衡城市交通规划等。引导小汽车合理使用措施包括:控制道路汽车数量(限购、限用小汽车),提高公共

---

① 荀劲松. 城市交通拥堵人的因素是核心——基于以人为本的城市交通拥堵治理策略分析 [J]. 城市管理与科技,2016(4).
② 陆化普. 绿色交通:我国城市交通可持续发展的方向 [J]. 综合运输,2011(2).
③ 仇保兴. 中国城市交通模式的正确选择 [J]. 城市交通,2008(2).
④ Peter R. Stopher. Captivity and Choice in Travel – Behavior Models [J]. Transportation Engineering Journal,1980(4).
⑤ [美]安德里亚·伯德斯,等. 城市交通需求管理培训手册 [M]. 温慧敏,等译. 北京:中国建筑工业出版社,2009:10.

交通服务（如加大轨道交通、公交车的基础设施投入建设、完善公共交通覆盖率等）和调整出行时空分布（如错时上下班、征收拥堵费）等。①

何玉宏等通过对国内外城市交通拥堵治理模式的分析，总结出三种主要类型：增加供给模式、需求管理模式、制度规范模式，并结合我国实情，提出交通需求管理政策应从减少交通需求出发，坚持优先发展公共交通，构建合理的交通模式。②

李春利认为在控制交通需求上，北京等大城市通过限行限购等行政手段遏制汽车保有量的增加，从长期来看，这种激进的方法会对汽车社会的健康发展产生负面效应，影响有序的市场机制的形成③。

王志刚认为中国已进入以"空间资本化"为特征的空间矛盾凸显期，面临着多重困难和危机。城市空间生产很容易被强大的资本"绑架"，沦为牟利的工具。自上而下的空间生产模式不仅把广大的城市居民排斥在规划决策过程之外，由于这种模式缺乏有效的监管，城市道路改造常常演变成引发大量社会矛盾的疯狂的与民争利行为。④

李妮，王建伟运用制度变迁理论和公共治理理论对我国交通运输社会管制制度进行了分析探讨，提出要打破政府管理模式的惯性，实现交通运输社会管制制度由交通运输行业政府单极治理模式向社会、公众和政府的交通运输多元治理模式转变。⑤

马清通过梳理城市交通治理模式存在的问题，提出城市交通治理模式变革方向与路径。认为城市交通治理应充分体现以人民为中心，树立公平、集约、绿色、效率、安全、有序、共享、智慧的发展目标。实施交通系统内部协同，以及交通与土地使用、经济、环境、社会、科技的协调发展策略。重点指出应构建政府、市场、社会协同的治理体系。政府层面发挥主导作用，维护和保障公共利益；市场层面推进运营投资和服务创新，实现外部负效应

---

① 胥耀方，等. 城市交通需求管理对策 [J]. 城市交通，2012（10）.
② 何玉宏，谢逢春，郝忠娜. 国内外城市交通拥堵治理分析及借鉴 [J]. 城市观察，2013（2）.
③ 李春利. 治理交通拥堵可借鉴"东京模式" [N]. 中国汽车报，2013-10-21.
④ 王志刚. 当代中国空间生产的矛盾分析与正义建构 [J]. 天府新论，2015（6）.
⑤ 李妮，王建伟. 治理理论视阈下交通运输社会管制制度分析 [J]. 技术经济与管理研究，2009（5）.

内部化；社会层面强化公众参与、法规意识，实现社会公平、公正及社会效率。①

四、关于城市交通治理途径

学者们关于城市交通治理研究大多从城市空间结构、交通供需关系、交通政策以及土地利用等方面着手，探讨城市交通规划、建设、管理及技术等缓解交通拥堵及矛盾冲突的措施。

莫什·萨夫迪提出，后汽车时代城市应该在公共交通和私人交通的结合点上建设大量新的城市中心以舒缓交通阻塞并容纳未来的发展②。

易汉文鉴于美国的经验与教训，结合中国城市现状和发展需要，寻求缓解城市交通拥堵的方法与措施。中国特大和超大城市，解决拥堵的根本出路在于提高公共交通的分担率，调整和完善公共交通系统的结构，提高公共交通的吸引力。③

丁宏祥认为，我国城市交通的发展滞后于汽车产业的发展和国民的汽车保有量，汽车时代与交通环境之间的矛盾是引致交通拥堵的重要原因，提出治理城市拥堵需要处理好汽车产业发展与城市交通、公共交通与私人交通、动态交通与静态交通、汽车保有量快速增长与城市交通设施的关系。④

Mineta 的研究结果表明，可以通过加大公共交通补贴来降低人们的出行成本，通过经济的刺激来引导居民选择公共交通出行，进而降低交通的拥堵压力，为缓解交通拥堵奠定基础⑤。

也有学者提出利用经济杠杆，通过交通拥堵收费缓解交通拥堵。Palma 研究了拥堵收费的价格调控机制，指出拥堵收费的实施离不开电子收费系统

---

① 马清. 城市交通治理模式变革 [J]. 城市交通, 2019 (1).
② [美] 莫什·萨夫迪. 后汽车时代的城市 [M]. 北京：人民文学出版社，2001：3.
③ 易汉文. 加法与减法——中美城市交通综合治理的观察和思考 [J]. 城市交通, 2015 (01).
④ 丁宏祥. 汽车社会与交通治理 [J]. 城市问题, 2012 (02).
⑤ Mineta N. National Strategy to Reduce Congestion on America's Transportation Network [J]. US Department of Transportation, 2006.

的创新发展。① 张钟允等分析了拥堵费制度的内在机理、作用及在中国运用的可行性。② 傅蔚冈提出，让市场发挥作用就是通过价格机制把那些最需要上路的车主筛选出来，让私家车主选择更为合适的出行行为，从而把有限的交通资源配置给最需要出行的群体。③ 也有学者不同意此类观点，如杜萍等学者指出价格手段治理交通拥堵存在较大的局限性，城市道路收取交通拥堵费可能会产生新的不公平。④

戴东昌指出，大城市之所以产生交通拥堵问题，归根结底在于交通运输服务供不应求和管理技术水平不足。交通管理水平不高，不能合理有效地疏导交通流是导致交通拥堵的直接原因。要解决交通拥堵问题，必须采取增加交通供给与引导交通需求并举的措施，双管齐下才能做到标本兼治。⑤

日本山中英生等认为，如果不提高机动车运营方对如何利用城市道路空间的认识、不唤醒市民对环境的关注以及对共同目标达成一致的共识，那么，什么样的措施也无济于事。就是说：要想解决城市交通问题，必须有一个与城市建设紧密联系的"战略"，而且必须明确地告诉大家：要实现理想的城市生活环境，必须改变每个市民的观念和行动。⑥

周干峙则认为，缓解城市交通问题需要从多方面入手，不完全是专业技术层面，行政管理层面也十分重要，尤其是城市领导者及其所做的决策。⑦

何玉宏、谢逢春研究了治理交通拥堵的社会性路径，认为城市交通问题不仅是一个工程技术问题，更是一个社会生态问题。单纯地将解决思路集中在技术领域并不能从根本上解决城市交通问题，应着眼于更高层次，具体来

---

① Palma A D, Lindsey R. Traffic congestion pricing methodologies and technologies [J]. Transportation Research Part C Emerging Technologies, 2011 (6).
② 张钟允，李春利. 交通拥堵治理及拥堵费制度的机理分析与探究 [J]. 城市发展研究, 2014 (09).
③ [美] 兰德尔·奥图尔. 交通困局 [M]. 上海：上海三联书店, 2016：译序：3.
④ 杜萍. 治理交通拥堵的公共管理学思考 [J]. 学术论坛, 2015 (3).
⑤ 戴东昌，蔡建华. 国外解决城市交通拥堵问题的对策 [J]. 求是, 2004 (23).
⑥ [日] 山中英生，山谷通泰，新田保次. 城市交通中存在的问题及其对策 [M]. 张丽丽，杨雁云，译. 北京：中国建筑工业出版社, 2009：4.
⑦ 周干峙. 以大交通观念构建城市交通系统 [J]. 城市交通, 2011 (1).

说，应从制度、政策设计与观念三个层面来把握治理城市交通拥堵的路径。①

郑国中认为，交通拥堵治理的最终落脚点不是让汽车行驶得更快，而是提高城市居民的生活质量，因此解决交通拥堵需要有更为宏观的视野，治堵措施需要融入人文关怀，优化城市功能结构，提倡公共交通出行②。

周建高通过我国与日本的比较中寻找对策，认为应参照日本经验，在与交通拥堵问题相关的交通空间、居住密度、路网结构、土地利用等方面，探索解决交通拥堵、实现汽车社会与城市化相容发展的途径。③

胡金东，桑业明对交通共同体文化形成的理论分析发现，汽车社会创造了新的交通共同体，共同善是其基本目标。他们建议中国交通治理的基本思路应为：以政府为主导，将各种社会力量整合到交通决策与管理之中，培育交通民间组织与公共精神，从而形成共同体治理结构。④

汪光焘通过梳理公共治理一般理论以及国家治理、社会治理、城市治理等相关领域治理研究的基础，从中国城市交通治理的现实需求出发，提出新时代城市交通治理目标的实现途径可以归纳为：遵循城市发展的客观规律（包括城市发展规律、城市交通发展规律、交通科技开发应用规律等），应用城市交通治理现代化理论和方法，采取信息化、法治化以及道德教育等手段，构建政府、企业、社会、公众等多元主体间价值—信任—合作新型权责关系，优化资源配置，促进交通服务公平高效。以城市交通服务的均等化引导城市发展，最终构建全民共建共享的治理格局。⑤

李晔等从公民权利和城市发展方面等归纳了对中国城市公交优先理念的基本认识，在此基础上从核心价值、制度安排、工具与技术、绩效评价四个层次对城市公交优先发展的制度框架进行设计，提出了制度建设在不同层面

---

① 何玉宏，谢逢春. 制度、政策与观念：城市交通拥堵治理的路径选择［J］. 江西社会科学，2011（9）.
② 郑国中. 治理城市交通拥堵的社会学思考［J］. 中州学刊，2014（7）.
③ 周建高. 城市化如何与汽车社会兼容［J］. 城市学刊，2015（3）.
④ 胡金东，桑业明. 汽车社会交通问题及共同体合作治理思路［J］. 长安大学学报（社会科学版），2015（1）.
⑤ 汪光焘. 城市交通治理的内涵和目标研究［J］. 城市交通，2018（1）.

与不同阶段的任务、重点以及相关措施、建议。①

林群等认为,制度设计是推进公共交通优先战略实施的关键环节,并就交通规划建设、运营管理等方面进行分析,形成规划、建设、资金、运营、管理、立法等全方位的制度设计。②

徐丽群、鲁昊昆认为,在目前的公交发展政策环境下,产权制度安排不能对公共交通优先发展提供明显的支撑作用,设立多种产权制度模式、营造适度竞争环境和政府购买公共交通服务是解决产权制度安排困境的有效途径。③

张卿从法律经济学的角度出发,分析了大城市交通拥堵的成因,并深入分析政府用于治理交通拥堵的数量监管措施(包括机动车上牌和上路的总量控制措施等)和加价监管措施(包括拥堵费和停车费等),比较其优缺点和适用条件,在此基础上对我国典型城市的治堵监管政策进行分析和评价,提出进一步的立法和政策改革建议。④

黄伦宽就城市慢行交通的制度设计做了深入的思考,提出要在制度层面为城市慢行交通的发展提供科学合理的制度保障,从而确保满足公众对城市慢性交通的出行需求。⑤

赵坚、赵云毅从城市空间权利的视角,对我国大城市发展公共交通的制度安排进行了分析,认为出行结构是城市空间权利制度安排的结果,在城市规划是对城市空间资源进行配置,必然要对不同交通方式出行群体的交通便利性权利和空间便利性权利进行制度性安排,并使这种权利关系通过城市道路和建筑设计在城市建筑空间中得以实现。⑥

---

① 李晔,邓皓鹏,卢丹妮. 基于理念更新的城市公共交通优先发展制度框架 [J]. 城市交通,2013(2).
② 林群,赵再先,林涛. 城市公共交通优先发展制度设计 [J]. 城市交通,2013(2).
③ 徐丽群,鲁昊昆. 公共交通产权制度安排困境与对策 [J]. 现代管理科学,2015(3).
④ 张卿. 论大城市治理交通拥堵的政府监管制度选择与优化 [J]. 行政法学研究,2017(6).
⑤ 黄伦宽. 城市慢行交通的制度构建研究 [J]. 法制与社会,2017(35).
⑥ 赵坚,赵云毅,我国大城市发展公共交通的制度安排——城市空间权利的视角 [J]. 北京交通大学学报(社会科学版),2018(2).

还有学者研究了交通治理是一项系统工程，需要多方协同治理。如，当斯的研究结果表明，交通拥堵治理是一项综合型的工程，只有各部门团结协作方能解决。①

五、国内外研究评述

汽车交通在给我们带来便利的同时，也带来了许多新的问题，国内外学者从城市社会学、交通工程学、交通法学、城市经济学、城市地理学、交通伦理学等不同学科，不同视角对之进行了相关研究，对汽车时代城市交通存在的矛盾和冲突、城市交通治理模式、城市交通治理路径等形成了许多有见地的成果，为汽车社会城市交通治理提供了有益的参考和借鉴。但研究中也存在一些突出的问题。

第一，国内外研究对城市交通系统中的矛盾普遍关注有限，更谈不上深入探讨。文献中鲜有专门从矛盾的视角（或矛盾分析法）剖析城市交通系统各要素的矛盾，主要矛盾以及矛盾的主要方面的成果。中国特色社会主义进入了新时代。新时代人们对美好交通的需求与交通发展的不平衡、不充分之间矛盾突出，特别是随着汽车社会的到来，引发新的社会不公平，亟须加强治理对策研究。

第二，大部分学者注重城市交通治理策略的研究，但多从单一层面提出对策，未以整体性思路为指引，采取综合协同、灵活多变的治理措施，实现软硬兼施、多管齐下，效果不显著。

第三，城市交通涉及"人—车—路"三个主要要素（每个要素又包含多个方面）组成的整体，其中任何要素的缺位或者缺陷，都会影响治理效果。但是目前学界认识明显存在问题，譬如社会公众作为城市交通主体，既没有确立其在城市交通治理中的地位，也缺乏参与到交通治理中的机制。

第三节 研究内容与基本研究思路

本课题的研究目标是：从多视角探寻汽车社会背景下城市交通问题（矛

---

① Downs A. Can traffic congestion be cured［J］. The Washington Post, 2006（4）.

盾及冲突）形成的原因，揭示城市交通治理机制存在的缺陷，构建城市交通治理的社会性路径，为提出解决城市交通治理困境可参照、有操作性的政策建议。

一、研究内容

（1）汽车时代城市交通中的矛盾和冲突。通过分析城市交通系统构成要素，运用社会学功能主义、冲突论与互动论视角，揭示出汽车社会城市交通系统中存在的主要矛盾与矛盾的主要方面。

（2）城市交通治理的根本原则。人是社会发展的主体，城市交通作为城市的一项基本功能，理应满足人的需要和实现人的全面发展。本部分研究主要针对长期以来人们对城市交通系统的研究，往往只注重效率，而对应遵循的人本性、公平性原则认识不足展开。因此，提出以人为本、公平正义的原则。

（3）国内外城市交通治理的经验。随着城镇化进程的加快，世界各地的城市都面临交通拥堵的"城市病"。交通拥堵，成为现代大都市面临的一个共同难题，进入"拥堵时代"。放眼全球，"治堵"成功的地区当属英国伦敦、德国、法国的巴黎、日本的东京、韩国首尔、新加坡、巴西的库里蒂巴、中国香港和上海等，以及这些城市结合各自城市的特点，探索出了各具特色的解决办法。

（4）汽车社会城市交通治理的社会性路径。研究提出城市交通治理的基本路径在于以下几个方面。

制度设计。汽车社会面临空间（土地）、能源、环境等巨大压力。优先发展城市公共交通是一项国家战略，制度设计是推进城市公共交通优先发展的关键环节，公交优先政策的落实需要通过制度设计保障实现。建立适应中国国情的公交优先发展制度，是现阶段深入推进城镇化战略实施的重要举措。

政策制定。汽车社会环境下，如何通过构建合理的治堵政策缓解上述问题，是决策者所考虑及面临的重大难题。本部分将从拥堵治理政策、环境污染控制、慢行交通体系等角度出发，通过对不同政策的比较分析，厘清各种治理方案的优缺点，寻找到合理、经济、公平的解决方式。

需求管理。城市交通建设与发展目标是最大限度地满足城市居民出行需求。从人的交通需求的多样性、不平衡性、增长过程的一致性与稳定性以及外部性特点入手，揭示城市交通供给与需求矛盾的根源，寻找交通需求管理的有效方法。

系统协同。城市交通是由"人—车—路—环境（设施、文化、管理）"组成的一个综合系统。各系统要素之间协同，则城市交通顺畅；反之，系统要素之间矛盾冲突，则城市交通问题（矛盾）就会凸显。本部分针对城市交通系统矛盾与冲突研究的基础上，着力分析如何协同市交通管理系统之间、城市交通系统群体之间以及"人—车—路—环境"之间的矛盾和冲突，探索实现系统协同的措施及途径。

（5）实证研究。以南京市为例，实证研究汽车时代南京城市交通治理的经验与不足。明确在多重战略叠加下南京交通发展的定位，梳理汽车时代南京交通治理的举措，揭示南京交通治理的基本经验、存在问题和解决对策。

（6）汽车社会城市交通治理须绿色转向。绿色交通的核心是资源、环境和系统的可扩展性。城市交通发展的绿色转向是一种新的理念和目标，是实现可持续发展的城市交通系统的必由之路。本部分阐释汽车社会下城市交通治理方向：公交都市、自行车及步行组成的慢行交通体系，"汽车共享"等，以使城市交通永续发展。

二、研究基本思路

通过文献梳理与问卷调研，以汽车社会为研究背景，聚焦城市交通中的矛盾和冲突，按照以人为本、公平正义原则，借鉴国内外治理经验，探究城市交通治理的社会性路径。具体研究思路如图1-1所示。

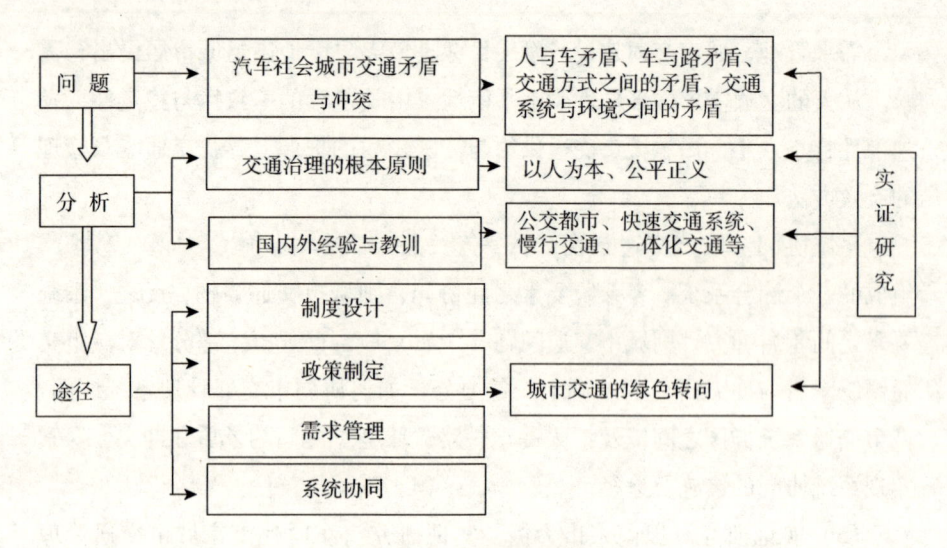

```
问题 → 汽车社会城市交通矛盾与冲突 → 人与车矛盾、车与路矛盾、交通方式之间的矛盾、交通系统与环境之间的矛盾
  ↓
分析 → 交通治理的根本原则 → 以人为本、公平正义
       国内外经验与教训 → 公交都市、快速交通系统、慢行交通、一体化交通等
  ↓
途径 → 制度设计
       政策制定 → 城市交通的绿色转向
       需求管理
       系统协同

实证研究
```

图 1-1　具体研究思路

第四节　基本概念的界定

本书所及的概念主要有汽车社会、汽车化、交通管理、城市交通治理等。

一、汽车社会与汽车化

"汽车社会"（Auto Society）是工业社会发展到一定阶段，特别是随着汽车大规模进入家庭后出现的一种社会现象。"汽车社会"一词源于日语中的"くるましゃかい"（kuruma shakai），是20世纪70年代日本进入汽车普及时代产生的新词汇。按照国际标准，通常认为一个国家或地区每百户家庭私人汽车达到20辆，就认为进入"汽车社会"。根据十二届全国人大一次会议的政府工作报告，2012年底我国的城镇居民每百户拥有私人汽车21.5辆，因此可以判断我国的城镇总体上已经进入了汽车社会。"汽车社会"强调汽车与人，以及汽车与社会的互动关系，反映出人们对一种生活方式的选择和随之而来的时间与空间概念的转变，从而映射了一种内涵更丰富、更复杂的

24

社会形态。①

"汽车化"一词源于1903年，此后长期被排除在常用词之外。直到历史学家伯汉姆（John Burnham）用之概括个人化的驾驶现象，并暗示对待汽车化的一种态度，即个人驾驶是一种权利。社会学家厄里（Urry）认为，在世界范围内普及开来的"汽车化是一个自组的、自生的非线性系统"；社会学家约尔格·贝克曼则认为它是"一种社会文化现象"和"移动范式"。环境学家拉杨解读汽车化是"一个庞大的社会机体"，"社会元素和空间元素的有机组织"。②

汽车化不仅仅意味着交通工具的变化，而且产生了新的生活方式，改变了生产—流通—消费—废弃的全过程，形成了前所未有的产业布局和城市结构。就本书而言，简单地说，汽车化就是汽车快速增长的社会过程。

二、交通管理与城市交通治理

从传统"管理"到现代"治理"的跨越，虽只有一字之差，却是一个"关键词"的变化，是治国理政总模式包括权力配置和行为方式的一种深刻的转变。

所谓交通管理，是指按照交通法规的要求、规定和道路交通的实际状况，运用教育、技术等手段合理地限制和科学地组织、指挥交通。正确处理道路交通中人、车、路之间的关系，使交通尽可能安全、通畅、公害小和能耗少。然而，城市交通发展至今，由政府包建、包管的交通管理手段，既不能解决旧矛盾，也无法应对新问题。

与统治、管制不同，治理指的是一种由共同的目标支持的活动。在治理的各种定义中，全球治理委员会的表述具有很大的代表性和权威性。该委员会对治理做出如下界定：治理是或公或私的个人和机构经营管理相同事务的诸多方式的总和。它是使相互冲突或不同的利益得以调和并且采取联合行动的持续的过程。

---

① 张钟允，李春利. 交通拥堵治理及拥堵费制度的机理分析与探究 [J]. 城市发展研究，2014（9）.
② 参见［美］科滕·塞勒，汽车化时代，边卫花，王冬，朱丹译. 石家庄：河北教育出版社，2016：6.

所谓城市交通治理，是指借助制度化的设计与安排，塑造有效、正确的处理城市交通问题的能力；是依据城市交通发展客观规律、各种规范要求以及市民的反应，对城市交通各方面的矛盾和不协调进行系统整治和调理的经常性的管理行为过程。其实，城市交通治理的基本思想，是提高共建能力和共享水平。城市交通治理的现代化就是要创新社会治理，涉及制度、体制、机制、需求、人、社会、环境等问题，涉及法律制度、城市经济运作规律、社会发展机制和道路交通专业技术等，需要多专业支持和跨学科整合的研究思路。①

---

① 汪光焘. 城市交通治理的内涵和目标研究［J］. 城市交通，2018（1）.

第二章

汽车时代城市交通中的矛盾与冲突

众所周知,当今世界普遍存在四大交通难题:一是交通拥挤难题;二是交通事故难题;三是交通污染难题;四是交通能源难题。如何治理这些难题却良策有限,可谓是难上加难。其实,这些难题属于看得见(显性)的现象,而其背后看不见(隐性)的矛盾及冲突才是问题的本质。但在现实中,人们(管理者或专家同样如此)往往对显性的难题关注得多、研究得多,而对隐性的矛盾及冲突关注不够、研究有限。本章首先探讨城市交通系统的构成要素,然后对城市交通问题从社会学视角进行分析,接着具体讨论城市交通系统中客观存在的矛盾及冲突,最后对其形成原因进行归纳总结。

第一节 城市交通系统的构成要素

城市交通系统既是一个复杂的巨系统,也是城市社会的一个子系统,或者说,城市交通系统是一个城市"社会交通"① 系统。因此,分析城市交通问题既要深入分析交通系统本身,也要从城市社会系统、经济和文化等方面进行系统分析。

城市交通伴随着城市的形成和发展的整个过程,并与人们的生产生活息息相关。通常认为,城市交通系统的基本构成包括人、车、路、环境四大要

---

① 社会交通是黎德扬教授提出的一个概念。根据他的解释,应把交通置于社会系统中,从整体上对交通与社会的互动关系做多侧面的系统考察,从中获得社会交通发展的一些规律性的认识。参见:黎德扬等. 社会交通与社会发展 [M]. 北京:人民交通出版社,2001:1.

素（也有学者认为是人、车、路、城市用地四个方面①，或人、车、环境、规则、信息五个方面）。其中，"人"包括行人、自行车骑行者、机动车驾驶员、交通管理者以及乘客等在内的所有交通参与者，我们不妨称之为"交通人"；"车"是指包括道路上的公交车辆、私人小汽车、自行车等在内的所有道路交通运载工具；"路"则是指包括各级道路在内的所有交通流载体及交通设施；而"环境"是指与交通相关的各种外部条件，诸如法律、政策等。② 在这四大因素中，人始终是交通的主体，车和路都是为人服务的。而环境则是调节他们相互关系的一个重要因素。因运载工具需要由人来操纵（全部都能自动操纵恐怕是十分遥远的事情），交通流载体中运行着各种装有人或货的运载工具，归根到底还是人。而交通环境的规划，要安排人的环境、车的环境、路的环境，其要旨仍然是人在其中生存和活动的环境。人、车、路、环境有着各自的重点，而统管一切的出发点和归宿只能是人。可以说，人是对城市交通起着主导决定性作用的因素。

具体来说，城市交通系统由城市交通运输系统（交通行为的运作系统）、城市道路系统（交通行为的通道系统）和城市交通管理系统（交通行为的控制与保障系统）所组成。城市道路系统是为城市运输系统完成交通行为而服务的，城市交通管理系统则是整个交通系统正常、高效运转的保证。③

---

① 文国玮. 城市交通与道路系统规划 [M]. 北京：清华大学出版社，2013：78.
② 有学者认为应当再加过去没有单独列出的要素"规则"与"信息"。"规则"用于规范交通行为及载运体系的建造、使用和管理，由三部分组成：第一，规范交通主体的规则，包括驾驶员工作规范和驾驶员管理的规范、交通系统管理和经营行为管理规范，行人和行车规则等；第二，有关交通设施的规则，包括交通设施建筑规范、使用规范、管理规范和养护规范等；第三，有关载运工具的规则，包括载运工具的制造规范、使用规范和管理规范等。事实上，"规则"可包含在"环境"因素中作为软环境的重要组成。当今社会是一个信息时代，信息既是被传递的对象，也是交通人之间、交通人与载运体系之间、不同载运体系之间的沟通机制：人们因为获得他人、载运体系的信息，或促进出行，更充分地使用载运体系，或部分出行被替代。人们已经充分认识到"信息"的重要性，特别是智能交通系统（ITS）在城市交通中发挥的作用越来越重要，因此，将"信息"作为交通系统的构成要素亦不无道理。
③ 文国玮. 城市交通与道路系统规划 [M]. 北京：清华大学出版社，2013：3.

一、"交通人"：交通系统的主体

交通作为社会系统中一个不可或缺的子系统，其本身也是一个复杂的系统。从构成要素来看，交通既包括载运工具、基础设施、场站、动力、通信等基本硬件要素，也包括参与交通活动密切相关的人这一要素。任何交通行为均需要人的参与，脱离人的交通便不能称之为交通。从某种程度上说，人是构成交通活动中最重要、最核心的要素。交通系统中，人既是交通工具的创制者、交通行为的执行者、交通事务的管理者，又是交通活动的服务对象，是一种特别的"交通人"。

如何理解"交通人"？这一概念有狭义与广义理解之分。狭义的"交通人"概念理解通常从职业角度出发，即从事交通行业相关工作，为交通发展提供各类服务的人员。广义的"交通人"概念是将交通作为社会有机整体，并从这一宏观角度来审视，从社会学层面来分析作为社会子系统的交通，其内在结构要素中人的因素，认为所有处于社会交通环境下的个体，包括交通及与之相关行业从业人员、交通服务的对象等均可称之为交通人，它整合了交通过程中的不同群体。①

显然，"交通人"表达的概念内涵和外延要比"交通出行者"或"交通参与者"更广。从时间周期角度看，"交通人"代表了一个从学习社会生活，认识交通开始，一直延续到生命结束，并且每一次交通出行及出行后果都对下一次出行的交通行为产生影响的自然人；从空间角度看，交通人不再局限于在交通系统中进行交通活动的人，人在进入道路交通系统前、处于交通系统中以及离开交通系统后，只要进行与交通相关的活动，都可以是交通人，成为交通行为研究的对象；从交通工具使用角度看，无论靠体力步行，还是乘坐车辆、骑乘非机动车辆或驾驶机动车辆（驾驶员）等都可以视为交通人。

由于交通在现代社会发展中是逐步嵌入人类世界，这就需要我们从更宏观的视野和角度去讨论这个概念，我们的论述内容主要从广义概念来阐明。

具体从"交通人"的角度看，城市交通系统的参与者可以分为三个主要

---

① 黎德扬，等．交通社会学［M］．北京：中国社会科学出版社，2012：146．

群体：城市交通的管理者、城市交通的运营者和城市交通系统的使用者。对于城市交通系统的不同参与群体，他们对城市交通系统的预期是不同的，相应地，他们对城市交通的理解和评价重点也不一样①。

"人"是城市交通的主体，作为交通的主要参与者在交通中起主导作用。人在交通的参与过程中可以充当各种角色，如机动车驾驶人员、非机动车驾驶人员、乘车人员、行人等。不过，在城市交通系统中，乘客与驾驶者、行人之间的角色经常互相转换，这依赖于交通参与人对交通方式的不同选择。不同的出行目的（如上班、上学、购物、公务、社交、娱乐等）会有不同的交通方式，这些通常依据出行的距离、出行的环境以及出行者自身的出行条件等。出行过程本身意味着一定的时间、体力和金钱的消耗，而出行者总是希望在出行过程中不仅能够省时、省钱、省力，而且希望安全、方便、舒适。

二、车：交通工具

交通的发展依赖于交通工具的变革。以交通工具发生根本性变革来划分交通发展时代，可分为步行交通、马车交通、汽车交通、智能交通四个时代。②

19世纪末，产业革命之后出现了蒸汽机和电动车，为交通工具的改革和发展提供了良好的条件，于是以动力机械驱动的各种机动车辆相继出现，以机器为动力的汽车逐步替代了以马、牛为动力的马车、牛车，成为交通发展的一个里程碑。目前，城市道路上通行的各种车辆，有小汽车、公共汽车（有轨或无轨）、货车、摩托车和自行车、地铁等，其中汽车是现代交通的基本元素之一。相对于汽车而言，自行车是一种环保的交通方式。

近年来我国城市机动车辆的增速惊人。据公安部统计，截至2018年底，全国机动车保有量已达3.27亿辆，其中汽车2.4亿辆；机动车驾驶人突破4亿人，达4.09亿人，其中汽车驾驶人3.69亿人。从车辆类型看，小型载客汽车保有量达2.01亿辆，首次突破2亿辆，比2017年增加2085万辆，增

---

① 陆化普. 解析城市交通 [M]. 北京：中国水利水电出版社，2001：39.
② 王炜，过秀成，等. 交通工程学 [M]. 2版. 南京：东南大学出版社，2011：4.

长 11.56%，是汽车保有量增长的主要组成部分；私家车（私人小微型载客汽车）持续快速增长，2018 年保有量达 1.89 亿辆，近五年年均增长 1952 万辆。从分布情况看，全国有 61 个城市的汽车保有量超过百万辆，27 个城市超 200 万辆，其中，北京、成都、重庆、上海、苏州、郑州、深圳、西安 8 个城市超 300 万辆。①

汽车最初由无到有，由个别的存在，到普遍的存在，继而成为城市交通系统的基本元素，也成了城市交通管理中诸多矛盾及冲突产生与发展的重要因素。当前，我国交通系统特别是城市交通系统内存在如下几方面的冲突②：一是政府汽车产业政策与中国客观现实之间的冲突。随着国家汽车产业政策的颁布，与小汽车生产、流通相关的重大举措亦相继出台，"小汽车进入家庭"被确定为国家扶持汽车工业发展的战略安排，销售价格大幅度下降，拥有量逐年增加，且增长速度越来越快。尽管有关部门也表明了对小汽车拥有与使用的基本立场，强调"对小汽车限制使用，不限制拥有"。但世界上许多大城市的实践证明，只要有了路，就会唤来更多的车，而更多的车还会呼唤更多的路，这个循环不会无穷尽地进行下去，因为路的终极是土地的极限，中国作为一个人口大国，绝对不可能将养命活口的土地，大量地用来修建道路或停车场。因此完全可以说，尽管"轿车进入家庭"或以小汽车作为大城市出行的主要方式，是一种美丽而充满诱惑力的愿望，实际上却超越了中国的国情③。二是个人消费欲望、消费能力与社会承受度之间的冲突。拥有一辆小汽车是当前许多中国人的一个愿望或追求。从本质上说，小汽车的拥有是一种个人的消费行为，不应受到限制，但研究表明，对于许多发展中国家的小汽车来说，小汽车在很大程度上并非效用很高的消费方式，往往是一种社会地位和财富的象征。因此，小汽车消费虽然与个人消费水平和消费能力成正比，却必然会形成与社会承受度之间的矛盾冲突，一旦超出社会承受度的界限，必然将导致不可估量的损失。三是"人—车—路"的矛盾激化与冲突（将在后面第三节详细阐述）。

---

① http://auto.china.com.cn/view/qcq/20190115/693996.shtml.
② 何玉宏. 挑战、冲突与代价：中国走向汽车社会的忧思 [J]. 中国软科学, 2005 (12).
③ 何玉宏. 中国城市交通问题的理性思考 [J]. 中州学刊, 2005 (1).

汽车是一个"经济的具体物",是一种特殊的商品,具有客观实在性。由于汽车并不是普通的商品,在汽车这个产业链中,不仅造就了一大批制造业部门,而且形成了一大批服务业部门,不仅对一个国家的GDP增长产生巨大的贡献,为国家带来了可观的税收,而且创造了数以百万计的就业机会。然而,汽车这种特殊商品一旦成为由大多数私人拥有的交通工具,这种私人化商品与城市道路资源的"公共产品"之间的矛盾,必定成为城市交通管理中的突出问题(将在第六章第二节详细论述)。因此,汽车是一把双刃剑:一方面它给人类带来了巨大的效益和便利,促进了社会经济的发展,提高了人们的生活、生产水平;另一方面,日益增长的汽车占用了大量的城市空间,给环境造成巨大的污染,同时给人类带来安全威胁。但是,汽车始终是一个被动的交通工具,由汽车所产生的一系列问题实际上反映着人们对于自身、社会、环境的基本态度。

三、路:交通基础设施

交通工程学对"道路"的解释是"容纳城市交通的主要设施,包括路段和交叉口两个部分"。① 按在道路系统中的地位、交通功能以及对沿线的服务功能等,城市道路分为四类,即快速路、主干路、次干路、支路。② 显然,这个说明过于简单。而人类学或社会学对于"路"的理解(解释)似乎要复杂得多。

《说文解字》云:"路,道也"。《尔雅》说:"路,途也。"鲁迅也曾说过,"世上本没有路,走的人多了,也便成了路。"我们不妨将之理解为对路

---

① 文国玮. 城市交通与道路系统规划 [M]. 北京:清华大学出版社,2013:81.
② 根据住房和城乡建设部修订发布的2016年版《城市道路工程设计规范》(CJJ37—2012)第3章第1节道路分级规定:城市道路分为快速路、主干路、次干路和支路四个等级,并应符合下列规定:(1)快速路应为中央分隔、全部控制出入、控制出入口间距及形式,应实现交通连续通行,单向设置不应少于两条车道,并应设有配套的交通安全与管理设施。快速路两侧不应设置吸引大量车流、人流的公共建筑物的出入口。(2)主干路应连接城市各主要分区,应以交通功能为主。主干路两侧不宜设置吸引大量车流、人流的公共建筑物的出入口。(3)次干路应与主干路结合组成干路网,应以集散交通的功能为主,兼有服务功能。(4)支路宜与次干路和居住区、工业区、交通设施等内部道路相连接,应解决局部地区交通,以服务功能为主。

之起源的文化人类学解释。或者可以说，道路的历史就是人类活动和发展的历史。路是与人的"行"之需求，以及满足此种需求的"交通"相伴而生的一个概念。如果对于交通的理解，我们采用初版《辞源》（1915年版）的解释："凡减少或排除因地域隔离而发生困难者，皆为交通"，那么"路"的定义，可以界定为：凡两点之间可供人、物、信息通过之有形无形的轨迹皆为路。①

但这一定义，又过于宽泛与抽象，没能很好揭示"路"与"行"及"交通"之间的紧密的社会学意义上的关联，因此有必要进一步的阐释。

"行"与"交通"是一体两面的社会现象或社会行为，而"路"与"行"及"交通"之间基本的社会学关联，可以表述为：在能力所及的限度内，有什么样的行的需求，就会发展出相应的交通服务和作为此种交通服务的物质基础之一的"路"，并且随着社会、经济及科技的发展，人的行的需求将逐步地催生一个较为完善的交通社会系统②，其中最基本的要素就是人和路，这一系统及其要素将随着人的需求变化和提高，而不断发展完善。因此，对于"路"的深刻认识就必然是建立在对交通社会系统的组成要素及其演进规律的全面认识的基础之上。

如前所述，工程学或物理学上的道路应包含交通线路与交通设施两部分。交通线路指"交通人"或交通参与者利用交通工具实施空间位移的轨迹；交通设施指为保障交通正常运行而设立于交通线路起讫点两端或线路上的各种物质设备的统称。例如，古代的驿站、现在的高速公路服务区、机场、码头、火车站、灯塔、航标等交通标志、信号、标线等，二者本是两个不同的交通要素，但在现实交通运行体系中，特别是复杂的交通系统中，交通线路和交通设施一般是不可分的，二者相互配合才能发挥正常的功能，因此可以将二者视为同一要素来认识，交通线路设施同样具有工具性的一面，必须与交通工具的发展相互适应。

---

① 王坚. 路权研究——以公路及城市道路为中心［D］. 重庆：西南政法大学，2012：59.
② "社会交通"或"交通社会"是黎德扬教授首先提出的概念，两者含义既有联系又有不同。参见：黎德扬，等. 社会交通与社会发展［M］. 北京：人民交通出版社，2001.

如此，我们则可以对"路"进行一个较为清晰和准确的界定：即"路"是交通参与者利用交通工具实施空间位移的轨迹，以及在轨迹之上保证交通正常运行的各种物质设备的统称。① 这一概念须从三方面理解：其一，"路"首先应该是与"行"及"交通"相互契合的一个社会学概念，它由"行"与"交通"内含的社会学意义所决定；其二，"路"是社会交通系统中的四大基本要素（交通参与者、交通工具、交通线路及设施、交通环境）之一，并且其与交通工具这一要素联系非常紧密，因为都体现了工具性的一面；第三，"路"实际上包括交通线路和交通设施两个部分，二者实际上属于不同的交通要素，并且从交通史的发展来看，二者也并非同时出现。例如，在步行交通时代就无交通设施，只是"走的人多了，也便成了路"。

四、交通环境

城市交通不仅是一种重要的社会服务，其本身也是城市环境的重要组成②。交通环境有广义和狭义之分。广义的交通环境包括交通规划设计时考虑的原生自然环境、交通建设施工时的施工环境、交通建成后的运营环境等。狭义的交通环境主要是指交通建成后的运营环境。学界通常认为，城市交通环境的构成包括步行道、车行道、绿化带、道路附属设施及交通型集散广场等物质要素。③ 不过，这种定义仅仅考虑了承载交通功能的空间领域与物质载体，明显忽视了活动于其中的各类群体与个体的存在，因而既不全面也不完整。城市建成环境的意义是由它的使用者——市民所建构的，交通环境的内涵必须包含人们日常出行的心理与行为模式，尤其应关注普通市民对交通环境的感受与认知。因此，交通环境不仅应包括道路和道路上的附属交通设施等工程物的一面，还应包括有人文和社会性交通环境非物的一面。由人、车、路、交通环境构成的交通系统，虽然人、车、路是系统的核心要素，但交通环境的作用不可忽略，某种程度上人、车、路也是交通环境的重

---

① 王坚. 路权研究——以公路及城市道路为中心 [D]. 重庆：西南政法大学，2012：62.
② [美] 苏珊·汉森、吉纳维夫·朱利亚诺. 城市交通地理学 [M]. 金凤君，王姣娥，等译. 北京：商务印书馆，2014：180.
③ 丁良川，金勇. 城市道路交通环境的社会学分析 [J]. 城市问题，2005（2）.

要组成。人、车、路三要素只有与交通环境相协调,才能使构成交通系统的各要素相互协调,相得益彰,充分发挥交通系统各部分的作用,达到系统整体最优,并且在一定程度上,这种以人为主体性的对交通环境内涵的探索,有利于我们摆脱将城市道路视为纯粹交通性工程实体的局限。

交通环境除了是提供人们日常生活、工作、休闲等社会出行的空间载体,同时作为大量异质人群聚集和会面的场所,还直接或间接诱发了大量社会互动的产生。从美国社会学家路易斯·沃斯所描述的人口数量、密度、群体的异质性这三个衡量城市特性的指标来看[1],交通环境无疑具有显著的城市性(urbanism),因而对交通环境的功能分析应拓展到社会学领域,对其社会功能与社会意义进行探讨。可以说,城市交通环境作为市民社会生活潜在事件发生的重要场所之一,构成了现代都市人的生存环境和生活空间,呈现出强烈的城市性和城市活力,具体则体现如下几方面的社会功能。

一是城市社会活动的组织纽带。城市居民多元化的出行动机与复杂的交通行为方式源于城市高度发达与分化的各类社会活动(商务、居住、教育、医疗、购物休闲等)的不同区域分布。信息化与交通技术的提升则进一步加剧了这些社会活动的离散化特征(空间分离是其具体表征),而道路交通环境系统不应被动地适应这些离散化的社会活动,相反,它作为一种联系纽带,客观上担负了有效组织城市社会活动的职责。[2]

二是城市市民日常生活的载体。交通环境是最具活力的城市环境之一,是城市景观的重要组成部分。人们终日行走在城市内部四通八达而又风景各异的大小街道上,这些道路不仅是人们所倚赖的交通线,同时也是都市生活的载体,为人们提供了主要的交往、休闲和消费场所。交通环境质量的优劣将直接影响人们的城市生活品质。愉悦、舒适、安全的交通环境是广大市民所渴求的,也是衡量一个城市可居性(livability)的重要指标。

三是城市可持续、健康、良性运行与发展的保障。雅各布斯指出,"在城市里,除了承载交通外,街道还有许多别的用途。……这些用途是与交通

---

[1] [美] 路易斯·沃斯. 作为一种生活方式的都市生活 [M] //阅读城市:作为一种生活方式的都市生活. 上海:上海三联书店,2007:6-7.

[2] 卓健. 速度·城市性·城市规划 [J]. 城市规划,2004(1).

循环紧密相关的,但是并不能互相替代,就其本质来说,这些用途和交通循环系统一样,是城市正常运转机制的基本要素。……街道及其人行道,城市中的主要公共区域,是一个城市的最重要的器官。"① 交通环境的改善不仅关系到不同社会阶层的可达性权利问题,更关系到整个城市社会安全系统正常而有效的运行。良好的交通环境作为重要的城市公共空间,可促进异质人群潜在的社会交往,有利于缓解社会分化,促进社会融合与社会的可持续发展。

总之,无论是作为城市居民交往的公共空间,抑或是作为现代都市人消费休闲的活动场所,交通环境都承担着实际的社会功能,实实在在地在我们的日常生活中存在着,并对我们的生活发挥着巨大作用。

第二节 社会学分析城市交通的视角②

社会学主张从整体和系统分析的角度来研究社会现象,要求我们用相互作用的关系视角来研究人类的行为方式。社会学的价值追求在于为我们提供了一种重新看待熟悉世界的新的视界和视角,构建社会理想和社会期待,促进社会有秩序地发展与进步。就社会学而言,分析、研究城市交通行为、城市交通问题,具备一些其他学科所缺乏的视角与思路。

一、功能主义视角

功能主义可以溯源到早期的社会学理论家如孔德、斯宾塞的著作。后来,迪尔凯姆明确指出,在研究社会现象时,首先要解释原因,然后须分析功能。功能主义的视角强调这样一种模式,即社会的每一个部分都对总体发生作用,由此维持了社会稳定。根据这种观点,社会非常像人类的机体或任何活的有机体。像身体的各个部分(如四肢,心脏、大脑)一样。社会的构成部分以系统的方式结合在一起,对整体发挥着好的作用。每一部分也帮助

---

① [加]简·雅各布斯. 美国大城市的死与生 [M]. 金衡山,译. 南京:译林出版社,2005:29.
② 参见何玉宏. 城市交通的社会学分析 [J]. 社会科学家,2016 (1).

维持着平衡状态,这也是系统平稳运转所必需的。城市同样如此,也是一种复杂的社会有机体(如前所述)。关于功能主义的取向在帕森斯(Talcott Parsons,1902—1979)的"结构—功能"理论中得到最为系统的表述,而默顿(R. K. Merton)又以自己的方式形成了可以直接付诸操作的功能分析理路。①

默顿的一大贡献就是提出了"隐功能"这个概念。默顿给功能下的定义是"有助于既定系统的适应或调整"的"可观察的结果"。默顿使用"显性功能"与"隐性功能"来说明社会行动的主观动机与客观社会后果之间的关系。默顿指出:"显性功能是有助于系统的调整和适应的客观后果,这种适应和调整是系统中参与者所预料的、所认识的;反之,隐性功能是没有被预料、没有被认识的。"默顿认为,社会学者的特殊贡献不但在于研究社会行动者有意安排的预期后果(显性功能),而且主要在于研究社会行动者非意图的后果,不为一般人所察觉的后果(隐性功能)。默顿认为,有了隐功能的概念,有助于社会学者对一些看似不合理的社会行动模式的分析。研究隐性功能是社会学者最能发挥所长的领域,也是社会学者在理论上最可能有所收获的研究领域。他欣喜地说:"若将隐性功能的概念引进社会研究,则会导致'社会生活并不如乍看之下那么简单'的结论。"② 默顿的这一观点对我们研究社会现象有很大的启发,由于社会现象的原因往往深藏于复杂的社会现象之中,社会现象的隐功能并非是人们一下子就能认识的,这就需要社会学者具有敏锐的观察力与预见力,才能发现常人未发现的现象。

例如,作为交通工具的汽车在运输中能给人带来速度、惬意、自由和舒适(显功能),但交通情况的经验却表明,在城市中使用汽车根本不是一种合理的行为,或者说汽车的用处非常有限,在使用中会遇到各种各样的困难:堵车、速度受到限制、找不到停车位置等,汽车真正成了奴役现代城市人的机器(潜功能);一旦发生交通事故,不仅造成经济损失,还可能危害人身安全(反功能)。

二、冲突论视角

冲突论者所持有的一个共同信条就是:社会总是处在对稀有资源的争夺

---

① 童星. 现代社会学理论新编 [J]. 南京:南京大学出版社,2003:18.
② R. K. Merton, 1968, Social Theory and Social Structure. New York : Free Press, p. 105

之中的。人们因有限的资源、权力和声望而发生的斗争是永恒的社会现象，也是社会变迁的主要源泉。该理论建立在这样的假设之上，即构成社会的各部分远不是作为整体一部分而平稳运行的，实际上，他们是互相冲突的。这并不是说社会就永无秩序——冲突论者并不否认很多社会秩序的存在——但是，秩序只是社会各部分之间不断进行的冲突的一种结果，而且，它也并不一定就是事物的自然状态。①

许多冲突论的主要假设是：社会、社会设置和社会秩序主要是通过强力来维持的，而并非是通过共享价值观将它们"黏"在一起的。社会中的有权势者在迫使社会中的弱势成员至少在表面上服从他们价值观念的过程中在某种程度上运用了强力。因此，冲突论者的一个主要观点就是明确在社会中占统治地位的群体，探求他们是如何维持其统治的，以及他们在最初是怎样获得这些权力的。

冲突论者源于马克思。马克思主义社会学家强调的是社会中经济力量的重要性，而不是功能主义所强调的共享文化价值。他们所关注的是阶级之间的持续斗争。新马克思主义者通常认为只有在占统治地位的资产阶级的权力消亡以后，社会进步才能实现。冲突论者强调社会的流动的、不断变化的性质。在他们看来，社会经常处在极易被破坏的平衡之中。社会秩序源于社会的一部分统治于另一部分之上，而不是源于各部分之间的自然合作。

社会是一个有机的整体。在社会中，冲突是普遍存在和不可避免的。或者说，冲突是一个在社会性与结构性安排中不可抗拒的过程。冲突因素的积累不仅在社会政治体系内存在，社会其他系统内也有冲突因素的积累。社会交通系统特别是城市交通系统作为社会大系统中的一个重要的子系统也不例外，其内部也同样存在潜在的或现实的冲突因素，并且这些潜在的交通冲突因素一旦从少量、分散与临时性，发展到大量、集中与持久性，就会迎来城市交通问题的高涨期或曰城市危机的爆发期，从而导致大城市交通瘫痪的危险。当前，城市交通系统存在着三大冲突②，而事实上"人—车—路"的矛

---

① [美] 戴维·波普诺. 社会学 [M]. 10版. 李强，等译. 北京：中国人民大学出版社，1999：18.
② 何玉宏. 挑战、冲突与代价：中国走向汽车社会的忧思 [J]. 中国软科学，2005 (12).

盾与冲突只是事物的表象。坚持冲突论的学者把城市里的各种问题看作各个利益集团竞争有限资源而产生的不稳定结果。其斗争常常表现为强大的既得益集团对抗弱势群体。① 据此,"人—车—路"的矛盾或汽车和城市的冲突,其实质就是人与人之间的矛盾与冲突的体现或表现形式。如布朗先生所言,"汽车和农作物争夺土地的战斗成了穷人和富人之间的竞争,成了买得起汽车的人和为生存而奋斗的人之间的竞争"。② 因政府动用取自全社会的预算投到交通的基本建设上,实质上是收取穷人的钱支持富人用车,最后就会变成富人持续地、大量地从穷人那里获得隐性收入。

三、互动论视角

马克斯·韦伯是最早强调研究互动和意义之重要性的社会学家。他认为社会学的主要目的是解释"社会行动"。为了做到这一点,韦伯觉得社会学家必须把他们自己放到他们所研究的人的位置,然后去阐释他们的思想和动机。他把这种方法叫作移情式理解。然而韦伯并没有将这种想法付诸实践,倒是美国人米德成了最早对人类互动中的意义进行系统研究的学者之一,他的理论视角后来被称为符号互动论。米德发现人类在日常生活中,不断地学习由社会构建并由大家共享的象征意义,同时,人类还不断地"创造"新的意义。人类的互动是基于由意义的符号之上的一种行动过程。互动论者强调,人们总是处在创造、改变它们的生活世界之中,探索人们的动机、目的、目标和他们理解世界的方式。

时下的中国,汽车消费无疑是许多商品符号消费中的一个突出个案。在汽车消费中,人们为符号所主宰,汽车成了身份与地位的象征符号,人们在对轿车的购买与使用时,也同时向他人传递着其身份与地位的信息,有助于人们对其身份的识别和评价,使个体获得自我实现的满足,由此汽车及其所负载的符号效应成了社会分层的显著标志。汽车消费成了"一种操纵符号的系统性行为",汽车的消费演变成了典型的符号消费。人们购买"宝马"轿车而不是购买"宝来"轿车,并不是因为"宝马"比"宝来"在使用价值

---

① [美]文森特·帕里罗,等. 当代社会问题[M]. 北京:华夏出版社,2002:446.
② [美]莱斯特·R. 布朗. B模式:拯救地球 延续文明[M]. 林自新,等译. 北京:东方出版社,2003.

方面有太大的差别，而是因为在轿车的系统中前者要比后者处于更高的地位，即前者比后者具有更多的符号价值，正是符号价值的大小将不同消费群体的地位标示出来。① 通过消费"宝马"或"宝来"等汽车，每个个体和群体在寻找着自己在社会地位秩序上的位置，尝试着根据一个人的生活轨迹竞争这种秩序。通过汽车消费，一种分层化的社会开口说话，就为了将个人保持在一个确定的位置。

功能论、冲突论、互动论这三种理论代表着社会学家认识社会的三种主要视角，而这三种视角所显示的差异性并不是起源于矛盾或者对抗，而是一种相得益彰的关系。每一种视角都考察了同一社会现象（如城市交通拥堵、交通污染等问题）的相关方面，而给对方以补充。

第三节　城市交通系统中的矛盾及冲突

城市交通系统存在着诸多的矛盾，其中既有客观矛盾，也有主观矛盾。"认识的真正任务在于经过感觉而到达于思维，到达于逐步了解客观事物的内部矛盾，了解它的规律性，了解这一过程和那一过程间的内部联系，即到达于论理的认识。"② 要解决城市交通问题，必须先从分析和解决城市交通系统中的矛盾开始。因为矛盾分析方法"是研究任何事物发展过程所必须应用的方法"。③

一、城市交通系统各要素间的矛盾

如前所述，城市交通系统的基本要素主要有四个方面：人、车、路及环境。人、车、路与环境四者之间相互影响，其中出行者"人"是诸要素中不确定性最强的要素。交通系统基本要素的矛盾，既包括这四个要素之间的矛盾，即人与车、车与路、人与路及交通系统与环境系统之间的矛盾，还包括四要素内部的矛盾，即不同交通参与人之间、车与车之间及环境系统内部诸

---

① 何玉宏．汽车·身份·符号［J］．中国社会导刊，2005（10）下．
② 毛泽东选集：第1卷［M］．北京：人民出版社，1991：286．
③ 毛泽东选集：第1卷［M］．北京：人民出版社，1991：307．

要素之间的矛盾。由汽车使用需求与道路供给之间的矛盾延伸出去，会产生交通与经济的矛盾，交通与环境、资源的矛盾，相对于交通要素的矛盾，经济发展与环境①可持续之间的矛盾是更高一级的矛盾。

由于交通系统是一个复杂、开放的巨系统，这个巨系统内部中的人、车、路要素内部的矛盾，以及这几个要素之间的矛盾，具有超强的复杂性、网络性、动态性的特点。交通系统各个要素之间，具有十分复杂的关联关系。② 在有限的道路资源下，如何公平地分配交通资源，以及在时间的信号配时设置上体现不同交通方式之间可达性的公平性，这是城市交通管理的一个难点。这些错综复杂的矛盾主要表现在人与车、车与路、交通方式及交通系统与交通环境之间。

（一）人与车的矛盾

人是交通系统诸要素中不确定性最强的要素，尤其对于出行者（"人"）这个要素，何时出行、选择什么交通方式出行以及选择什么样的道路出行，均具有很大的不确定性。由于城市空间有限，城市人口的剧增对城市交通管理造成巨大的压力：一方面，有限的公共交通资源往往无法满足城市交通中出行者的需求，形成了人与交通工具、人与道路基础设施之间的矛盾；另一方面，行人、驾驶非机动车的出行者与机动车之间由于事实上的不平等，以及使用不同交通工具的人本身个性、文化上的差异，导致其在交通行为上存在着巨大的差距，从而形成了人与车之间的矛盾。

在人与车这对矛盾体中，车只是被动的交通工具，人是有意识的主体，人与车之间相互影响、相互制约。在现代城市交通中，车不能离开人的控制，而一些人却每每依赖于车。这对矛盾在混合交通方式中表现得尤为明显。例如，行人和骑自行车的人通过配有交通信号灯的路口，如果他们没有遵守交通规则，闯红灯，则严重影响交通流量和交通安全。相反，如果私家车不遵守交通规则，则不仅严重影响交通效率，更影响交通安全。同样，道

---

① 此处"环境"与前城市交通系统的组成要素"环境"有别：前是指"交通环境"，属于小环境；此为与社会、经济、文化等相并列的"环境"，或称之为大环境。当然，两者之间既有联系亦有区别。
② 陈育彬. 马克思主义哲学视阈下的城市交通管理[D]. 杭州：浙江工业大学，2012.

路上高速行驶的重载机动车的自由行为，会对其他机动车、非机动车与行人的安全构成严重威胁。这种机动车对人构成的安全威胁，在交通要素中是一个非常重要的矛盾点。解决这个矛盾的方法之一，就是根据人车分离原则和行为限制原则，既在交通基础设施方面尽量减少不同交通方式之间冲突的可能性，又要制定和完善交通法规，对行驶车辆设定按道路条件及气候条件下最高车速的规定，在事故多发地段，多数采取限制车速等行为限制措施，从而尽可能避免各种交通事故的发生。总之，人与车之间的矛盾，归根到底是人与人之间的矛盾。

（二）车与路的矛盾

车与路的矛盾，即有限的道路资源与无限膨胀的交通需求（尤其是私家车的出行需求）之间的矛盾，这是城市交通系统的普遍性矛盾。在城市化进程中的发展中国家，这类矛盾具有特殊性。进入21世纪后，许多发展中国家如中国等国家的汽车拥有量在快速增加，而欧美国家汽车拥有量增长缓慢。因许多发达国家已无法提供更多的土地用来修建城市道路以满足无限膨胀的交通需求，而单纯地依靠道路供给也根本无法有效地解决车与道路之间的矛盾。

如果把国内各主要城市的道路面积和汽车数量对比后，就会发现城市道路交通中车与路之间的矛盾问题非常突出。从表2-1中数据的结果可以看出，车均道路面积最高的是南京市72平方米/辆，其次是重庆市，为57.8平方米/辆，而北京、成都、长沙、昆明、福州、杭州的车均道路面积仅有20多平方米，最少的郑州车均道路面积仅有19.8平方米。如果不考虑其他大型机动车要占更多的面积，仅按照每辆小汽车静态占地12~16①平方米，动态占地15~20平方米计算，以理论上100%的效率运行，目前相当一部分城市的道路已经趋于饱和。

车与道路之间的矛盾是一个辩证矛盾。正所谓有车必有路，有路必有

---

① 我国建筑规范中对车库设计标准规定得比较复杂，分为四个等级，并没有规定所谓的标准车位尺寸，而是规定了车位相应最低满足的尺寸。对于一般以停小型车为主的停车场来讲，车位尺寸多采用2.5~2.7×5~6米（12.5~16.2平方米）的尺寸。

车，作为辩证矛盾中的双方，车与路同属一个矛盾统一体。① 在这个统一体中，它们相互依存、排斥、斗争和转化。其中的一方对另一方的否定，并不是单纯的否定，而是辩证的否定，即否定中包含着肯定，肯定中包含着否定。运动过程是旧矛盾得到解决，新矛盾又不断出现的一个循环往复的过程。一方面，增加道路供给，一定程度上缓解了现有车辆与道路供给不足之间的矛盾；另一方面，随着城市道路的扩建，矛盾的另一方——汽车的保有量继续迅速增加，增加道路供给将刺激更多的人购买私家车，吸引更多的私家车出行。虽然旧的矛盾解决了，新的矛盾又产生了，当汽车保有量的增长速度超过道路扩建的速度时，这对矛盾将以更激烈的交通拥堵的形式所表现出来。如果矛盾的一方——迅速增长的交通需求不能得到有效地控制，那么仅仅依靠矛盾的另一方——修建更多的道路，是根本无法解决车与路之间的矛盾的。所以说，车与路之间的辩证矛盾，亦是不断产生矛盾又不断解决矛盾的过程。

表2-1 我国部分大城市道路与交通发展数据统计表

城市	机动车数量/万辆	汽车数量/万辆	汽车驾驶人数/万人	千人汽车保有量/辆	城市道路里程/km	人均道路面积（m²/人）	车均道路面积（m²/辆）
北京	553.2	548.5	1036.2	252.4	8104	6.58	26.8
上海	354.1	322.0	668.2	133.1	4989	4.26	36.3
广州	251.7	230.0	409.7	163.8	7462	8.00	50.2
深圳	326.4	317.6	361.9	266.7	6447	9.94	37.6
天津	303.6	273.7	411.6	175.2	7616	8.97	51.3
重庆	521.6	328.1	855.4	107.6	7712	5.29	57.8
成都	464.4	412.5	672.9	259.1	2739	4.84	21.1
沈阳	196.5	187.9	251.1	226.6	3826	10.94	55.3
南京	234.0	221.7	345.3	268.1	7771	17.23	72.0

---

① 陈育彬. 马克思主义哲学视阈下的城市交通管理［D］. 杭州：浙江工业大学，2012.

续表

城市	机动车数量/万辆	汽车数量/万辆	汽车驾驶人数/万人	千人汽车保有量/辆	城市道路里程/km	人均道路面积（m²/人）	车均道路面积（m²/辆）
杭州	255.8	233.9	365.1	254.6	2991	7.12	29.1
合肥	160.5	143.0	190.9	181.7	2206	8.07	54.3
福州	141.5	110.4	177.1	145.8	1256	3.74	28.6
武汉	240.2	230.7	367.9	214.3	5354	8.82	48.0
长沙	228.8	192.7	248.9	252.0	2300	5.49	25.1
郑州	277.9	267.7	359.1	275.3	1809	4.85	19.8
昆明	224.9	193.8	250.9	288.0	2222	7.29	28.4

数据来源：公安部道路交通安全研究中心编：《中国大城市道路交通发展研究报告之四》附录2《36个大城市交通综合数据统计》附录3《36个大城市交通数据统计及排名》，中国建筑工业出版社，2018。

数据年份：2015—2016年（其中道路里程与人均、车均道路面积为2015年数据）。

车与路之间的矛盾受到交通系统中其他矛盾的影响。例如，车与车之间的矛盾，尤其是公共交通与私人交通方式之间的矛盾，对车与路之间的矛盾影响很大。在城市化过程中，落后的公共交通体系，将导致更多的人选择私人交通方式，从而导致车与路之间的矛盾更加尖锐；相反，先进、优质的公共交通体系，将促进更多的人将出行方式由私人交通转向公共交通方式，从而一定程度地缓解车与路之间的矛盾。

总之，车与路之间的矛盾是客观矛盾，解决这对客观矛盾单纯地依靠增加道路供给不仅代价高昂、不可持续，而且也永远解决不了这对矛盾。如果交通管理主体认识不到这一点，采取的措施不当，客观矛盾不但不能缓解，反而会进一步加剧。因为汽车的增长速度远远超过了道路供给的速度，并且道路是有限的资源，而人们又无法预知汽车保有量增长的极限在哪里。

（三）交通方式之间的矛盾

交通方式之间的矛盾冲突主要表现为机动车内部、非机动车内部及机动车与非机动车之间的矛盾、冲突（将在第六章第二节详细重点论述）。如果按交通工具的服务对象划分，则主要体现在公共交通与私人交通方式（包括私家车、自行车、电动自行车等）之间的矛盾。从现在的情况来看，城市道路不管如何发展仍然不能满足城市交通的需求，车路之间的矛盾日益严重。私人交通和公共交通都在有限的道路上争夺空间资源，私人交通工具的过度扩张导致了公共交通陷入困境。

公共交通①属于固定线路运输，而私人汽车交通为门到门运输。固定线路运输方式的特点是对交通工具和道路设施的利用效率非常高，但由于大量乘客共用交通工具，其时间效率并不高，舒适性也比较差。而门到门运输的特点是灵活、快速、高效、舒适。从时间效率上看，门到门运输比固定线路运输要高。公共交通满足的是居民大量的、常规的出行需要，实现运输总量的最大化。不过，落后的公共交通体系，将导致更多的人选择私人交通方式；反之，先进、优质的公共交通体系，将促进更多的人的出行方式由私人交通转向公共交通方式。值得注意的是，私人交通的发展不仅挤占了公共道路空间，降低了公共交通的效率，同时也产生了新的不平等②。收入水平决定了使用这种工具的能力。对于没有能力购买私人汽车的人来说，他们只能使用公共交通工具，但同时也不得不承担由于私人汽车的增加而带来的拥挤成本和安全问题。

虽然公共交通在我国大城市交通体系中仍是机动化出行方式的主体，但随着居民收入水平的提高，出现了公共交通的客源逐渐流失现象，所占比重呈下降趋势。以南京为例，从2000年开始，南京的公交总客运量一直下降，从2000年的13.8亿人次下降到2015年的10.00亿人次。虽然随着"公交优先"发展战略的贯彻实施，南京的公交设施供给水平有了一定程度的提高，但供给水平的提高并没有带来相应的客运量增长，如2016年常规公交仅为10.24亿人次（不含地铁客运量）；与小汽车及电动自行车爆炸性增长态势相比，显得异常缓慢。

---

① 公共交通是指在城市按一定的时间在固定线路上来回行驶、沿途停靠站点的交通方式，主要包括公共汽车、有轨无轨电车和轨道交通等方式。广义上讲，城市公共交通是由公共汽车、电车、轨道交通、出租汽车等交通方式组成的公共客运交通系统。其中出租车（应包括近年来兴起的网约车形式如"滴滴"等）是一种个体化的公共交通，兼有私人交通和公共交通的特点。

② 蔡禾．城市社会学：理论与视野[M]．广州：中山大学出版社，2003：155.

环顾世界各地,公共交通与私人小汽车交通都在不断地进行着艰难的竞争。① 在许多城市,城市公交的市场份额正在迅速地减少。虽然导致公交出行比例萎缩的原因有多种,但最终都归结到一个事实:其主要对手"私家车"的实际使用成本被严重地低估,城市的快速郊区化也打击了公共交通的发展。然而,在最近几十年来,世界上仍有十多个大型城市不为这种潮流所动,想方设法打造出一流的公共交通服务系统,这些系统都具有效益高、节约能源和可以体面地代替私家车的特点。例如,日本东京、丹麦哥本哈根、新加坡及中国香港等。公共交通与私人交通方式之间的矛盾,具体表现在差异性、同一性和相互性三个方面。公共交通与私人交通方式之间的差异性是很明显的。在相互影响方面,特别在地理空间上的影响,在有限的道路资源条件下,公共交通所占的机动车道越宽(如设置"公交专用道"),则私人交通道路宽度相应地变窄。因此,各种交通出行方式的选择不仅存在矛盾关系,且存在着博弈关系:公共交通与私家车出行方式之间的博弈,机动车与非机动车出行方式之间的博弈等。公共交通与私人交通之间的矛盾越来越突出,如何既能有效地满足公共交通的需求,又能很好地解决私人交通的扩大带来的各种问题,建立一种"可持续的交通消费模式"是摆在政府和公众面前的一个重要问题。

(四) 交通系统与环境之间的矛盾

环境作为一种资源,其不可替代性及一定限度的不可更新性使得它与飞速增长的交通需求形成冲突,造成了经济性与物质性的双重稀缺。这种稀缺对社会发展的各个方面都会产生重要影响。城市交通环境作为城市环境的重要组成部分,随着经济的发展出现许多问题,这些问题反过来又制约着经济、社会的进一步发展。世界上许多城市的发展经验表明,迅速发展的城市,其交通系统造成的污染往往也是很严重的。以汽车为主要交通工具的道路交通给人类带来了巨大的效益和便利,促进了社会经济的发展,提高了人们的生活、生产水平。但道路交通给人类社会发展带来巨大正面影响的同时,也带来了负面影响。目前,城市交通系统对环境的影响主要包括:对自

---

① [美] 罗伯特·瑟夫洛. 公交都市 [M]. 宇恒可持续交通研究中心, 译. 北京: 中国建筑工业出版社, 2007: 2.

然环境的影响,对生态环境的影响,对社会及文化环境的影响等(详细论述参见第六章第二节)。

交通与自然、生态环境的矛盾,主要表现为交通与空气质量、交通与土地资源、交通与水资源等之间的矛盾。交通与空气质量之间的矛盾,是自19世纪末世界上第一辆汽车诞生以来才有的事情。机动车尾气污染,尤其是交通拥堵情况下的机动车尾气排放污染,是导致城市空气质量恶化的重要因素。交通与土地资源的矛盾,表现在交通基础设施的快速建设,一定程度上破坏了自然土地资源的生态平衡。在城市生态系统中,道路交通对城市绿地的影响越来越大,具体表现为:一是影响城市绿化的整体水平,二是影响城市绿化的布局。由于道路正在占据越来越多的空间,人们的活动场所和绿地因之迅速减少。道路是个强大的入侵者。它打破了自然界的和谐与宁静,使已经受到干扰的生态系统变得更加脆弱,使有生命的动物和植物变得虚弱以至最终消亡。

交通与社会、文化环境的矛盾,主要体现在修路架桥或道路改造、拓宽等与城市历史街区、遗迹及人文景观等的保护与利用之间的矛盾。每个城市都有其自身的特点与定位,特别对于一些历史文化名城与古都,怎样结合交通建设与历史遗迹、自然景观的保护与利用,既促进交通设施的建设又不妨碍历史遗迹、自然景观的特色与总体风貌,很值得城市规划者与建设者去关注。令人遗憾的是,中国城市空间正被道路用地大规模地蚕食,富有历史和文化价值的旧街区、旧建筑甚至属于国家重点保护文物的历史建筑正在遭受道路建设暴力的破坏。① 在许多城市,修建道路的推土机可以在一夜间将前辈留下的文化遗产铲成平地。很多有特色的城市街道和建筑因修建道路而毁于一旦。宽阔的大路是否真能补偿其摧毁的自然景观和文化遗存?显然这一问题毋容置疑。

二、汽车时代城市交通系统的主要矛盾与矛盾的主要方面

毛泽东指出:"任何过程如果有多数矛盾存在的话,其中必定有一种是

---

① 何玉宏. 中国城市交通建设运动的反思——基于宽马路与高架桥为特征的城市交通环境建设[J]. 城市观察, 2013(4).

主要的，起着领导的、决定的作用，其他则处于次要和服从的地位。因此，研究任何过程，如果是存在着两个以上矛盾的复杂过程的话，就要用全力找出它的主要矛盾。捉住了这个主要矛盾，一切问题就迎刃而解了。……不懂得这种方法，结果如堕烟海，找不到中心，也就找不到解决矛盾的方法。"① 根据毛泽东的方法论，在城市交通系统的复杂矛盾体系中，也会有一种矛盾，由于它的存在和发展，规定或影响着其他矛盾的存在和发展。这种处于支配地位、对城市交通系统的发展过程起决定作用的矛盾，就是主要矛盾；其他处于从属地位，对其发展过程不起决定作用的矛盾，就是非主要矛盾。毛泽东还明确指出，"不管怎样，过程发展的各个阶段中，只有一种主要的矛盾起着领导的作用"。② 这句话告诉我们，事物的发展是分阶段的，每个阶段只有一种主要的矛盾起领导作用。显然，城市交通系统同样如此。因此，我们必须首先要弄清楚目前的城市交通处于怎样的一个阶段，然后再辨别或找出这一阶段的主要矛盾。

那么，当前我国的城市交通发展处于怎样的一个阶段？城市交通系统客观存在的主要矛盾又是什么呢？

党的十一届三中全会实现了党和国家工作重心以经济建设为中心的根本性转折，开启了改革开放之路。从那以后，随着经济快速发展，我国城市进入大规模建设时期，城市化的进程明显加快，城市交通需求剧增和交通设施供应水平低下的矛盾日渐突出，从而揭开了城市交通紧张的序幕；继而城市各种机动、非机动车辆（私家车、出租车、单位客车和摩托车、自行车等）增长速度大大快于道路建设速度，交通拥堵开始在大城市出现。③ 显而易见，从这一阶段的城市交通系统的众多矛盾中可以发现，车与路之间的矛盾应该还不是主要矛盾，而只是城市交通系统的普遍性矛盾。因为若在实际工作中，将车与路之间的矛盾视为主要矛盾，那么解决的城市交通问题就是拥堵问题，要么通过扩建道路，要么采取需求调节以减少车辆的数量或使用的次数，但事实已经表明：这两种方法并不能从根本上解决城市交通拥堵问题。由此可见，车与路的客观性矛盾并不是交通系统中的主要矛盾。城市交通问

---

① 毛泽东选集：第1卷 [M]. 北京：人民出版社，1991：322.
② 毛泽东选集：第1卷 [M]. 北京：人民出版社，1991：322.
③ 何玉宏. 城市交通：一道跨世纪的难题 [J]. 新东方，2000 (1).

题尤其是交通拥堵的事实告诉我们,交通系统之所以未能体现出交通顺畅、安全、快捷、环保的目标,既有社会客观原因,又有文化及主观原因(参见本章第四节的具体论述),但最主要的是在于没有遵循交通发展规律的必然结局。交通系统的问题(拥堵作为其中的一个重要方面)越是频繁而强烈地呈现在人们面前,交通系统各要素及管理系统之间的矛盾就越是显得突出。

党的十一届六中全会将我国社会主要矛盾表述为人民日益增长的物质文化需要同落后的社会生产之间的矛盾。因此,我们认为,该阶段城市交通系统的主要矛盾也可以表述为:人民群众日益增长的交通需求与落后的交通生产之间的矛盾。无论是我们的交通管理者还是交通学者、专家抑或城市普通居民,都不得不认真面对这对主要矛盾。

进入21世纪后,中国的汽车保有量增长更加迅速,并一举成为世界上最大的汽车市场,以惊人的速度进入汽车社会。2009年被称为"中国汽车社会元年",我国首次成为世界汽车第一产消国,之后汽车产销量年年攀升,连续十年位居全球第一。据统计,截至2019年6月全国机动车保有量已达3.4亿辆,其中汽车2.5亿辆。

在党的十九大报告中,习近平总书记基于改革开放以来我国经济社会的进步和发展,特别是党的十八大以来党和国家事业发展取得的全方位、开创性成就,做出了中国特色社会主义进入新时代,我国社会主要矛盾已经转化为人民日益增长的美好生活需要和不平衡不充分的发展之间的矛盾这一重大政治论断。中国特色社会主义进入了新时代,这是我国发展新的历史方位。伟大成就使党和国家事业发展发生了深层次、根本性变革。社会主要矛盾的变化,要求我们认识社会主义初级阶段要有新的框架、新的尺度。[1]

在党的十九大报告精神指导下,我们认识到城市交通系统领域的主要矛盾也已经发生变化。如前所述,从交通工具的根本性变革角度来看,我国已进入汽车交通时代,这是一个属于中国特色社会主义进入新时代的汽车时代,不是欧美、日本或其他国家的汽车时代,这就给我们认识该阶段城市交通系统主要矛盾的变化指明了方向。因此,我们认为,当前城市交通系统的

---

[1] 颜晓峰. 论新时代我国社会主要矛盾的变化[J]. 中共中央党校(国家行政论院)学报, 2019(2).

主要矛盾已转变为人民日益增长的美好交通需要与交通出行的不平衡不充分发展之间的矛盾。

接下来，让我们来进一步分析交通系统矛盾的主要方面。毛泽东指出，"无论什么矛盾，矛盾的诸方面，其发展是不平衡的。……其主要的方面，即所谓矛盾起主导作用的方面。事物的性质，主要地是由取得支配地位的矛盾的主要方面所规定的。"① 矛盾的两面，在一定的矛盾发展阶段中，其中必然有一面是矛盾的主要方面。"事物的性质主要地是由取得支配地位的矛盾的主要方面所规定的。取得支配地位的矛盾的主要方面起了变化，事物的性质也就随着起变化。"②

如前所述，城市交通系统的参与者可以分为三个主要群体：城市交通的管理者、城市交通的运营者和城市交通系统的使用者。由于三个群体在城市交通系统中的角色与地位不同，相应地，他们所担负的职责及作用也不一样。

城市交通的管理者通常是站在国家或政府的角度，要求城市交通系统能最大限度地满足城市生产生活带来的城市居民出行要求，并在此前提下将城市交通系统对资源占用和对环境的影响减到最小；同时，城市交通系统的管理者还希望城市交通能够对城市经济的发展和城市土地利用模式起到良性的反馈和推动作用。因此，城市交通的管理者及规划者对城市交通系统的发展目标的要求最为全面，也最为重要。

城市交通的运营者和使用者对城市交通系统的参与都是局部的。对城市交通的运营者而言，城市交通系统的发展目标是使交通运营企业以最低的成本向社会提供最优质的交通服务，即实现交通企业运营的"效益/成本"最大化，保证交通运营企业顺利运营。

从城市交通使用者的角度看，城市交通系统就是为人们的日常出行需求服务的，因此城市居民更关心城市交通系统所能提供的满足出行需求的快速、安全、经济和舒适程度。因此，从这两个参与群体的角度出发，对城市交通的发展目标的预期是不完全的，通常只能反映各自的局部利益。③ 由此

---

① 毛泽东.毛泽东选集：第1卷 [M].北京：人民出版社，1991：322.
② 毛泽东.毛泽东选集：第1卷 [M].北京：人民出版社，1991：323.
③ 陆化普.解析城市交通 [M].北京：中国水利水电出版社，2001：40.

看来，城市交通问题产生的客观原因，不仅仅是交通治理不善的结果，还在于交通管理系统未能协调好交通系统的运行。

城市交通管理系统未能真正适应交通系统或客观现实的发展，尚未做出交通管理系统的变革，那么交通管理系统就成为矛盾的主要方面了。当然，矛盾的主要方面——城市交通管理系统，特别指出的是，城市交通管理者绝不能片面地理解为某一个或某一类人，如某一个路段的交警、协警或某一个工程的规划设计师等。任何一个交警、协警或一个工程的规划设计师乃至一个城市的交通主管部门的领导都只是交通管理系统的一部分、一分子。交通系统的调控与治理是一个系统工程，具体执行过程中涉及多个部门、多个群体。如果仅仅将交通管理系统片面地理解为交通管理部门，城市交通的治理或交通问题的解决就会被认为仅仅是交通管理部门的事情，这也说明我们尚未真正建立起适应城市交通科学发展的先进理念，如此，要找出交通治理的良策也只能是勉为其难。

第四节　城市交通矛盾及冲突形成的原因

城市交通是一个复杂的综合性问题，交通矛盾及冲突的形成并不仅仅由于某一因素或某一方面影响而起，它是一个不断积累的过程。既有属于社会的客观原因，又有文化及观念等主观原因；既有体制机制因素；也有经济因素，既有制度性因素，也有人的素质自身因素。具体来说，主要有以下几个方面。

一、社会客观原因

城市化是当今世界的潮流，中国也不例外。人口学意义上的城市是指农村人口变成城市人口，即人口由农村向城市集中的过程[①]。随着城市化进程的推进，它给城市经济、政治、文化带来发展的同时，使得城市周边的大量农村人口涌入城市，寻求更多的发展机会，从而导致城市人口也随着城市化

---

① 向德平. 城市社会学 [M]. 北京：高等教育出版社，2005：135.

进程与日俱增。也就是说，城市化的市场选择，必然导致城市人口过度膨胀。并且，按照利润原则运行的城市经济中，非营利和低盈利的部门（主要是基础设施，如城市交通建设等）供给不足是必然现象，城市人口的增长极易超过基础设施的容纳能力，从而导致"人—车—路"的矛盾产生。

　　由于经济不断进步，城市在发展过程中各项设施不断完善，城市越来越有凝聚力，一方面吸引大量人口向城市转移，另一方面也对城市资源、环境承载力构成严峻挑战，也给交通带来巨大压力。以北京市为例，根据2010年第六次全国人口普查数据显示，北京市共登记常住人口1961.2万人，与2000年第五次全国人口普查相比，十年共增加604.3万人，全市常住人口中，外省市来京人员为704.5万人，早已突破国务院确定的到2020年北京市常住人口总量控制在1800万人的目标。据测算，北京市每增加1人，每日交通出行量增加2.64次。毫无疑问，人口突破规划控制必将导致交通需求超过城市总体规划预期，给依据总体规划进行建设的交通供给系统带来巨大压力，加剧交通容量与交通需求的不协调。

　　中国城市汽车化的特殊性在于小汽车进入家庭的时期与现代化、城市化进程交织重叠，在短短几年间就走过了发达国家城市几十年甚至近百年的历程。很多城市市区私家车数量逐年增多，并呈现越来越大的增长趋势。据统计，2016年底，我国汽车保有量超过100万辆的城市有49个，同比增长了8个，超过200万辆的城市有18个，同比增长了7个，有6个城市汽车保有量超过了300万辆。其中，36个大城市汽车保有量为6684.7万辆，同比增长了10.86%，占全国汽车保有量的34.39%。① 根据北京市交通研究中心提出的交通发展战略分析，北京市的小汽车（机动车）存在"三高"问题："高速增长"，从300万辆到400万辆，仅用了2年零7个月，而东京实现这一变化却用了12年的时间；"高强度使用"，小汽车年均行驶里程为1.5万公里，是伦敦的1.5倍，东京的2倍多；"高密度聚集"，现有的500多万辆机动车，近80%集中在六环以内的区域，东、西城区户均小汽车保有量水平是巴黎同等可比区域的1.8倍，纽约同等可比区域的2.3倍。②

---

① 公安部道路交通安全研究中心. 中国大城市道路交通发展研究报告——之四[M]. 北京：中国建筑工业出版社，2018：40.
② 楚国清. 北京城市交通拥堵的原因及对策[J]. 首都科学发展论坛，2011（2）.

中国正在步入城市化的加速期。根据《国家新型城镇化规划（2014—2020年）》，截至2010年，全国共有城市658个，其中城区常住人口超过1000万的超大城市6个，人口达到500万～1000万的特大城市10个，人口在100万～500万的大城市124个。① 仅在2000—2011年的12年间，我国的城市水平就从36.09%提高到51.27%，年均提高1.27个百分点；城镇常住人口从4.96亿增加到6.91亿，年均增加1624万人口，也就是说，年均就有1624万农村人口进入城市地区并常住。而按照《国家新型城镇化规划（2014—2020年）》，在未来的几年还将实现1亿左右农业转移人口和其他常住人口在城镇落户。显然，庞大的城市人口必将构成对城市交通的巨大冲击和无形的压力，城市三大问题中的交通问题将首当其冲。因在某种程度上，城市交通问题是与城市环境问题直接相关的；并且，有发达的城市交通系统为基础，通过城市功能或布局的调整、中心城区人口的分散等，城市住房问题也可能在某种程度上得到缓解。

二、文化及观念原因

这可能是中国特色的城市交通矛盾及冲突形成的最基本原因，也是影响最为深广的原因。

汽车作为现代文明的标志，它代表了现代化生活方式和现代化消费方式。汽车成为人们自我表现的手段，它既可以显示自己的个性、风格，也可以显示自己的地位、财富和受教育程度。在当下中国，一个成年男人是否拥有一辆车或一套房甚至成为衡量失败和成功的标志。

美国被称作汽车轮子上的国家，美国人对汽车的依赖导致了他们对汽车的偶像崇拜。美国文化中重要的价值：年轻、自由、成功和财产以及性和力量，常常可以体现在人和汽车的关系中。② 汽车成为人们普遍的关于征服时间和空间距离的梦想的实现，也是所谓的"美国梦"的主要内容，即向往机

---

① 按照旧标准，2010年中国有140个城市是特大城市；而在新标准之下，2010年仍能保持特大城市"身份"的仅有武汉、成都、南京、西安、沈阳、杭州、苏州等10个城市。北京、上海、天津、重庆、广州、深圳则晋升为超大城市。
② 曹南燕. 汽车文化——中国面临的挑战 [M]. 济南：山东教育出版社，1996：103.

会和成功，向往活动的自由和运动的自由。

令人遗憾的是，中国人对汽车的崇拜似乎比美国人走得还要远。或许这也正是小汽车在中国也被称作轿车的一大原因。如前所述（参见第二节有关论述），富裕起来的国人选择购买"宝马"（或玛莎拉蒂、保时捷、劳斯莱斯等其他豪车）轿车而不是购买"宝来"轿车，并不是因为"宝马"比"宝来"在使用价值方面有太大的差别，而是因为在轿车的系统中前者要比后者处于更高的地位，通过消费"宝马"或"宝来"等汽车，每个个体和群体在寻找着自己在社会地位秩序上的位置，并根据驾驶怎样的车而竞争社会阶层所处的秩序。

汽车时代人们的出行变得越来越便利，但人们的交通意识以及行为规范意识却并没有随之提高多少，这也成为导致交通拥堵、事故不断上升的重要原因之一。据有关数据显示，由于人为因素而造成的交通事故达到80%左右。在许多城市中都存在着这样的现象，如机动车者和非机动车者抢道、占道、乱停乱放、超速、逆行、酒驾、醉驾等；而行人往往不在人行道行走、乱穿马路、随意乱闯信号灯，或者为图便利而肆意翻越护栏，导致行驶过程中的机动车不得以紧急刹车。这些看似普通的现象，往往成为矛盾冲突乃至交通事故的主要因素。

城市交通研究永远赶不上现实世界"鲜活生动"的事件：河南富二代"玛莎拉蒂"撞车案，重庆"保时捷"帽子姐风波还未尘埃落定，又冒出北京"劳斯莱斯"女驾车堵医院紧急通道事件，可谓影响全国的恶性交通案一件接着一件发生。

美国城市规划专家利维在其《现代城市规划》的中文版序言中指出，"如果一个人想对美国20世纪的规划找到一个核心题目的话，那么汽车就是关键词。而21世纪的中国将经历上个世纪美国所经历的由于私人交通增长所带来的、现在仍然能看到的一切。如果能从这个方面来审视一下美国的经验将是有用的"。① 汽车的自主移动意味着解放、净化、启迪，这一信念在美国文化里有着很大的影响力，而且备受推崇。1844年，拉尔夫·瓦尔多·爱

---

① [美] 约翰·M·利维. 现代城市规划[M]. 5版. 孙景秋，等译. 北京：中国人民大学出版社，2003：5-6.

默生在其《经验》（*Experience*）一文中写道："一切美好的事物都在公路上。"① 大约一个世纪之后，汽车在美国上下普及开来，并把驾驶融入到生活当中。再过半世纪之后，中国也开始进入汽车社会，但我们似乎只是摆脱了身份的束缚，却把汽车变成了存有潜在敌意的交通单位。交通矛盾冲突在路上，交通研究也在路上。

三、体制机制原因

这也是一个颇具中国特色的原因，主要表现在两个方面：其一是城市交通管理体制原因，其二是体制机制统筹协调的问题。长期以来，我国城市交通管理体制存在着如下弊病：①交通管理条块分割。城市交通规划、建设和管理部门分属于不同的机构。②决策系统缺乏权威性。由于交通管理涉及面广，各级管理机构往往从不同的角度做出指示和决定，导致政出多门，使下级无所适从。③缺乏完善的反馈系统。在国外一些交通管理较发达的城市中，交通管理的反馈系统处于十分重要的地位。而我国城市至今尚未形成独立完善的反馈系统，致使决策与执行机构忙于具体事务，无暇顾及评价自己的工作，往往导致头疼医头、脚疼医脚的恶性循环，或者因关系到切身利益而对真实情况进行掩饰，对问题姑息，从而造成决策失误。而交通政策的执行必须要有统筹协调的体制机制相配套，包括建立政策宣传及信息反馈机制、政策实施后的评价机制等，都对城市交通管理体制改革提出了极为迫切的要求。交通决策涉及规划、建设、运行及维护管理等各方面，在交通基础设施相对薄弱、大规模建设的时期，行政管理资源的相对集中于建设部门更有利于发挥设施和资源的统筹作用，避免多头管理引起的缺位、错位和扯皮。但随着交通系统的逐步构建和复杂性的增加，必须进一步加强系统之间的平衡与统筹，交通政策的研究和决策进一步上升为一项持续性、经常性的工作。近年来，与国家大部制管理体制改革相适应，先后有部分城市如北京、上海、广州、重庆、深圳等建立了"一城一交"的综合交通管理体制，实现了城市交通发展的战略、规划和决策的统一，为城市交通的全面、协

---

① ［美］科滕·塞勒. 汽车化时代［M］. 边卫花，王冬，朱丹，译. 石家庄：河北教育出版社，2016：20.

调、可持续发展奠定了基础。① 实践证明，一个具有综合统筹能力的交通大部门管理机构，是交通科学政策及后续推进落实的必要体制保障和基础。

四、经济原因

改革开放以来，伴随社会经济的快速发展，城市综合实力的与日俱增，人们物质文化水平的提升，直接导致城市机动化水平的不断提高；城市居民出行次数的增加，导致城市交通流量的快速增长，城市交通需求明显愈加膨胀。然而，车多路少的现实因素使得交通的供需矛盾越来越尖锐，许多道路超负荷运作，造成更加严重的交通拥堵。据有关统计显示，2016 年，我国千人汽车保有量平均为 141 辆，与 2015 年相比增长了 15 辆。其中 36 个大城市千人汽车保有量为 227 辆，同比增长了 21 辆。有 17 个城市超过了 250 辆，4 个城市实施了汽车限购政策，分别为上海、广州、天津和贵阳。②

但与此同时的城市交通道路建设却相对滞后。城市交通的总体水平虽然呈现出稳步发展的趋势，但其供应能力的发展速度与人们日益增长的需求之间的矛盾不容忽视。因此，供需矛盾仍然是问题的客观所在，而且基于我国的国情这种供需矛盾也将长期存在。

另外，长期以来我国的城市建设一直对城市交通规划重视不够。许多城市在建设过程中过分强调土地的价值，缺乏整体观念，只注重土地开发的经济效益，而忽视周边的环境、交通等社会成本，造成城市中心商务区土地利用强度过大及城市人口和城市功能过度集中，从而造成城市交通总需求超过了城市的交通容量上限，使得城市交通问题根本无法解决。特别是一些大城市，由小到大，一般未进行过科学的城市规划，没有给今天的发展留下足够的道路空间；且大多采取"摊大饼"的扩张法，结果造成密集的一座座建筑，车流和人流交叉集，不得不一次又一次扩建道路。然而道路的拓宽总是有限度的。有专家认为，如果不能摆脱"一个中心"的城市发展思路和规划，只会使大城市的交通日益陷入"面多加水，水多加面"的恶性循环。

---

① 薛美根，朱洪，邵丹．上海交通发展政策演变［M］．上海：同济大学出版社，2017：37.
② 公安部道路交通安全研究中心．中国大城市道路交通发展研究报告——之四［M］．北京：中国建筑工业出版社，2018：42.

其实，正常的经济规律并不适用于小汽车的消费。因表面看来，小汽车出行的成本只是汽车折旧、汽油成本、税收、执照、养路等费用的总和，但实际上汽车的运行会带来污染增加，使道路变得拥挤、降低其他运载工具行驶速度，干扰和影响步行者的行为等，从而使社会成本远远大于私人成本。在美国，99%的开车出行是免费停车的，长期以来这是吸引开车出行的重要因素。大多数人在比较和选择出行方式时往往忽略沉没成本和固定成本，他们会认为这是在社会中生活必须支付的费用。与美国对驾车者直接补贴的做法不同，欧洲国家更使人担忧的是对驾车者间接的补贴，在欧洲驾车者隐形补贴相当于5%欧洲大陆的国内生产总值。虽然在美国公共交通的补贴以每乘客公里计算的话与对驾车者的补贴相当，但对驾车者补贴的总额是相当的巨大——每年高达24000亿美元，与每年对美国公交乘客150亿美元的补贴相比，是九牛一毛。① 同样在中国，如北京6万辆出租车每年向政府交纳的税费约在2至3亿元，但出租车占市区道路上机动车交通量的30%～50%，而这些道路的建设和养路费用每年就高达几十亿元。② 大量的政府投资转化为出租公司和司机的收入以及出租车乘客的收益，无形中严重损害了公交车乘客与步行者的利益。如果每一个企图购买小汽车的人在决定购买之前，都能理智地想一想这些，或许他就不会加入小汽车消费的行列。但实际情况是，生活中的每一个"交通人"同时也是"经济人"，大多会理性地选择加入购买获益的行列。

虽然交通矛盾或冲突发生在道路系统内，但导致矛盾的深层次原因往往并不产生于道路系统本身。可以说，城市交通问题的根源是长期以来人们在城市交通的规划、管理与发展上未遵循社会规律的必然结局。城市交通如果不坚决地采用"公交制胜"绿色交通战略，在公共财政和交通空间分配上更多地保障公共交通，就难有真正治理成功的可能。

---

① [美] 罗伯特·瑟夫洛. 公交都市 [M]. 宇恒可持续交通研究中心, 译. 北京：中国建筑工业出版社, 2007：27.
② 李晓江. 中国城市交通的发展呼唤理论与观念的更新 [J]. 城市规划, 1997（6）.

第三章

人本与公平：城市交通治理的根本原则

东汉文字学家许慎有言："城，所以盛民也。民，乃城之本也。"古希腊哲学家亚里士多德曾说："人们为了活着，聚集于城市；为了活得更好而居留于城市。"人在城里须交通。城市交通的主体是全体市民，一个城市交通能否最大限度地体现人本思想与公平正义，既是全体市民的共同要求，也在一定程度上决定了一个城市交通状况的优劣和其交通制度、政策实施的成败。因此可以说，以人为本与公平正义原则可谓是城市交通治理的根本原则。

第一节 以人为本原则

城市交通是为了实现人的转移而不是车的转移。人本思想下的城市交通规划强调"重人轻车"，反对"以车为本"，机动车道、城市快速路的建设是为了解决机动车拥堵的问题。但我们越来越深刻地感受到，学生、老人以及其他无车的出行者已经很难在城市中舒适、安全、便捷地出行。因而，必须要以人的交通需求出发，通过合理的规划，实现人、车、路的和谐发展。

一、以人为本作为一种价值理念

"以人为本"是人类自古以来存在的一种价值理念。"以人为本"思想在中国源远流长，是中国优秀传统文化的重要组成部分，也是中华民族优秀传统文化的基本理念之一。国学大师张岱年先生认为：中国文化有两个基本精神，具有高度的理论价值，一是"以人为本"，二是"以和为贵"。春秋战国时的政治家管仲是我国历史上最早写到"以人为本"这四个字的人,他在《管子·霸业》中说:"夫霸业之所始也,以人为本。本治则国固,本乱则国危。"中国古代儒家学说主张"仁爱",其核心指人与人相互亲爱,孔子以之作为最高的道德标准。墨家学说则提倡"兼爱",主张相互尊重,爱所有人类。

西方早在古希腊时期就提出了"人是万物的尺度"的著名命题。欧洲中世纪文艺复兴和近代启蒙运动所倡导的人文主义(人道主义、人本主义),使以人为本的价值理念升华为一种时代思潮和理论,并逐渐渗透到人类社会广泛的领域。人本主义作为一种社会思潮,广泛存在于社会科学的许多领域,并首先表现为一个哲学概念。一般认为,哲学中的人本主义泛指一切从人本身出发来研究人的本质及人与自然的关系、人与人之间的关系的理论。它与人道主义通常是一致的,只是范围更为广泛。人本主义有古典与现代之分,人文主义亦有古典与现代之别。现代人文主义包含着有关"人""人道""人权"等基本概念内涵。它强调每一个人的生命权、平等权和追求幸福的权利,也强调整个人类的价值、集体主义的价值、社会价值等,要求人们鄙视利己主义、有更多的社会责任感、对社会做出贡献。"以人为本"作为一种抽象概念,其中包含着许多具体的思想内容。大致说来,有如下几个方面。

(1)"以人为本"的哲学思想,即人本主义。它主张以人为本位,而不是以神或神的代表(僧侣、君主等)为本位。

(2)"以人为本"的经济思想,主要指市场经济理念,也包括那些主张经济活动应最大限度满足人的需要和实现人的全面自由发展,而不应追求最大利润或积累的观点。

(3)"以人为本"的法律原则,则是承认每一个人平等的公民权利,强调维护司法的公开性、公正性。

总体来看,西方人本主义的积极意义在于反对封建专制制度和神权统治,强调人是目的而不是手段,要求尊重人,高度肯定、张扬人的价值和自由。然而,近代西方人本主义思想家们所讲的"人",是指脱离现实社会实践和社会关系的抽象的"个人",在本质上是"以个人为本",无法真正实现对人的普遍关怀。

21世纪以来,"以人为本"的理念开始进入公共教育、经济管理、商业服务、社会福利等社会生活各个领域(当然也包括进入了交通领域),它更加强调以满足人的更高层次精神需要和促进人的全面发展为目标。作为当代社会发展理念的"以人为本",主要是相对于"以物(车)为本"的发展模式而言,在一定意义上是对现代性支配下的近代以来的社会文明模式的质疑和反思。就交通领域来说,它涉及的主要问题是:发展究竟是"以车(或路)为本",为了单纯追求GDP、追求高发展,还是"以人为本",为了人的生活品质、人的全面发展?

正确理解"以人为本"的思想,既要将其看作一种价值取向,即强调尊重人、解放人、依靠人、为了人和塑造人,又要将其看作一种思维方式,就是在实践中要求我们分析、思考和解决问题时,既要坚持并运用历史(符合规律发展的要求)的尺度,也要确立并运用人或人性化的尺度,要关注人的生活世界,对人的生存和发展命运终极关怀。在全面建成小康社会的决胜期,落实以人为本的价值理念,就是要以实现人的全面发展为目标,关心每个人的利益需求,不断满足人民日益增长的美好生活需要,不断促进社会公平正义,形成有效的社会治理、良好的社会秩序,使人民获得更多的幸福感、安全感。

人是社会中最重要的资源,是社会发展的主体,因此,城市交通系统的规划、设计、建设、管理也应体现以人为本的理念和原则。

二、人本思想在城市交通领域的确立

起源于14世纪欧洲文艺复兴时期的人文主义,经过几百年的丰富、发展和演变,已成为20世纪以来被各国普遍认同和接纳的人类重要的思想遗产。尤其在20世纪后半叶,人文主义观念在人类社会的经济、文化等领域产生了巨大影响,交通领域也不例外。

交通领域的人文主义,其主旨是确立以人为本思想的核心地位,即一切以人的权利和利益为最高原则。凡是一切尊重人的生命权利和价值的交通理念都应当得到弘扬和肯定;相反,任何有违人的意志、凌驾于人的价值之上的交通观念与行为,都应当受到限制和改变。因目的只有一个:使任何交通手段都成为纯粹意义上的工具,服务于人的生产和生活需要;使交通工具的驾驶者，在充分享受着高度的舒适、快捷、便利的同时，借助科学发达的交通管理手段与交通工具本身卓越的性能，免除了自身及他人在安全上的顾虑。

这种近乎两全其美的前景固然充满天方夜谭式的色彩，但从一个世纪以来科学发展历程以及现实生活中人们围绕城市交通问题所做的种种探索性实践来看，这些并不是一种幻想。人类千百年进化的历史已经表明，借助于想象的创造力和科学技术这两只有力的翅膀，人类文明的发展成果总是远远超出任何囿于现实的眼界范围，城市交通也是如此。

当然，我们也不能不承认，与设想中的未来交通相比，今天的交通还有很长一段距离要走。今天的城市交通还远没有达到人与工具的和谐状态。一方面，驾驶人员的综合素质还不是很高；另一方面，与交通工具面对的行人的交通观念和行为也同样处于"初级阶段"，同时，与交通相关的其他要素——如车辆、道路、空间、时间以及交通管理方式、方法等，也常常处于矛盾冲突状态。当今世界存在四大交通难题，解决这些难题，正是交通领域确立人文主义观念的开始。从前人们惧怕车祸，主要是出于对死亡的恐惧，并非出于对交通法规的尊重，而一旦这种恐惧不存在时，对"车祸猛于虎"的认识也就有限了。所以，大街上行人与机动车争道的情景比比皆是，机动车闯红灯的现象也屡见不鲜。时至今日，越来越多的人意识到交通安全与自身的关系，驾驶员和行人自觉遵守交通法规，很大程度上并非惧怕处罚，而是意识到遵守规范可以更好地维护自身的权利，否则将会失去很多美好的东西，如美满的家庭、稳定的工作、良好的生活条件等。因此从这个意义上说，随着人文观念的逐步深入，遵守交通法规将越来越成为每个人的一种本能意识。在以人为本思想的指导下，城市交通的概念，已不仅仅是单个的行人、立交、汽车、地铁、自行车等工具的简单组合，而是同环境、能源、可持续发展相关联的、关系到生活质量的复合概念。

三、以人为本在城市交通中如何体现

格莱泽在他的《城市的胜利》中说：城市不等于建筑物，城市等于居

民。真正的城市是由居民而非由混凝土组成①。人是城市的建设者,又是城市的居住者,从这一点看,人才是城市的主体。

人、车、路、环境是构成城市交通系统的四大因素。在这四大因素中,人始终是交通的主体,车和路都是为人服务的,而环境则是调节他们相互关系的一个重要因素。因运载工具需要由人来操纵(即便自动驾驶也需要人的遥控);交通流载体中运行着各种装有人或货的运载工具,归根到底还是人;而交通环境的规划,要安排人的环境、车的环境、路的环境,其要旨仍然是人在其中生存和活动的环境。人、车、路、环境有着各自的重点,而统管一切的出发点和归宿只能是人。

近些年来,人们的价值观念与道德规范有了长足的进步,其中最重要的标志之一就是"以人为本"的理念成为社会公认的行为准则。根据这个准则,在人和其他事物发生冲突时,人们更容易做出"人的需求优先"的判断。然而,如前所述,几乎所有的交通方式都与人有关。因而,人们很容易就提出在交通中应以何"人"为本,又怎样来平衡交通参与者的交通权等问题。② 令人遗憾的是,对于这些问题我们至今尚未做出明确的答案。从中国国情及实际出发,客观地审视"以人为本",我们认为,以人为本的城市交通发展和交通治理,应当包含如下一些内容。

一是"以人为本"应当体现以城市中全体市民的根本利益为本。

科学地认识地以人为本的内涵,一个关键是对其中的"人"如何理解。马克思主义的人本思想认为,"以人为本"的"人"应该理解为所有的现实的人,其主体是人民。具体就城市而言,"以人为本"的"人"就是全体城市市民。③ 但需要特别强调的是,在城市交通中全体市民还不仅仅包括居住乃至仅户籍制度意义上的居民,还应包括或观光旅游、或培训出差或中途转车(机)等来此城市的其他人员。人到城里必交通,许多大城市流动人口也是一个庞大的群体。他们或长或短的在城市逗留也需要交通工具及道路出

---

① [美]爱德华·格莱泽. 城市的胜利 [M]. 刘润泉,译. 上海:上海社会科学院出版社, 2012: 14.
② 全永燊,刘小明,等. 路在何方——纵谈城市交通 [M]. 北京:中国城市出版社, 2002: 272 – 273.
③ 秦红岭. 城市规划:一种伦理学批判 [M]. 北京:中国建筑工业出版社, 2010: 86 – 88.

行；我们的城市交通规划和建设也必须考虑这部分群体的利益，要为他们在城市的交通出行提供便利和保障。

把全体市民的利益作为城市交通发展的出发点和落脚点，与目前客观存在的"以管理者的意志为本""以车（或路）为本""以 GDP 为本"及"以少数人利益为本"等现象形成鲜明的对比。所谓"以车（或路）为本"，就是见车（或路）不见人，不能充分认识到交通建设是为了生活在城市中的人，而非城市建设本身，不能很好地将城市经济社会发展与市民生活质量的提高结合起来。如在许多大城市，交通规划与交通建设的基本目标似乎只是满足小汽车的快速通行，而很少关注骑自行车及步行者的需求。随着机动车数量迅速增加，机动车道路所占的面积越来越大，甚至将自行车道路挤压到人行道，人行道空间越来越窄。有资料表明，在北京市总体规划的交通规划中，快速路、主干道的规划完成率达75%，而次干路、支干路的完成率只有20%，可见为快速交通和机动车畅通行驶考虑得多，而对为大多数人服务的慢行交通重视不够。还有的城市为车辆快速通行在市区大建封闭式干道，让行人爬天桥下地道；街道景观和设施建设也多考虑行车方便，小汽车似乎成了道路的主人，行人过马路要战战兢兢快跑。看着不断被汽车挤占的街道，人们不由发出感叹："城市到底是为汽车而建还是为人而建""为何马路越修越宽，而百姓能走的空间却越来越窄"。复旦大学社会学教授于海也曾发出如此感慨："环顾我们的城市，不分内城外城或人口稠密与否，到处都在拆民居拓马路，更为车辆快速通过而在市区搞封闭式干道，让行人爬天桥下地道，这是以有车族为本而非以行人为本……今天，城市若不以行人为本、百姓为本、平民为本和中国人为本，以人为本的说法就有几分可疑，以人为本就只是一个空洞的口号。"① 其实，"以车（或路）为本""以 GDP 为本"及"以少数人利益为本"，不顾投入财力和实际需要修建景观大道、城市广场等，从某种意义上说，都只是政绩观的反映，没有真正把"以人为本""执

---

① 于海. 城市，以谁为本［N］. 中国新闻周刊, 2005－05－12.

政为民"的理念落到实处,从而引发出不少社会矛盾甚至冲突。①

二是"以人为本"要以全体市民的全面需求为本,是对人的全方位关怀。

科学地认识以人为本的内涵,还要回答以"人"的"什么"为本这一问题。显然,这个"什么"就是"需要"。"以人为本"中的以人的"什么"为本,就是指人的需要的全面满足,以及在此基础上的人的全面发展。

从城市的发展历史来看,城市的扩张就是人的需要不断提高和满足的过程。人的需要是人创造城市的动力之源。城市就是人类为满足自身生存和发展需要而创造的人工环境,本质是由人的基本需要所驱动。可以说,城市交通的规划与建设最重要的是重视人的需要,而不是仅仅停留在宽马路与高架桥的多宽、多高、多好上。随着城市的发展,似乎人的需要不再受到重视,或是得到片面的重视。我们的城市交通建设不再重视人的生存和发展的需要。在规划中不再认真研究能有多少人需要这些马路、这些立交桥,在设计中不再重视人的审美需要;在可持续发展中,不再重视我们的后代如何生存,而是一味地追求发展、再发展。但是,从城市出现之初,城市就是人的需要满足的产物,城市的发展最终还是不能脱离这个根本。城市建设的目的不仅是那些外在的物,更是对人的衣食住行的生存需要满足和发展需要的满足②。城市交通建设应该是向着尊重人、适宜人的"人性化"城市发展。

现代交通是技术造成人性异化的主要领域之一,交通关系中的"车本位"思想就是明证。"车本位"是"本体思维"在交通领域与"人本位"相

---

① 比如,南京市2008年拟实施的汉口路西延改造工程。按照规划方案,该工程东起中山路,沿汉口路、汉口西路西进,在上海路口、宁海路口西侧以上下层隧道穿越西康路、河海大学、虎踞路、国防园、明城墙、石头城公园、秦淮河后,于龙园南路出地面,并延至江东北路交叉口止。工程全长约4.3千米,隧道主体为双层双向4车道,地面道路双向4~6车道。工程计划在第二年初正式开建,整个工程将在2011年建成通车。但该方案一经宣布,引起轩然大波,质疑四起。特别是沿线三所高校(南京大学、河海大学、南京师范大学)的师生、社区居民等多元群体均对该交通工程能否解决交通拥堵问题,对他们的工作、学习、生活,甚至出行安全可能带来的严重影响提出了强烈质疑,并引起了较大的社会反响。参见:徐建刚等,城市交通工程与空间社会关系——以南京汉口路西延工程为例,陶东风,周宪. 文化研究 [M]. 北京:社会科学文献出版社,2010.

② 侯景新,肖龙,等. 城市发展前沿问题研究 [M]. 北京:经济管理出版社,2018:17.

对立的另一种表现形式。"车本位"思想不仅表现为对以交通方式获取效益最大化的追求显现出压倒对安全、畅通、资源与环境保护的追求之趋势，而且表现为交通弱势群体的权益被忽视、压迫而带来自由、权利和社会公正等伦理问题。① 在一个行人、自行车与机动车辆共同存在的交通环境里，机动车可以借助机械的动力，取得远远超过人类体力的机动能力。因而，机动车在获取通行权上具有极大的优势，而行人则始终处于不利的境地。例如，在过街信号灯由红变绿机动车和行人同时拥有通行权后，机动车往往更容易抢先到达冲突点，从而获得优先通行权；而如果一旦行人、自行车与机动车辆发生接触性冲突时，行人、自行车骑行者更容易受到伤害，甚至造成严重的后果。西方国家在20世纪六七十年代的城市交通规划中，就曾经认为城市交通规划的对象是机动车交通，对步行交通系统的建设很不重视，甚至在新建道路设施不新建人行道，绿灯时间缩短，机动车更多地停放在人行道上。行人和非机动车过马路困难，安全得不到保障②。在中国，城市交通中日益严重的人车冲突，如行人过马路的违章整治难度，红绿灯时间长短的争端、公交的萎缩与困扰等，深刻反映出路权与生命权，交通强势群体、弱势群体权益的不平等以及交通法规的人性化缺陷。其实，汽车交通提供的"个人自由"对他人来说恰恰是一种非自由，"不断增长的交通量和车速威胁着行人和骑自行车者的安全。孩子们独自玩耍、步行或骑自行车上学的自由几乎丧失了。""老年人有时因为担忧交通安全而不愿意出门，因此越发觉得孤独。"③ 因此，私人汽车造成的社会成本大大高于它付出的那部分经济成本，由有车族所造成的车祸、拥堵、时空占用、财产损失、资源耗费和严重污染实际上是由同一区域的所有人一起承担的，这在客观上就构成了不平等的利害相交换的恶的行为。"车本位"所造就的新贵族交通，显然有悖于现代交通"人人平等"的人性化初衷。

应当说，无论是以机动车为主的交通模式抑或是以自行车为主的交通模

---

① 陆礼，程国斌. 人性化的诉求与缺憾——伦理学视域中的现代交通 [J]. 江苏社会科学，2007（2）.
② 许传忠，刘杨，李志. 由车本位到人本位：城市交通可持续发展探析 [J]. 规划师，2003（9）.
③ 英国交通政策白皮书：《第二章交通运输的可持续发展》. 参见：https：//www.docin.com/p-1314883145.html（2019-08-10）

式，每一种交通模式都有其特定的价值取向。机动车或小汽车虽然为生理强健者和社会强势群体提供了便利，但它却不能给社会弱势群体带来多少好处，反而损害了他们的利益，削弱了他们在交通过程中的可通达性。就社会整体而言，机动车或小汽车固然能满足部分社会人群的欲求，却满足不了社会弱势群体的需求。而就个人而言，任何人驾驶机动车的能力都是暂时的、不确定的；具有驾驶能力的人随时都可能暂时或永久失去这种能力。显然，一个开明的社会应给社会弱者以特别的关爱而不是与此相反。

马克思将人的需要分为三个层次，即生存需要、享受需要和发展需要。其中，生存需要是人的全部需要的基础；"车本位"则更多体现了享受需要。为此，城市交通发展要做到真正体现"以人为本"，就必须在着力满足人的需要上下功夫，仔细研究人的不同层次的需要，尊重、体谅与关怀人的各种需要，尊重不同阶层、不同群体的需要，以人的需要的全面满足来引导和规范城市交通规划、建设与治理的发展方向，时时处处体现出对市民的生活关怀，并将之作为交通制度设计、政策制定的目标。

三是"以人为本"应当尊重市民在城市发展中的主体地位，以市民的有效参与为本。

习近平总书记指出："改革开放积累的宝贵经验，其中很重要的一条就是强调必须坚持以人为本，尊重人民主体地位，发挥群众首创精神，紧紧依靠人民推动改革。没有人民支持和参与，任何改革都不可能取得成功。无论遇到任何困难和挑战，只要有人民支持和参与，就没有克服不了的困难，就没有越不过的坎。"[①] 按照习近平总书记的要求，城市交通治理之中坚持"以人为本"，不仅需要突出强调把人民群众的利益作为我们一切工作的出发点和归宿，还要特别强调尊重人民群众的主体地位，发挥人民群众的首创精神，而不能把人民群众作为一个被动的接受者。在城市交通规划与建设的过程中，常常会出现这样的情况，即地方政府也确实想为市民办事，也确实花了很大的气力，但市民的满意度却很低。一个重要的原因就是在事关城市发展、城市治理并与市民切身利益息息相关的重大决策面前，多是市长、书记

---

① 习近平. 切实把思想统一到党的十八届三中全会精神上来 [M] //习近平谈治国理政：第一卷. 北京：外文出版社，2014：97.

及行政官员"拍脑袋",而市民的意见却没有引起足够的重视乃至毫不知情。

近些年来,各地公众因城市规划问题而引起的纠纷和维权活动越来越多,究其原因,一个重要的因素是,我们的城市规划工作基本上是由当地政府主导,没有充分倾听百姓的呼声和意见,没有自下而上的以市民的需求为出发点,没有有效的公众参与机制,没有让普通市民参与到关系自己切身利益的各种规划决策的制定和实施过程之中。例如,前面所举南京市规划实施的汉口路西延改造工程方案就是一个典型的例证。

因此,城市交通规划与交通决策只有充分倾听百姓的呼声,以市民的需求为出发点,并实现有效的公众参与,使普通市民参与到关系自己利益的各种规划决策的制定过程之中,从而方能达到并实现真正的"以人为本"。

人类生活的终极目标在于追求健康舒适的生活环境,社会经济发展的根本目的是为了改善人的生活质量,扩大人的发展机会,提高人的发展能力。从这方面说,城市交通亦应当如此,即以人为本,以人为中心。在人的方面,城市交通的根本目标是:在安全、经济、高效、舒适、选择性好的条件下,充分保证全体市民拥有最低的可达能力,即向市民提供能够到达市内任何地方的可达能力。显然,这一交通权利不可能指望普及私人小汽车来实现,而只能建立在公共交通通达城市的各个街区,通过构造公交都市去实现。我们认为,公共交通是中国城市交通的治本之路,而以人为本、以人为中心的绿色交通发展方式才是中国城市交通发展的核心。

第二节 公平正义原则[①]

人类的社会生活本质上蕴涵着多种价值目标,公平乃是其中至关重要的一个。公平地对待每一个人,在资源稀缺和利益冲突情形下的恰当分配,是实现社会公平的一个基本方面。就其社会意义而言,公平是经济与社会发展的重要动力,是现代社会伦理规范的灵魂。长期以来,人们对城市交通系统

---

① 本节部分内容署名何玉宏,以《城市交通公平中的多元利益均衡》为题发表于《上海城市管理》2010年第3期。

的规划与建设，往往只注重效率的提高，而对应遵循的公平性原则却认识不足。事实上，城市交通作为城市的一项基本功能，反映的是全体市民出行的共同需要，更是与人们的日常生活息息相关，必然要体现公平正义原则。

一、城市交通系统中的公平正义原则

（一）罗尔斯正义原则

对于社会公平原则的论述，最有名的是当代美国著名的伦理学家约翰·罗尔斯的社会正义理论。罗尔斯在其经典之作《正义论》中，把正义当作是社会制度的首要价值，并提出了两个著名的正义原则。第一个原则被称之为平等原则："每个人对与其他人所拥有的最广泛的基本自由体系相容的类似自由体系都应有一种平等的权利。"① 第二个正义原则即差别原则："社会的和经济的不平等应这样安排，使它们：①适合于最少受惠者的最大利益；②依系于在机会公平平等的条件下职务和地位向所有人开放"。罗尔斯认为，一个理想的社会资源分配方式应该是完全平等的，但这是不可能实现的理想。如果任何社会都无法做到完全平等，那么就应该争取达到相对最大的平等。什么是相对而言最大的平等呢？一般而言，社会中最需要帮助的是处于社会底层的人们，如低收入居民，他们拥有最少的权力、机会、收入和财富。社会的不平等最强烈地体现在他们身上。这些人被罗尔斯称为"最不利者"。正义的社会制度就应该通过各种制度性安排来改善这些"最不利者"的处境，增加他们的机会和希望，缩小他们与其他人群之间的差距。这样，如果一种社会安排或经济利益分配不得不产生某种不平等，那么，它只有最大限度地有助于最不利者群体的利益，或者说只有在合乎最不利者的最大利益的情况下，它才能是正义的。换言之，即社会在允许差别时，必须优先考虑弱势群体的利益，才能达成基本的社会公平。

（二）城市交通中的公平正义原则

罗尔斯的正义原则，突出了处于不利或弱势地位的社会群体的利益要求，反映了弱势群体的正当需求，在一定程度上具有抵制贫富两极分化的作

---

① ［美］罗尔斯. 正义论［M］. 何怀宏，等译. 北京：中国社会科学出版社，1988：61.

用，对作为政府公共政策一部分的城市交通规划有深刻的启示作用。公共政策作为政府调控利益主体、利益集团之间关系的基本工具，应具有鲜明的价值立场。即应当按照"公平逻辑"，优先关注、关心和救助社会弱势群体。

公平是一个内涵十分丰富的概念，并随着研究领域的不断扩展而趋向多层次、多角度。城市交通系统中的公平，不仅是一个纯道德伦理学的概念，而且具有城市交通资产享用、环境保护、资源消耗等方面公平性的实际意义，对其理解和分析应该从三个方面去把握：即时间、空间和内容[①]：①从时间上，公平性包括代际公平与代内公平；②从空间上，公平性包括个人之间的公平、群体之间的公平、区域之间的公平等；③从内容上，公平性包括城市交通资产享用、交通资源消耗、环境保护等权利。

在不同的领域中公平的表述形式也不尽相同。城市交通中的公平原则主要包含三层含义[②]。

一是出行者面临平等的社会外部条件（这里主要是指平等的城市交通条件）和平等的法律地位，这是公平原则的前提条件，它是指全体市民面临着同样的城市交通境况、机会平等地享受城市交通设施提供的服务、法律上平等地使用交通权利；

二是出行者要求社会平等地分配其基本的权利和义务，对所有社会成员都一视同仁，权利和义务分配明晰行驶人行为；

三是出行人在行为过程中的权利和义务应基本对等与合理，这指的是行为人利益或取得多少和义务分担的大小应该对应，这就意味着义务分担的多寡应根据在同样的交通设施使用中获益的多寡来决定，而不是简单的平等和平均分配，应避免得多出少或者相反的情况出现。

正义包括作为"社会制度安排"的正义和"个人美德品质"的正义[③]，即社会正义和个体正义。前者是指对社会上所有人公平对待，充分保障每个人的基本权利，合理分配社会权利与义务；后者是指合乎道德的个人品质，

---

① 张生瑞. 公路交通可持续发展问题研究——理论、模型及应用 [M]. 北京：人民交通出版社，2005：53.
② 李硕，杨运平. 试论城市交通应遵循公平原则. 城市公共交通，2006（5）：31-34.
③ 参见万俊人. 道德之维——现代经济伦理导论 [M]. 广州：广东人民出版社，2000：113.

即使拥有很高的权力或很丰富的资源也拒绝对他人造成不便，更不会有意侵害他人的利益，在内心自觉接受道德的约束，如同敬畏头顶星空一样敬畏内心的道德法则。①亚里士多德认为，"正义寓于某种平等之中，它要求按照比例平等原则把这个世界上的事物公平地分配给社会成员"②。阿德勒指出："'需要'（needs）和'想要'（wants），分别代表我们的自然欲求和我们后天获得的欲求……我们的需要永远不会过分，但我们想要的却常常太过分"③。一个正义的社会应当保障平等地实现人们的需要，因为这是基本的生活权利；而"想要"的正当性应该是当人们享用自己的"欲求"时，并不会妨碍别人的"需要"权利的满足④。从这个意义上讲，伦敦、新加坡等地区对于进入市区的车辆征收拥挤费，是合乎正义原则的。虽然驾车进入市区本身并没有什么错，但由于车辆的驶入加剧了拥挤程度，甚或造成交通堵塞，征收拥挤费是要求驾车者为自己行为的后果进行补偿，增加经济成本后可以有效减少进入该区域的车辆，使得驶入区域内的小汽车交通效率更高，所征费用可用于改善交通基础设施，增加交通管理的投入或者补贴给公交出行者。

城市交通的主体是全体市民，城市交通能否最大限度地体现社会公平正义既是全体市民的共同要求，同时也在一定程度上决定了一个城市交通状况的优劣和其交通管理政策实施的成败。城市交通遵循公平正义性原则是法制与道德有机结合的需要，是社会进步的标志，也是社会稳定的先决条件之一。因此，公平正义标志应成为城市交通所遵循的一项基本原则。

二、中国城市交通路权分配不公症状

关于交通路权，比较有代表性的观点主要有两种。

---

① 胡金东，等. 汽车社会交通治理的伦理路径［M］. 北京：中国人民大学出版社，2015：76.
② 转引自［美］埃德加·博登海默. 法理学——法哲学及其方法［M］. 北京：华夏出版社，1987：239.
③ ［美］摩登曼·J·阿德勒. 六大观念：真、善、美、自由、平等、正义［M］. 北京：团结出版社，1989：77.
④ 在这里"needs"与"wants"译成"需要"与"想要"。亦有将"wants"译成"欲求"，参阅后面第六章第一节的相关论述。

一是于海的观点。他认为路权指交通参与者的权利,是交通参与者根据交通法规的规定,一定空间和时间内在道路上进行道路交通活动的权利。①

二是王坚的观点。他认为,所谓路权,就是使用各种公共道路交通资源的权利,具体是指,在公共资源有限的前提下,为满足用路人合理的交通需求而由法律规定的,保障用路人生命和财产安全以及自由、平等的利用公共道路交通资源的利益、权利或特权的集合。作为一种权利类型,其包括实际使用道路资源的权利,以及与此相关的参与道路的规划、建造、管护的权利和当权益受损时寻求救济的权利。当然,路权类型还可以依据其他标准进行分类。例如,通行权、先行权、占用权,对于这一概念须从以下几个方面来理解。②

尽管一般论者界定路权时采用"交通参与者""交通主体"等用语,笔者也曾经撰文探讨③,但我们不得不承认,将路权的主体称之为"用路人"可能更准确、科学。"用路人"明确地指出参与交通活动的是自然人或自然人群体,强调的是人而不是作为交通工具的车,即使在某些情况下路权主体表现出集合的性质,或者经常是包裹在各类交通工具的外衣之下,但交通工具本身绝不可能成为路权主体;而相反,交通主体或交通参与者的概念则太过模糊、所指太过宽泛。作为路权客体的道路交通资源是一种公共资源,即其原则上可供"用路人"自由、平等地使用,但作为路权客体的道路资源却是有限的,一方面是因为土地的稀缺性,另一方面是因为满足现代交通需求的道路或多或少都注入了一定的人工技术和力量,不像阳光、空气等资源一般是无限的,也正是因为其有限,才有必要以权利配置等制度安排,来使众多用路人之需求可以得到公正合理的满足。

从空间的角度看,现代城市的发展体现的就是空间的生产与再生产:城市发展为空间生产与再生产以及空间消费提供了条件和基础,与此同时,空间生产与再生产亦促进了城市的发展和进步。诚然,城市的发展为人类社会带来了巨大利益,但随着城市化的不断推进,人们聚集到一起,也带来了交通拥挤、环境污染等问题。由于发展指导理念的偏差,城市中欠公平、非正

---

① 于海. 民生理念下的空间生产与路权分配 [J]. 城市管理, 2008 (4).
② 王坚. 路权研究——以公路及城市道路为中心 [D]. 重庆:西南政法大学, 2012.
③ 参见何玉宏. 城市交通公平中的多元利益均衡 [J]. 上海城市管理, 2010 (3).

义的空间现象逐步出现，阻碍了空间生产与再生产的顺利进行。具体就城市交通而言，路权分配欠公平或交通正义缺失表现为空间异化、隔离、排斥乃至剥夺等。

1. 交通空间异化

一个城市是否美好，首先要看城市空间是否以人的尺度来规划和建设。在我国城市交通建设进程中，大量的汽车及与之配套的快速路、立交桥、停车场、加油站等对城市美好环境的损害比以往任何时候都要严重，它破坏了城市的人居特点，使所有的城市看起来都差不多导致"千城一面"，完全背离了"以人为本"的思想。城市高架为分担道路交通压力而建，桥上桥下皆可行车，不能行车的路下空间又每每设计为停车场，整个体现了以车为主导的设计理念，完全忽视了地面行人及两侧居民的空间使用要求与视觉感受；城市空间被水泥马路分割为无数的碎片，城市广场乃至偏僻的背街小巷都沦为"露天停车场"。宽阔道路、高架立交、如流汽车等被视为城市现代化的表征，在这样的空间里不仅没有城市主人的感觉，反而让人（或用路人）在某种程度上成为上述物理空间的附属品。如此，城市公共领域分解成"暴政式车辆交通的混乱舞台"，正如森尼特在《公共人的没落》中所指出的，人们"把不受限制的个体运动视为绝对权利，而私家车是行使那一权利的合乎逻辑的工具，结果是公共空间，尤其是城市街道的空间，变得毫无意义，甚至令人疯狂"。列斐伏尔对公共空间让位于汽车这一现象作了相似的论述："城市生活牺牲于汽车多如牛毛的抽象空间……驾驶者仅仅从功能角度看道路：速度、仪表、设施"，而"栖息于速度之中的人们失去了感知地方细节、与陌生人交谈、了解当地生活、停下来认识不同地区的能力。城市的风景、声音、味道、温度以及气味被简化为穿过汽车挡风玻璃所见的二维图案。随着汽车日益征服了几乎整个城市，每个人都被迫通过保护性的挡风玻璃来体验这个环境，放弃城市街道和广场而栖息在轮子上的牢笼里。"[①] 就这样，城市空间的主人仿佛不再是人本身，而是让位给了小汽车、快速路及停车场。城市空间从"人"的空间变成了"车"的牢笼。

[①] 参见：米米·谢勒尔（Mimi Sheller），约翰·厄里（John Urry）. 城市与汽车[M]//城市文化读本. 汪民安，陈永国，马海良. 北京：北京大学出版社，2008：214.

"以人为本"本应是衡量一个城市是否美好的重要标准,一个美好城市的规划和建设必然是尊重人的需求,尊重不同社会群体的个性化和多样化的需求的。然而在社会飞速发展和进步的今天,我们的城市的发展似乎完全忽略了人的需求。人生活在城市中,找不到归属感,甚至于找不到自己准确的定位[①]。整个城市空间变成了马克斯·韦伯笔下的"铁的牢笼"。

2. 交通空间隔离

城市空间隔离分为三个方面:一是城市物质空间的隔离,二是城市社会空间的隔离,三是城市心理空间的隔离。物质空间的隔离主要是指城市物理空间上的隔断;城市社会空间隔离主要是由于社会经济、宗教信仰等多个因素的影响而产生的"空间分异"情况;而城市心理空间的隔离主要是指城市不同分区居民心理上的差异。[②] 这里主要讨论第一个方面的隔离。

城市交通空间的隔离与城市空间的异化直接相关,可以说前者是后者发展到一定程度的必然结果。汽车改变了城市的空间结构。汽车化把道路从一个进行各种活动的公共空间改变成一个完全服务于汽车交通的功能性空间,剥夺了孩子们的游戏场所,减少了邻居之间来往于聊天的机会,分裂并破坏邻里关系,还恶化了都市景观。[③] 在汽车普及之前,城市的规划与建设常常以行人或非机动车为中心,而汽车的普及带来了汽车城市的崛起。马路越修越宽,为了能最大限度保证车辆通行,有些城市的管理者在让交通畅通方面,措施更为大胆而无情,他们以改善交通和提升城市品位为由,无情地对电动车、自行车乃至公交车等交通工具采取了限制性措施。例如,曾一度规划实施的南京汉口路西延工程,在老城和新城之间开辟高速通道专供小汽车通行。由于高速通道仅供小汽车通行,无疑把开私家车、坐公务车的少数富裕阶层、特权阶层同乘公交车或骑自行车的上班族区隔开来。这种差异性空间的建构,无疑强化了人们对社会不公的想象。[④] 在这种空间等级化中被隔

[①] 高春花,孙希磊. 我国城市空间正义缺失的伦理视阈[J]. 学习与探索,2011 (3).

[②] 李建华,袁超. 论城市空间正义[J]. 中州学刊,2014 (1).

[③] 北村隆一. 汽车化与城市生活[M]. 吴戈,石京,译. 北京:人民交通出版社,2006:1.

[④] 徐建刚,王世军,等. 城市交通工程与空间社会关系——以南京汉口路西延工程为例[M]//陶东风,周宪. 文化研究. 北京:社会科学文献出版社,2010:219.

离、被底层化的总是普通工人、穷人,他们被排挤到边缘空间①。如列斐伏尔指出的,"工具性的空间,首先进行的是一种普遍化的隔离,这就是群体的、功能的和地点的隔离"。②

特别是为了疏导车流,城市建造了巨大的城市立交桥与高架桥,将汽车托向了高空,在建筑物之间便利地穿梭。各种快速马路的修建使原本连接紧密的城市割裂为若干板块,成为一个个被隔离的街区。如果从卫星地图上俯视城市,横竖交织的马路就像电子线路一样,将城市编织成了一个集成电路板,城市原来的生态空间与地域特征被破坏了,变成了一个僵化的机器,毫无生机。为了给汽车让路,城市又发明了向上的过街天桥与向下的地下通道,试图拓展城市空间容量,以避免行人与汽车抢道影响行驶速度。当行人过十字路口时,不得不提心吊胆,生怕会被不守交通规则的汽车撞到;当行走在人行道上时,还常常会被突兀地横亘在前面的汽车挡住去路,不得不绕行。就这样,在追求城市超大规模发展的同时,城市空间逐步被分割,随着城市的过度分化,城市空间的隔离愈演愈烈,长此以往,城市空间隔离的情况越来越明显。③城市贫困的乃至普通居民在城市交通不便利、基础设施不完善的地区聚集,形成空间的物质隔离,并由居住空间的聚集导致社会空间的隔离,从而加剧了与富裕阶层的心理隔离。

3. 交通空间排斥乃至剥夺

社会排斥指的是个体有可能中断全面参与社会的方式,具有强调过程的特点,也就是强调排斥的机制。④传统的社会排斥分析方式是从住房、教育、健康三方面进行解读,并未包含交通。⑤但时至今日,一个人的机动能力已成为建立高质量的生活轨迹和各种社会联系必不可少的条件,机动能力已不

---

① 景天魁,何健,等. 时空社会学:理论和方法[M]. 北京:北京师范大学出版社,2012:130.
② [法]亨利·列斐伏尔. 空间与政治[M]. 李春,译. 上海:上海人民出版社,2008:150.
③ 王谦. 小汽车与大城市的空间正义[J]. 城市学刊,2018(2).
④ 王世军. 中国城市机动性与社会排斥[J]. 城市规划学刊,2011(4).
⑤ Eric le Breton. 实现人人拥有交通权的出行服务——法国实例[J]. 城市交通,2010(6):18.

再是一种选择,而成为一种生活必需①。而"剥夺"作为一个社会学概念,强调的是资源分配过程在阶级或阶层上存在的不公平现象。剥夺又分为绝对剥夺和相对剥夺。绝对剥夺就是最为基本生存需求的资源的缺失;相对剥夺则更多强调的是一种感受,是一种处于弱势地位与处于强势地位的人相比而产生的一种失落感。

改革开放以来,以权力和资本结合为主导、土地/空间效益为动力的开发模式,导致中国城市空间强烈的扩张趋势。城市空间结构的改变,城市规模不断扩张,对居民日常行为模式尤其是对交通出行行为影响明显。大城市职住分离、空间错位现象被进一步放大,弱势群体居住空间被边缘化,带来了一系列与交通有关的问题②:①传统工业萎缩后,劳动者群体的工作局限在城市服务业和各种杂业上,而这些行业主要集中在内城区。因此动迁后搬到了城外的居民不得不面临居住地与工作地的远距离分离。②城市改造过程中轨道交通基本上与商品住宅区的开发互相刺激发展,在廉价的动迁房地区,往往只有有限的公交车线路与内城区相联结,造成部分居住在城市边缘区和外围的居民出行不便,通勤成本加大。③由于低收入群体缺乏对产业资本的吸引力,致使商业服务设施及学校、邮政、医疗等公共服务设施普遍缺乏,居民购物、看病、上学、办事多需要进城,造成了他们生活成本的无形加大。据黄怡的计算,即使依靠轨道交通,家庭可支配收入中交通成本会大幅上升,导致中低收入阶层交通费用成为一个很重的负担③。这种状况近几年似乎愈演愈烈,在许多大城市带有普遍性。

随着城市化步伐的不断前行,城市不断走向现代化,与此同时城市贫困人口的生存状况越来越差。贫困空间剥夺造成的直接后果就是加剧了社会的排斥和分区,人的尊严的丧失以及公民意识的缺失。由此,城市贫困空间的剥夺,一方面深刻地影响了城市居民的心理状态、价值观念以及生活方式等;另一方面贫困空间的剥夺又加剧了社会的不公,加快了城市的分区,阻碍了城市居民的正常交流,使贫困人口的公民意识不断丧失,使得城市空间异化的程度进一步加深。

---

① 让-皮埃尔·奥佛耶. 机动性与社会排斥 [J]. 城市规划汇刊, 2004 (5): 89.
② 陈映芳. 城市贫困的新问题 [J]. 中国城市评论, 2005 (12): 36.
③ 黄怡. 城市社会分层与居住隔离 [M]. 上海: 同济大学出版社, 2006: 215–216.

三、城市交通中的公平正义如何体现

改革开放以来,中国进入一个快速城市化时期,城市规模急剧扩张,交通需求不断扩大。交通供需不平衡导致一系列交通问题日益突出。许多城市期望通过扩大交通供给来缓解城市交通拥堵,常见的方法有新建地面道路、改扩建原有道路、架设高架道路以及开挖隧道等无所不及。随着城市化高速发展,交通公平正义成为一个制约城市建设的重要课题。

(一)城市交通中的代际公平与代内公平

当代人与后代人享有同等的发展权利,后代人有权拥有足够的发展空间;当代人与后代人享有同等的使用城市交通资源权利,当代人不能提早耗完交通资源而将交通矛盾转嫁给后代人。不同收入、不同阶层、不同年龄的居民具有平等使用交通资源的权力,居民生存空间不能成为小汽车的海洋。

1. 城市交通系统代际公平性

代际公平的概念由塔尔博特·R. 佩奇(T. R. Page)在社会选择和分配公平两个概念基础上提出。它涉及的是当代人和后代人之间的福利和资源分配问题。代际公平是基于可持续发展的绿色交通体系构建所必须考虑的重要因素。所谓"可持续",主要指的是代际之间在追求发展和消费时具有平等的机会。随着人们交通观念的改变和我国经济快速发展,城市交通得到了快速发展,但同时我们也应该清醒地认识到:当代人凭借先进的技术和资金,以对资源的过度索取,以环境污染、生态平衡破坏为代价求得富有成果,这样的后果必然是代际之间的不持续性,也无公平性可言。因公平不应只是当代人的专利,它应推及到代际之间。人类代际之间的公平,是从时间特性和人类认识能动性出发提出的一种当代人类应有的道德责任感和对未来人类利益的道德义务感。[①]

城市交通资产,是指城市交通系统中所有的有形资产与无形资产的总和。它包括城市交通中的车辆系统、线路、站场、服务区等硬件设施,也包括与城市交通相关的交通政策、法规、体制等软件建设。从资产代际转移的视角来探讨交通代际公平性问题,与环境伦理要求资源和环境在代际之间进

---

① 余谋昌,王耀先. 环境伦理学[M]. 北京:高等教育出版社,2004:259-261.

行公平分配是同样的道理。也就是说，假定当前决策的后果将影响几代人的利益，那么就应该在有关的各代人之间进行公平的分配。上一代人向下一代人的城市交通资产转移有两种基本形式：一是他作为后代继承前一代遗留的交通资产；二是他对其后代的城市交通投入的资产。同时，又因为下一代对上一代遗留的交通资产进行了必要的养护、维修，则有一部分资产进行了逆向转移。

城市交通资产的代际公平性，通常是指对于人类发展过程中的每一代而言，其接受的交通资产总和与其转移的交通资产总和应是相等的。若存在某一代人交通发展过快，超过了环境、资源的承载能力，消耗了过多的交通资源，那就是代际不公平。进一步说，如这种状况代代延续，交通可持续发展就无法实现。若存在某一代人转移出去的交通资产多于其消耗的交通资产，这种状况代代延续，交通资产就有向后代积累的趋势，如差额较大，说明上一代人的交通发展受到了较大限制，同样是代际不公，也不是完全意义上的可持续发展。

实际上，在城市交通发展过程中，由于所有的交通资源（包括自然环境资源）和道路交通资产都掌握在当代人手中，当代人就成了未来几代人资源和资产的托管者[1]，因此，当代人必须考虑后代人的机会和可能获取的资源数量，即我们在制定交通政策和发展战略措施时，不要为了提高当代人的交通服务水平和生活质量，过度强调交通的重要性，乃至超越交通资源特别是土地与能源资源和环境承载力，大规模进行交通设施的建设和发展，这在一定程度上牺牲了后代人的发展空间和潜在的机会。以轿车消费为例，由于过度使用造成的资源枯竭以及全球环境的恶化，不但损害当代人的利益，其危害还将留给后代。这就形成了代际间的不公平。可以说，轿车交通及其相应

---

[1] 托管理论是西方生态神学中影响最大的理论派别，它通过重新解释《圣经》教义，根据传统的托管理论来重建基督教人与自然关系上的宗教道德。美国的一位林务员和水文学家罗德米尔克（WCL，1888—1974）是从托管角度来理解人与自然之间关系的第一位现代人。他模仿《圣经》十诫的语言写道："第十一，你们当以忠心管家的身份管这神圣的土地，世世代代守护它的资源和活力……"通过援引人对上帝的托管责任，罗德米尔克成功地把资源保护问题变成了一个道德问题，并为环境道德提供了一个宗教基础。参见王正平．环境哲学——环境伦理的跨学科研究[M]．上海：上海人民出版社，1999：320－321．

的轿车文化所表现出来的，是一种无视后代利益、及时享乐的伦理观念，当代人用轿车这种胃口巨大的"金属动物"，加速挥霍后代应当分享的那一份"干粮"①。如果我们不及时限制这种予取予夺的自私行为，恐怕将来我们的灵魂将无法直面后人的追问。

2. 城市交通系统代内公平性

与交通有关的自然资源，主要包括土地资源、能源、钢铁、水泥等。城市交通资源利用的代内公平性主要体现在如下两方面。

一是不同群体之间的不公平。与弱势群体相比，中产与富裕阶层居民享受着较为优越的交通、生活和工作条件，对很多自然资源的消费远大于弱势群体。公平意味着在保证满足基本需求的前提下，两类居民对自然资源的生活、工作性消耗没有明显差别，或者说，即使是对某种自然资源的消耗存在悬殊差别，但消耗量大的一方能因为该种消费大而减少对其他资源的消耗，并且确保不会引起不良后果，也认为是公平的。因表面看来，小汽车出行的成本只是汽车折旧、汽油成本、税收、执照、养路等费用的总和，但实际上汽车的运行会带来污染增加，使道路变得拥挤、降低其他运载工具行驶速度，干扰和影响步行者的行为等，从而使社会成本远远大于私人成本。

二是城市不同区域之间的不公平。如前所述，由于内城区改造因拆迁后搬到城外的居民或其他原因居住在城郊结合部的居民，面临居住地与工作地的远距离分离，出行不便，通勤成本加大，生活成本也无形加大。部分弱势群体尽管需要但经济消费能力有限，人均小汽车拥有量低，消耗的能源也因而较少。这种代内自然资源消耗的极度不公平同时会影响自然资源分配的代际不公平。

（二）交通公平正义应更多体现对弱势群体的关怀

城市交通改善与发展要重视全体社会成员之间的公平性原则。在交通规划、建设和运营过程中，应关注老、弱、病、残等弱势群体的交通问题，应为交通不便者提供安全、方便的可达性（包括设置专用道路及专用设施等），特别是应满足那些无私人交通工具群体的交通需求。这些都是城市交通发展公平性的具体体现。另外，减少交通污染，通过经济杠杆、政策调节使不制

---

① 王蒲生. 轿车交通批判 [M]. 北京：清华大学出版社，2001：100.

造污染的其他人减少受到交通污染的危害，也是城市交通发展公平性原则的体现。

然而在今天的城市交通中，由于机动车数量剧增，城市交通拥挤问题日益严重，普遍存在着有违公平性原则的现象：一是城市交通基础设施的规划与建设，过多地偏重于有利于少数人汽车交通的城市快速路和主干道的建设，而对于方便大众步行、自行车出行的次干道、支路和巷前街的关注明显不足。凌空飞架的高架路和宽阔的主干道建成之后是否就解决了交通拥堵问题暂且不论，因为这些只为少数人出行服务的交通设施对大多数民众来说获益甚少，其事实上已经成为一种特权设施，有违公平所要求的平等原则。同时它们还必然对普通民众造成伤害。它们阻断了人们的出行，阻隔了人们的视线，损害了人们对于城市生活空间的尺度感和方向感，从而对人们造成了极大的心理障碍。除此之外它们还严重破坏了城市原有格局，无情地割断了城市文脉。而所有这些对于普通民众来说却并未得到应有的补偿，这在伦理道德上不符合公平性原则的要求。二是城市交通政策忽略了城市交通目的和服务对象这一根本问题，为小汽车运行与大众出行服务的步行、自行车出行和公交出行的政策制定明显滞后。"城市交通的目的是实现人和物的移动"。城市所服务对象的主体是全体成员，而非某一部分或少数人。在城市交通中，收费价格的合理与否往往被看作是社会公平与否的评判标准。但目前的收费价格制度却未能很好地起到平衡个体出行公平的作用。如小汽车在运行中，会占用很多有限的城市公共土地资源，理应根据使用者对设施的时空消耗和收益的多寡对其使用进行收费，但迄今为止尚未有严格界定的收费办法和标准，使得这种城市稀缺资源大部分处于免费使用状态，有车一族无形之中从普通老百姓那里抢占了诸多利益，而普通民众不仅没有因此得到补偿反而还要忍受车辆使用者给城市带来的诸多不便，从而完全没有体现出社会公平的一面。私人交通车辆在其生产或使用过程中产生的污染肯定对其他社会成员产生影响，而这种影响往往没有通过收费价格机制让产生污染的社会成员对受污染影响的社会成员进行补偿。交通收费和价格应当反映全部社会成本，这种社会成本中尤其应反映全部社会成本，这种社会成本尤其应包括环境污染导致的健康、医疗和生产效率的损失，但实际上到目前为止对此并没有具体的收费办法，而只是在原则上承认制造污染应该为之付费。如果拥有小汽车的人必须对汽车产生的噪声和污染给予赔偿，或对汽车给步行者造成的耽误或麻烦补偿，那么今天的城市道路定然会宽松许多①。这不仅对受污染影响的人群来说极不公道，就是对于整个城市交通的经济效率来说也是一项严峻的考验。三是城市交通管理明显倾向于少数人的交通出行，而对于大多数的出行群体则有违公平。什么是现代化的城市交通？怎样才算是现代化的交通管理？如果仅仅把城市道路是否畅通当作是交通现代化的标志，那么现代化的交通管理便是指保证实现这种畅通的管理。事实上，很多城市也是在这样的认识下发展城市交通管理的。为了能最大限度地保证车辆通行，"把人行道缩减，把行人安全岛取消了，把街角弄圆了，把行人过街的绿灯时间减少到了最低限度，有些地方设置路障禁止行人通行，有些居民街道和商业街道也开辟为主要街道。"② 有些城市的交通管理者在让交通畅通方面，措施更为大胆而无情，他们以改善交通、减少污染、提高交通安全和提升城市品位为由，无情地对摩托车、小排量汽车乃至自行车（如大连、广州市的做法）等私人小型交通工具采取了限制性措施。这种做法不但对人们的出行产生了严重的影响，而且还迫使这些交通工具闲置浪费。显然，这些管理措施明显倾向于少数人的交通出行，而对于大多数的出行群体则毫无利益和公平而言。这不禁又让我们要问：城市交通到底是谁的交通？它服务的社会主体到底是谁？实际上交通的主体不是权力阶层，不是少数利益集团，而是全体市民。交通既然是为了满足全体市民的出行需要，就要求我们不仅要考虑改善少数人（有车族）出行条件，更要解决广大市民、特别是工薪人员和学生的上班和上学出行；不能只为小汽车行驶的快速、舒适而忽略广大民众步行、骑自行车与搭乘公交的改善。

从社会与人文的视角看，城市交通问题蕴涵并日益凸显出一系列深层伦理紧张。以公益、普惠和人本化为主的公共交通转变成以资本和财产差距为本的新贵族交通，已对人类自由、权利与公正等基本价值观构成了伦理挑

---

① 何玉宏. 中国城市交通问题的理性思考［J］. 中州学刊，2005（1）.
② ［英］J. M. 汤姆逊. 城市布局与交通规划［M］. 北京：中国建筑工业出版社，1982：35.

战①。斯密说:"与其说仁慈是社会存在的基础,还不如说正义是这种基础。虽然没有仁慈之心,社会也可以存在于一种不很令人愉快的状态之中,但是不义行为的盛行却肯定会彻底毁掉它。"② 从世界各国对公平与效率的历史抉择看,公平的受重视程度一般随效率提高而呈现出"U"字形走势,即注重公平——注重效率——重新注重公平的否定之否定过程。我国城市交通的发展走到今天,人们已经越来越感受到:小汽车交通无助于建立一个自由、公正、环保的和谐社会,并且对私家车及其提供的"自由"的过多渲染,与公正、民主、人权的思想相悖,实际上是不足取的。

那么,在解决交通拥堵的同时怎样才做到会不失社会公平,在遵循"效率优先"的同时怎样做才能"兼顾公平"呢?公共交通优先通行为我们面临的这种两难问题提供了一个很好的思路,按交通方式的运送效率来分配道路优先使用权。城市交通主体方式选择公共交通时提高城市交通效率的必然要求,从某种意义上说,选择公共交通就是选择了高效率。并且,优先发展公共交通代表了城市中大多数人的利益,特别是为中、低收入者和学生提供了享有交通出行的权利,体现了城市交通发展的公平正义性。因此,无论是在提高道路的运输效率还是在体现社会公平方面,公共交通优先发展都为问题的解决提供了一种有效的参考。

---

① 陆礼. 功利性与公共性的博弈:我国城市交通困扰的伦理焦点 [J]. 中国软科学, 2007 (4).
② 亚当·斯密. 道德情操论 [M]. 北京:商务印书馆, 1998:106.

第四章

城市交通治理借鉴：国外经验与国内经验

"他山之石，可以攻玉"。环顾世界各地，随着城市化进程的加快，大多数城市面临人口膨胀、交通拥堵、环境污染等"城市病"的困扰。交通拥堵，成为现代大都市面临的一个共同难题，进入汽车时代的同时也进入了"拥堵时代"。放眼全球，"治堵"成功的地区当属英国伦敦、德国、法国巴黎、日本东京、韩国首尔、新加坡、巴西库里蒂巴、中国香港和上海等，这些城市结合自身城市的特点，探索出了各具特色的解决交通问题的办法，他们的经验可作为中国城市交通治理的借鉴。

第一节 国外经验与借鉴

一、英国伦敦：实施交通拥堵收费政策

伦敦是英国首都及欧洲第一大城和最大经济金融中心，城市的核心地区伦敦市，仍保持着自中世纪起就划分的界限。然而，最晚自19世纪起，"伦敦"这个名称同时也代表围绕着伦敦市开发的周围地区，这些卫星城市构成了伦敦的都会区和大伦敦。伦敦大都市区总面积27224平方千米，人口1805万，其空间结构可以分为四个圈层：中心区、外围区、近郊区和远郊区。其中，中心区是由12个区构成的内伦敦，面积321平方千米，人口约445万。

彼得·霍尔指出，交通"与任何其他问题相比是一个更加直接、更长时间影响我们大多数人的问题",而"解决这个问题的关键是控制"①。他认为,"除非加以控制,否则任何改革不管如何引人注目,在短期后都将陷入困境"。他认为可以做出的一个限制是进入伦敦市中心的车辆需要有一个许可证。虽然他已经想到停车费是一种更好的选择,但他断言,电子技术的进步将使"测量"所有车辆的移动以及使用部分街道系统的车辆收取一定费用成为可能。

面对中心城区快速增长的交通需求和日益恶化的拥堵问题,伦敦市政府提出了征收交通拥挤税政策。正如埃德·鲍尔斯所言,我们必须准备走得更远,让地方民众能够更多地为满足地方需求做出地方决策②。伦敦成功地引入了交通拥堵收费,表明可以用怎样一种公平且负责的方式去决策实施。

伦敦交通拥挤税(London congestion charge),正式名称是伦敦交通拥挤附加费,实施于2003年2月17日清晨7点,是英国伦敦市政府针对汽车进入市内的额外收费,以针对繁忙时间的交通堵塞问题,并为伦敦市的交通基建提供资金。伦敦也成为欧洲首次对汽车进入市中心课税的城市。对出入该地区的车辆实行交通收费管理,以此控制中心城区的车流量,改变人们的出行结构,督促部分城市居民尽可能地使用除私家车除外的其他公共交通工具,来达到降低中心城区交通拥堵程度的目标。

交通拥堵费的征收区域。2003年2月进入市中心规定区域内的车辆征收进城拥堵费,2007年2月收费区域向西区延伸。现在包括西区(伦敦的购物娱乐区)、伦敦城(金融区和伦敦的历史中心),包括伦敦桥、泰晤士河南岸的滑铁卢区,大象城堡区的一部分,也包括伦敦市以及卡姆登、哈克尼、伊斯灵顿、兰贝斯、萨瑟克和陶尔哈姆莱茨自治市、威斯敏斯特市的一部分。

交通拥堵费的征收时段、对象与费用。从2003年开始征收,具体的收费时段从当地星期一到星期五7:00—18:00。这些时间以外,周末和公共节假日,是不收取拥挤费的。课税的对象是普通轿车。但计程车、警车、消防车、救护车不须收费。伦敦的拥堵费最初为每天5英镑(1英镑约合9.62元

---

① [英]马丁·G.理查兹.伦敦交通拥堵收费:政策与政治[M].张卫良,等译.北京:社会科学文献出版社,2017:50.
② [英]马丁·G.理查兹.伦敦交通拥堵收费:政策与政治[M].张卫良,等译.北京:社会科学文献出版社,2017:314.

人民币），2005年7月上涨为每天8英镑，2014年6月再次上涨为每天11.5英镑。

交通拥堵费的征收方式。 既可在零售店、加油站等直接购买，也可通过银行或互联网等支付；既可按日交纳，也可按周、月、年交纳，既可事先交纳，也可在当日22点之前交纳。收费同样采用电子自动识别技术，运行效率较高。

交通拥堵费的征收监管。 在伦敦交通拥堵费查处上面，严密的监控系统起到了关键作用。为了保证这项政策的效果，伦敦在各个路段都装置了"电子眼"，会捕捉进入"拥堵收费区"的车辆牌照，监督那些没有交费的车辆。如果你没有支付拥挤费，你会收到一个叫PCN的东西，全称是Penalty Charge Notice，就是告知你要被罚款啦。从2013年开始，罚款的金额就一直是130镑/张，你需要在28天之内交齐。当然，越早交越便宜，如果你能在14天之内就交付罚款，会给你打个半价（65镑）的折扣。

统计数字表明：现在每天进入中心城区的车辆减少了16%，而车辆行驶的速度却加快了14%，市民们在公交车站等车的时间减少了60%。越来越多的人改乘公交车或骑自行车，不再开私家车上班或购物了。① 与此同时，伦敦交通局必须将征收的交通拥堵费回馈到公共交通的再投资上，改善城市环境、增加道路安全以及发展公共交通。2003年到2013年这10个财年，交通拥堵费总收入达到26亿英镑，其中46%重新投入到交通系统建设；根据2014至2015财年伦敦交通局的年度报告，拥堵费收入为2.57亿英镑，相当于交通局年收入的8.5%。伦敦交通拥堵收费方案的成功不仅创造了新的收入来源，而且改变了各方对于道路使用收费的态度和看法，现在很多政策已在世界范围内被提上议事日程。②

伦敦无疑是一个征收交通拥堵费成功的典型，广泛实行与交通拥堵相关的道路使用收费政策，将对整个社会产生影响，这种影响超越了机动车的使用方面，因此借鉴"伦敦经验"，必须把握其精髓和底气。

从市情来看，作为连续演进发展了2000多年、缺乏强制规划的历史城

---

① 何玉宏. 社会学视野下的城市交通问题 [M]. 南京：南京出版社，2006.
② [英] 马丁·G. 理查兹. 伦敦交通拥堵收费：政策与政治 [M]. 张卫良，等译. 北京：社会科学文献出版社，2017：9.

市,伦敦市中心的街道可能是世界各大都市中最狭窄和最不规则的街道之一。伦敦中心区绝大部分干道是双向两车道或单行线,根本无法和国内尤其是新规划城区的宽敞道路相媲美。另外,因为严格的私有财产保护和缺乏严令的政府规划,伦敦市区的许多街道歪歪曲曲,有时为了避让一栋建筑而不得不绕一个陡弯。除此之外,为了保护行人的权利,红绿灯、人行道数十米一个;为了保障残障人士的权益,盲人、残疾人专用道遍布;为了保护骑车人的权利,自行车专用线随处可见。为了战略安全,伦敦市中心几乎没有立交桥。因而,在现有路况下,尽管车辆和行人非常遵守交通规则,但大幅提高伦敦中心区域的车速是不可能的。1903年伦敦地面交通工具主要是马车,当时城区通行时速约19千米/小时;2003年地面交通平均时速仅为9.5千米/小时。2003年,时任伦敦市长肯·利文斯顿,决心大力整治伦敦的拥堵问题,核心措施就是征收"拥堵费"。

从过程来看,拥堵费并不那么好收,英国国内对于拥堵费征收计划有过多次的讨论与博弈。1920年,英国剑桥大学经济学家Pigou教授提出"拥堵定价理论"。该理论认为,道路交通的供求关系与一般商品的供求关系不同,道路上的车越多,车辆行驶的速度就越慢,新的使用者会导致其他使用者的成本增加,却没有为增加的成本支付相应的费用。从经济学角度讲,拥堵费能让部分私家车主改坐公交,让准车主放弃买车念头,缓解交通拥堵,还可以增加财政收入。拥堵定价理论并没有考虑收费的成本,而收费标准很难测算;同时拥堵道路使用收费也会产生一些社会和政治问题。例如,穷人会感到被剥夺了使用道路的权利,收取的费用该如何使用,等等。在1964年,英国政府委托相关专家研究收取道路使用费的方案,此后多次找专家进行论证,由于反对收费意见太大,一直没有实行。至今许多研究者都投入到解决交通拥堵问题中,从不同的角度入手,建立了许多种数学模型,尚未找到公认的建模过程中的首要法则。20世纪90年代,伦敦就遭遇严重的交通拥堵。2003年,时任伦敦市长肯·利文斯顿,决心大力整治伦敦的拥堵问题,力排众议征收"拥堵费"。利文思通是一位特立独行的市长,由于其左派立场被称为"红色的肯"。他也是一位典型的公共交通支持者。利文思通在接受采访时表示,2003年第一天征收拥堵费的情景是在他整个政治生涯中"比预期更好"的唯一一件事。虽然伦敦是欧洲国家最堵的城市之一,拥堵费获得支持的可能性很大，但他也承认这是一场政治赌博。如果在实施两个月后效果不明显，他会将其废除。

从基础来看，伦敦有四通八达的公共交通系统做后盾。在伦敦遍布着超过650千米的不低于600个车站的轨道交通（地铁、轻轨、电车和火车等）；超过700条线路每天不低于7000车次的公共汽车服务，外加100条线路的夜班车服务；另外，还包括泰晤士河沿线每天超过200班次的客运船只服务等。高峰期轨道交通的频次是每3~8分钟一班车，公汽5~10分钟一班，轮班10到15分钟一班。在伦敦市中心，步行5分钟内一定会有至少一个公交地铁车站；而在伦敦市郊（大型公园绿地除外），最近的公交车站也不至于超过20分钟的步行距离。为了降低公共汽车的拥堵，伦敦随处可见公交车专用道，不少干道在高峰期只供公交车辆使用。而为了便于开车者使用公交系统，伦敦随处可见三四层高的大型"停车换公交（Park and Ride）"的廉价停车场，和公交系统无缝链接。四通八达、密织如麻的公交网络就像人体的血液循环系统一样成为伦敦市民出行的命脉所依。尽管伦敦的交通费用是世界上数一数二昂贵的，但从其占人均收入的比例来看，尚可接受。全伦敦市通用的公共汽车月票53英镑，相当于伦敦人均月收入税后1600英镑的3.3%；包括地铁等所有公共交通服务的月票因所跨区域不同从63英镑到180英镑不等（伦敦将市区轨道交通分为从市中心向外环状扩展的1到6区，所跨区域越多、越靠近市中心，费用越贵），占月收入的4%到11.3%。另外残障人士、16岁以下、60岁以上的市民可免费乘车；全日制成年学生享有30%折扣等等。这种费用的差别为市民提供了丰俭由人的多种选择，高峰期乘坐费用低廉的公共汽车需要1个小时的路程，改乘高费用的轨道交通可能只需15分钟。

从实施来看，不断调整的拥堵费征收政策，伦敦征收拥堵费以来仍在不断调整其政策，从单一的收费再投资、到车辆环保程度分级收费；从主要投资于公交系统，到逐渐投资于步行道、自行车设施等；从肯·利文斯通的乾坤独断，到约翰逊的倾听民意等等，都是值得国内各大城市借鉴的。必须经过民众咨询或听证环节，比如横穿伦敦的大型轨道交通项目"横贯快铁"论证了6年有余，伦敦希思罗机场"第三跑道"的论证，伦敦每个家庭都有收到征求意见的详细问卷。以伦敦市长约翰逊动议取消征收伦敦西区拥堵费为例,尽管他可以像前任市长利文斯通一样在法律授权下自主取消收费,但他依然深入社区倾听公众意见。因为反对收费的公众明显并非多数。收费区内居民(享有90%折扣)和环保组织明确反对取消征收,因为一旦取消收费,伦敦中心区的道路拥堵、交通噪音和车辆废气等状况将明显恶化。伦敦交通局(TfL)同样反对取消收费,因为取消收费意味着每年损失至少1亿英镑的道路交通改善投入。可见伦敦的实情并非想象的那般简单。

当然,伦敦交通拥堵费方案的成功依赖于一个人——肯·利文斯通的坚定领导力及其在推进政策过程中甘担风险的意志,还获得一系列条件的支持,包括他的独立性与行政权力的结合,对交通重要部分及其相关预算的直接控制,从零开始组建一个全新而高质量的团队能力,《大伦敦政府法案》的条款以及通勤者大量使用公共交通去往收费区域,更重要的是,利文斯通采用了现有的"足够好的"技术。尽管从伦敦得到经验对于任何想引入交通拥堵收费的机构来说是重要的,但采用一种适合自身需求和环境的路径,非模仿利文斯通与伦敦。

二、德国城市:推动交通可持续发展①

德国四个类别的政府公共政策对推动建设可持续交通体系方面具有重要作用。首先,通过汽车使用价格、使用限制和强制技术改进来减少汽车使用上的有害影响。其次,在国家以及城市群层面,把公共交通一体化整合,打造完善可靠的出行体系,作为轿车出行模式的必要补充。再次,各级政府需要使步行和自行车出行成为安全便捷的出行方式。最后,所有的这些政策必须充分协调并确保其相辅相成的影响,只有在这种情况下才是最有效的。

(一)减少汽车广泛应用所产生的负面影响

汽车的广泛应用虽然使人们的出行变得更为便利,但也产生了一系列的负面影响,如交通拥堵,空气污染和愈加严峻的交通安全问题。不过,有针对性的定价和调控政策可以有助于对汽车的需求进行管理,并减少污染、交通拥堵和事故。

---

① 该部分主要内容以《德国城市交通体系的可持续发展构建与启示》为题发表于《理论月刊》2018年第3期,署名何玉宏、刘晓洪、张丽。

汽车的使用成本：中国人拥有一辆汽车的总成本要比德国人大约高出50%，根源在于过高的汽车售价和更高的税费。汽油税也是汽车使用成本上的一个重要组成。基于德国联邦政府在1999年到2003年的一项政策，汽油税作为常规税收并且逐年增加。该税设计之初作为环境税，用来遏制高油耗汽车的使用，促使人们购买更省油的汽车①。研究发现，这项政策实施5年使私人汽车的能源消耗减少了11%，同时减少了9%的碳排放量，而公共交通载客量却有12%的增长②。

汽车技术政策：德国是全球汽车技术领先者。德国较高的燃油税反而鼓励了更多的节能汽车上路。在2005德国汽车的平均燃油效率比中国要高50%③。德国主要依靠税收优惠，以鼓励购买和使用燃料效率高污染少的汽车。较高汽油税是大量节能技术的原始驱动力，就像欧洲其他国家一样。此外，德国社会学家还提出了"没有汽车的生活"城市展望，在批判汽车城市所引起的交通压力的基础上，提出了交通方式选择的新趋势，从选择驾驶汽车到抛弃汽车④。

（二）公共交通体系的改善和整合

在德国，各种公共交通方式在大城市、地区以及国家层面的一体化有机整合，使得公共交通成为非常方便和有吸引力的出行方式。这种有机整合可以为公众提供包括火车客运和中转服务、日程安排以及在大城市内自由搭乘各类公共交通工具的一体化服务⑤。从20世纪60年代由汉堡开始，德国的

---

① Kai Schlegelmilch, The Experience with Green Budget Reform in the EU and Especially Germany（German Federal Environmental Protection Agency，2005）.
② Ibid. German Federal Environmental Protection Agency（UBA），Environmental Tax Reform（German Federal Environmental Protection Agency，2005）.
③ German Federal Government, Federal Government Report about Transit Since Reunification（German Federal Government，1999）. John Pucher and Stefan Chlorer, "Urban Transport in Germany: Providing Feasible Alternatives to the Car," Transport Reviews 18, (4)（1998）: 285–310.
④ 刘涟涟. 德国城市中心步行区与绿色交通：理论、规划、策略［M］. 大连：大连理工大学出版社，2013：6.
⑤ German Federal Government, Federal Government Report about Transit Since Reunification（German Federal Government，1999）. John Pucher and Stefan Chlorer, "Urban Transport in Germany: Providing Feasible Alternatives to the Car," Transport Reviews 18, (4)（1998）: 285–310.

城市和联邦州都建立了自己的区域交通组织,充分协调公共交通运营、票务,以及区域内外的票价结构①。公共汽车、轨道交通和铁路等各个方面几乎实现了无缝连接,无论是在时间和步行距离上都是如此②。德国的交通系统甚至也把步行和自行车设施整合进他们的服务体系,在铁路站、地铁站和巴士站都提供了大量的自行车停车设施。

这一整体化的公共交通体系的优点在于为客户提供了非常方便快捷的出行服务。例如,居住在汉堡的威廉在家里的电脑或手机 App 上就可以预订某日从家附近的公交或地铁站到 600 千米之外的位于慕尼黑的亲戚家附近公交或地铁站的票,用信用卡付费后就能收到寄到家里的票,并附有详细的交通路线、中转和时间说明。这样,威廉就可以用一张票实现从自己家到亲戚家的旅行,而且旅行途中如果由于列车晚点造成延误,他可以免费搭乘下一班列车、地铁或巴士。如果不幸火车晚点超过一个小时,威廉还可以在到达目的地的火车站时到服务中心获取约 20 欧元的赔偿;晚点时间越久,赔偿也越多。

相比德国,中国的交通体系则零碎化的多。尽管大城市都有交通主管部门,但区域间协调和服务程度较低,费率独立而少有共享。公交汽车与轨道交通的衔接也缺少系统性。而公共交通票价结构在德国的整合要好得多。乘客可使用一张票来完成在整个大都市或联邦州内部的整个行程,不管有多少次中转或采用不同的交通工具。德国交通系统还提供不同折扣率的周票、月票、年票和学期票,使它成为经济方便的出行选择。相比行程单基本票价,月票提供约 60% 的折扣,而学生更可享受 75% 的折扣。通过这种方式,公共交通成了家用汽车在工作通勤上的最佳替代品。在政府对公共交通的补贴方面,德国政府实际上补贴公共交通的程度远比中国少。德国公共交通的运营成本中只有 26% 来自政府补贴;相比之下,在中国各地方政府补贴公共交通系统运营成本普遍要比这大多得。总之,公共交通在德国更成功并不是因为得到了政府更多的补贴,而是由更好的票价和服务制度、一体化的公共交通综合系统来实现的。

---

① BMVBS, Transport in Figures. Pucher and Kurth. "Making Transit Irresistible." Pucher and Chlorer. Urban Transport in Germany.
② Association of German Transit Agencies (VDV), "Annual Report 2006" (2007).

（三）推动建设安全便捷的步行与自行车使用环境

德国城市不仅提供各种交通方式之间大量便捷的中转连接，而且与中国相比，也为行人和骑自行车的人提供了安全便捷的使用环境。在2000年德国的行人和骑自行车人死亡率和受伤率只有中国的三分之一。① 德国行人和骑自行车者的安全性自1970年以来提高了很多，而在中国却只有有限的提高。例如，德国在过去30年里骑自行车死亡人数几乎下降了80%，而与此相比，中国骑自行车死亡人数在过去10年里也减少了30%。② 中德两国的这些在行人和汽车安全方面的改善都非常难能可贵，因为两国在各自的那段时间里都经历了单车潮和汽车销量的突飞猛进。具有高安全水平的行人和骑自行车者使用环境，在德国这样一个完整的一体化交通系统从20世纪70年代开始建立起来③。这使骑自行车者和行人能够在几乎所有独立小道、马路以及安静的住宅区自由安全地通行。除此之外，几乎所有的德国城市都在其中心城区划有无车区，主要用于行人和自行车使用。④ 这些区域同时包括步行街的连接网络。而在中国的大部分城市，除了作为旅游购物用途的步行街，无车街道是非常罕见的。

（四）确保政策的协调互补以保证相辅相成的良性互动和影响

只有相关各类交通政策以协调互补的方式实施，建设可持续的交通运输体系的目标才能实现。家用汽车的使用、成本更高的政策肯定会有很大的困难，也会有不公平性，除非有可行的和非常方便的公共交通体系的存在。因此，在出台家用汽车的限制性政策的同时必须提供优质的公共交通服务，以及安全便捷的步行和自行车设施。德国的经验指明了旨在改变出行行为的政

---

① John Pucher and Lewis Dijkstra, "Promoting Safe Walking and Cycling to Improve Public Health: Lessons from the Netherlands and Germany," American Journal of Public Health 93, (3) (2003): 1509 – 1516.
② http://auto.163.com/10/0709/10/6B53JH6B000816HJ.html
③ BMVBS (Federal Ministry of Transport, Building and Urban Affairs). Ride Your Bike (BMVBS, 2002). BMVBS, Overview: Changes in Urban Development over Time (BMVBS, 2008). Schmucki, Dreams of Moving Traffic.
④ GTZ, "Urban Transport Strategy Review: Experiences from Germany and Zurich" (Eschborn: GTZ, 2001). Joseph Hajdu, "Pedestrian Malls in West Germany: Perceptions of Their Role and Stages in Their Development," Journal of the American Planning Association 54, (3) (1989): 325 – 35.

策如何实施的可能路径。德国城市在20世纪70年代开始有步骤地实行对小汽车的使用和停放的限制。每一个限制措施的出台，都伴随着行人和自行车设施与公共交通使用条件的进一步改进和更好地相互融合。这些改进，都由不同的交通机构和协会（联邦州和城市的交通主管部门，自行车协会等）经过数十年的共同宣传、推动一步步地建立起来。

这种政策的协调不仅是不同交通方式之间的协调互补，也是交通运输与城市规划、土地政策、基础设施建设之间的协调。在德国的大部分城市里，城市发展、交通和土地利用总体规划是在同一个政府机构的主管下进行的。同样的协调在政府的州和联邦层面也是一致的。例如，德国国家层面关于交通运输、城市发展以及土地利用的总体规划的责任是由一个联邦部委来承担——德国联邦交通、建筑和城市发展部（German Federal Ministry of Transport，Building and Urban Development）。而在中国，这些责任分别由交通运输部以及住房和城乡建设部二个部委来承担，与此相应的两个部委间各个政策协调互补的难度就加大很多。如表4-1所示。

表4-1 政策的协调互补以保证相辅相成的良性互动和影响的方法

		中国	德国
"大棒"与"银元"共用	"大棒"政策之间缺少协调互补		保证各种交通运输与出行方式的政策规划以及城乡土地政策规划的协调互补
	"银元"政策非常少见		在实施针对家用车的定价和使用上的限制措施——"大棒"的同时，鼓励和奖励采用公共交通的出行行为
把交通发展与城乡建设结合在一起	交通发展很少被看作城乡建设的一部分来规划和实施		用地和交通政策规划有官方的统一结合
			同一个国家和地方政府部门来负责土地和交通规划相关的事物
宣传教育活动	活动缺少系统性和持续性，而且各个部门机构的活动缺少协调互补		国家运输协会、联邦以及各州的交通部，和国家自行车与替代性运输协会每年不定期举办各种宣传、鼓励公众使用公共交通的活动

中国交通政策在很大程度上依赖于技术解决方案来改善环境的可持续性。其实通过制定各种标准和税收政策来提供诱因，让公众倾向于选择更节能、更少污染、更安全的汽车也是很好的途径。在通过改变公众的出行行为来改善交通的可持续性上，德国的经验为中国提供了四个方面的借鉴。虽然困难重重，中国需要制定公平合理的价格体系来反映公众驾驶行为的全部真实费用价格，比如污染、拥堵等税费。而在出台这些价格措施的同时，应为公众提供综合性的便捷而有吸引力的交通体系作为替代，包括公交汽车、地铁、骑车等。所有的这些调整都需要进行广泛宣传教育，并应该有一个持续的活动来教育人们，以使有关新政策及时产生效益。最后，重要的是相关的政策应在长远的目标指引下以阶段化的方式来实施。这些政策是互相关联的，它们的成功依赖于随着时间的推移来逐步地显示出效果。

采用正确的车辆使用定价体系。在中国实现可持续交通的最大障碍，可能是如何去分析和制定合情合理的定价政策体系，要求驾车者支付开车所造成的真正的社会、经济和环境成本。例如，根据汽车的燃油消耗量定义一系列级别的拥挤税、燃油税和车辆使用税，以促进公众购买使用具有更高的燃油效率和更环保的车都是这种定价政策的例子。通过驾驶者对汽车的使用所产生的负面后果来收取一部分费用会造成一系列直接和间接影响。更高的用车成本，比如近两年被抱怨良多的高油价，一方面让人们有意减少私家车的使用；另一方面又促使消费者倾向于购买油耗低、污染少的汽车。对汽车使用上的正确定价是鼓励人们更多地使用公共交通工具的必不可少的措施。显然，这些类型的定价策略产生的收益有助于改善现有交通基础设施建设。在德国，汽车使用费和税收不仅投入政府在公路建设维护方面的投资，还用在其他政府支出方面。

为公众提供综合性、便捷而又有吸引力的交通体系。为公众提供安全、方便、便宜的公共交通工具作为使用私家车的替代选择，是保障任何类型的汽车限制措施在公共方面和政治上可行可接受的前提条件。例如，德国汉诺威市于2004年实施了综合交通出行计划，加入该计划的用户可以自由享用在汉诺威大区内包括公车、轻轨、的士、汽车共享以及汽车租赁等所有公交服务。此外，该计划的用户在德国进行长途铁路旅行时可享受25%的折扣和其他附加服务，如自行车的维护、行李运送和旅游信息。① 便宜的、区域一体化和广泛的公共交通体系为公众提供了一个真正的替代选择。单靠低价的公共运输服务并不足以吸引乘客，更为关键的是为乘客提供更方便快捷的、可以在不同的交通工具间自由换乘的一体化公共交通服务。

开放的信息和教育。开放的公共信息和教育是任何可持续交通政策的关键组成部分。提高公众在可持续交通方面的意识包括：确定服务对象、发展战略渠道以及建立高效的工作组。② 旨在改变公众出行行为的政策，必然引进各种成本措施，无论是在财务方面或限制条款方面。任何政策的实施给公众带来的成本往往是直接而可见的，由此带来的收益或利益却一般在中期或长期条件下才能显现。因此，政策制定者需要积极举办各种强调政策好处和最终成果的有效宣传活动。有些政策可能会带来更大的利益和长期社会目标，但最成功的政策也需要提供某种个人的短期利益。例如，每个人都受益于政策实施一段时间后所带来的空气质量改善、更安全的出行和更好的生活质量。一个比较直接的正面效益就是不太拥堵的交通和更方便快捷的换乘服务。公共信息可能被解释为一种临时的公共宣传活动，而教育则是一个可用来影响行为改变的永久性的工具。在德国，有各种实践性的教育让孩子在小学阶段就接触到交通规则；在考驾照的时候，司机也必须学会并遵守行人和骑自行车的人的各种优先权利。

政策应在长远的目标指引下以阶段化的方式实施。改变出行行为不会在一夜之间奏效。德国的可持续交通和土地使用政策持续发展了几十年，其间花了相当长的时间来获取必要的公共和政治支持，并制定相应的措施。这类政策一般是在一个小范围的区域初步做试点，试点成功后会在少数一些城市慢慢推行，直至越来越多的地区开始借鉴，并最终在全国范围推广。而一些无争议的项目则应首先实施。例如，德国在大部分市民认识到汽车使用对环境方面的有害影响时，开始颁布实施在居民区街道和社区禁止车辆通行的政策，并取得了积极成果。而这些通过政策得到改善的生活质量和交通安全作

---

① Claudia Nobis, "Multimodality-facets and causes of Sustainable Mobility Behavior," Transportation Research Record 2010 (2007): 35 – 44.
② 德国技术合作公司（GTZ）. 可持续发展的交通：发展中城市政策制定者资料手册 [M]. 钱振东，陆振波，译. 北京：人民交通出版社，2005：131 – 132.

为政策实施的有效益处,有助于赢得公众对实施更广范围的交通宁静(Traffic Calming)计划的支持。目前几乎德国的所有城市和村庄都实施了居民区的交通宁静措施。一般来讲政策应该逐步颁布实行,特别是对那些有争议的国家政策采取分阶段的方式和制订长期的目标是尤为必要的。这些政策也应以组合的方式来实施,以实现其更大的协同效应。如前所述,汽车使用的定价政策的成功是依赖于为公众提供安全、方便且便宜的公共交通服务作为汽车使用的有效替代。联合实施这些政策,很可能会在一段时间后达到一个公共出行行为上的转折点;在这节点之后,更多的人会选择骑车、步行或搭乘方便快捷的公共交通出行。

三、法国巴黎:打造自行车城市

巴黎市是法国的首都和最大城市,也是法国的政治、经济、文化中心。巴黎土地面积105.4平方千米,人口约220万,机动车保有量约为500万辆。巴黎为解决交通难题,推出的最新、最引人关注的措施便是打造自行车城市。

"自行车城市"计划。为缓解以汽车为主的城市交通,而且还能有效减少城市温室气体的排放。法国巴黎市政府于2007年7月15日正式实施"自行车城市"计划。① 到2007年底,2.06万辆自行车散布在巴黎市内,新建的1450个自行车租赁站。② 每隔200多米就有一个联网的租赁站,任何需要使用自行车的居民都可以方便快捷地找到目标,租赁后在任意一个租赁站归还自行车,根据该计划,如果市民希望使用这些自行车,他们需要向租赁站提供195美元预付押金或者信用卡以及个人资料。自行车的收费标准因时间而定,如果租赁时间没有超过30分钟,那么租赁人将不用支付任何费用;超出时间每30分钟的收费将出现成倍递增,以鼓励人们提高自行车的使用效率。例如,第2个30分钟收费1.3美元,第3个30分钟收费2.6美元,第4个30分钟收费5.2美元,等等。由于巴黎市居民使用自行车的大多数车程不会超过30分钟,这项"自行车城市"计划相当于为广大巴黎市民提供免费

---

① 徐超. 巴黎打造"自行车城市"[J]. 城市交通,2007(5).
② 孙颖. 法国巴黎自行车租赁业务及对我国的启示[J]. 交通运输工程与信息学报,2010(2).

服务。

　　加倍修建自行车设施。2015年巴黎市政府雄心勃勃地推出了将巴黎打造为"世界自行车之城"的计划，总投资达15亿欧元，改善自行车的基础设施建设，建立一个城市自行车网络，包括在巴黎市区铺设新的自行车道，设立双向自行车道以及安装自行车安全停放隔离箱，等等。2017年巴黎市针对打造"自行车年"推出的政策蓝图。里沃利街从协和广场到巴士底（Bastille）路段将开辟条双向自行车道，香榭丽舍大街也将开辟条自行车道；继续左岸河滨道自行车快道网建设计划，将塞纳河两岸也交还给行人和自行车，并将于14区和16区打造两条新的自行车大道。专为自行车打造的高速公路，目的是为了确保自行车的连续双向行驶。自行车快道网道距2米宽，使得骑行过程舒适且安全。这些自行车快道贯通巴黎市区南北与东西，包括塞纳河两边沿岸并连接位于巴黎东郊的万森森林与西郊布洛涅林；新建1万个自行车停车栏，新的停车栏设计可以在更小的空间停放更多自行车。此外，在十字路口的红灯停车处新增7000个自行车停车区域。巴黎这座城市希望通过建设专门的自行车高速公路，将自行车的出行人数比例从5%提高到15%。除了自行车高速公路，巴黎还将把自行车跑道的数量从700公里扩展到1400公里，使整个系统运行得更有效率。巴黎市政府目标是到了2020年，自行车使用量比之前增加两倍，自行车道总长度翻一倍。

　　自行车租赁服务。从2011年的7月15日起，巴黎从政府层面启动了"Velib"（自行车自助出租服务）。巴黎市政府将两万辆特制的优质自行车安放在全市300多个自行车站，有一套电子智能系统来管理人们对于自行车的租借、使用和存放。如同公共汽车站那样，每隔三百米就有一个自行车站，站的位置是经过精心测定和设计的，同原有的公交系统——地铁、公交和出租车站形成良好的衔接和配合，方便人们随时随地换乘。每个自行车站都有几十辆自行车，每辆自行车通过一个电子锁固定在停车位上，同时有一个智能的电子收费管理柱供大家通过刷卡来借车和存车。而且以几乎免费的性质租借给市民自由使用。长期用户的年度使用费为29欧元，短期用户为每天1欧元或每星期5欧元。这些费用意味着用户可以在使用期限内无限次租借。成千上万辆的自行车，管理租借和存车系统难免出故障。随着用户的增多，也会出现无车可租以及无车站可停的情况，造成使用不便。如何维护他们的正常运行呢？在塞纳河有一条专用的平底船工作车间每天沿河养护、修理和更换损坏的自行车零部件，在地面上还有20辆小型货车负责自行车的周转调度，保证用户在每个停车站都能及时找到租用车辆。此外，为了鼓励人们缩短每次占用自行车的时间，以提高自行车的租借效率，每次租借30分钟以内是不加收任何费用的，之外的半个小时1欧元，第三个半小时加收2欧元。也就是说占用时间越短越合算，如果时间过长，车费就突飞猛涨，这样做的目的是让所有人都有机会租到有限的车辆。

  制定骑车安全保障措施①。为保障自行车骑车者的安全与便捷，巴黎市推出了一系列交规政策以方便骑车者。第一，公交车道向自行车开放政策。所有超过4.5米宽、用油漆划定界限的公交车专用道向自行车开放，宽度不超过4.5米用油漆划定界限的公交车道按不同情况部分向自行车开放，宽度不超过4.5米用混凝土隔离装置划定界限的公交车道禁止自行车通行。巴黎市政府还设立特别交通标识，方便骑车者辨认哪些公交车道可以骑行。第二，单行道向自行车开放双向通行。几乎巴黎所有限速30（Zone30）的单行道，都对自行车开放双向通行。这种双向自行车道时速限制在30公里/小时，其中某一通行方向只允许自行车通行，这一措施可以确保自行车以最短的距离穿梭于巴黎街头。第三，自行车可以"闯红灯"特权。自2013年开始，巴黎市政府在限速30区域实行自行车通行"特权"。在相应路口红绿灯指示灯下悬挂告示牌，允许骑车者直行或者右拐；没有告示牌的路口，骑车者仍然需要遵守红灯禁止直行和右拐的规定，否则要遭受罚款。必须注意的是这一规定并不表示自行车有优先通行权，通行时骑车者必须留意周围交通情况，在不影响他人情况下通行，当然在任何情况下都必须尊重行人优先通行权。第四，特设自行车红灯停车区域。巴黎市区在十字路口机动车红灯停车线和行人通行区域之间特设自行车停车区，方便骑车者在遇到红灯时停车，尤其要左拐的自行车，也可以使机动车驾驶员和行人更清晰地注意到骑车人的情况。第五，骑自行车必须配备安全装备。前大灯和反光镜（白色）以确保看见前方行驶而来的人员；后置发光警示片（红色）以确保引起后方行驶人员注意；在每个脚蹬前后需安装橙色反射镜以加强可见度；必须安装声音

---

① 参见 http://www.oushinet.com/europe/france/20170304/256708.html

警示器；如果需要带儿童骑车，必须安装儿童座椅，等等。另外，骑车人边骑车边听音乐会被罚款。

巴黎的"自行车革命"并不是简单地鼓励人们骑自行车，而是运用智能化的高科技手段和管理智慧，将自行车精心打造成一个适合巴黎市可持续发展的公交系统。为了骑自行车的安全和舒适，巴黎在建设自行车专用车道和配套路牌标志上也下足了功夫。在交通拥堵的城市，驾驶自行车实际上是一种门到门的交通，可以很好地补充公共交通，并在一定程度上替代私家车。

四、日本东京：轨道创造的世界都市

东京是日本的首都，地理位置在本州岛的东部。东京下辖23个特别区、26个市、5个町、8个村，总面积约2155平方千米，城区面积621平方千米。东京市区人口约1351万（2016年），东京都市圈总人口达3700万（2016年），是世界上人口最多的城市之一，机动车保有量超过800万辆，人多车多、地少路窄是东京显著特点。虽然人口密度如此之高，机动车数量也十分庞大，本应顺理成章地沦为城市交通拥堵的重灾区，但是却很少出现堵车的情况[1]，堪称"东京奇迹"。维系着东京都市圈人们活动的是铁路轨道，轨道交通成为东京城市交通治理的"法宝"，于是有人把东京称为"轨道创造的世界都市"[2]。

东京轨道交通发展历程。与其他地区城市化发展起来后，大力发展轨道交通不同。东京是在现代汽车社会来临之前就有了发达的轨道交通。根据东京都市地区轨道交通网络建设的进程，可将其划分为四个阶段[3]。

第一阶段（1897年前）东京作为城市起源于15世纪后半期。1603年德川家康在此建立幕府，从此江户成为日本政治中心。1868年江户改称东京，正式成为日本首都。当时的城市主要位于东起浅草西至四谷、南起新桥北至上野的区域内，即今地面环形轨道山手线的东半环为中轴的区域。轨道交通

---

[1] 徐振宇，韩禹，庞毅. 中外对比视角下的北京城市交通拥堵治理思考[J]. 城市发展研究，2012（10）.

[2] [日]矢岛隆，家田仁. 轨道创造的世界都市——东京[M]. 陆化普，译. 北京：中国建筑工业出版社，2016：24.

[3] 舒慧琴. 东京都市圈轨道交通系统对城市空间结构的影响[J]. 国际城市规划，2008（3）.

线网密度很低，东京的城市化地区集中在山手线以内的区域。19世纪80年代，私营铁路公司"日本铁道"修筑连通上野站和品川站的生丝运输线，因直线穿越人口稠密的市街地代价太大，故绕道市区外围的山手地区。1885年铁路建成，称作品川线，以货运为主附带旅客。山手地区荒郊野外，人烟稀少，最初涩谷站日均客流量只有15人，1892年才50人。但自从铁路开通后，山手地区居民增多，军事设施、教育机构陆续迁移过来。

第二阶段（1900—1920年）1906年"日本铁道"被国有化，在品川站与赤羽站之间开通了旅客列车，每日9次往返。1909年12月"新桥—新宿—上野"间开始运行电车，线路形成了C字形状。与此同时，在当时的山手线与东京市郊之间开始修建私铁。这些私铁将城市中心与郊区紧密联系，整个城市圈不断向外扩展。

第三阶段（1921—1950年）轨道干线网络基本完成，连接郊区和市区的支线网络也得到了很大发展，1925年11月东北本线的秋叶原站至神田站段完工，环形轨道山手线形成。山手线以外区域开始显现城市化布局，东京形成了城市空间结构基本雏形。在二战后的东京都规划中，山手线环内不允许建地面轨道，连接首都与郊县的私营铁路线无法延伸到都心，山手线上的车站成为郊县与都心交通的换乘节点。从都心向全国各个方面的列车都以这些车站为起点，从全国各地来东京的列车也以这里为终点。私铁公司在山手线上的车站周围建设大量商业设施，涩谷、新宿和池袋等地借助轨道站点的位置优势，吸引大量客流，发展为东京的副都心。

第四阶段（1955年至今）第二次世界大战后东京都内的轨道交通建设，主要是地下铁路建设以及对战前铁路进行电气化、复线化改造。如今东京市内环形轨道有两条，地面的山手环线是周长34.5千米的复线轨道，设29个站点，列车环行一周的标准时间59分钟。从山手线向外辐射的地面轨道线有私铁11条、JR线9条。地下的环线轨道是地铁大江户线。尤其地面的山手线在东京都的客运系统中发挥着非常重要的作用，共有13条地铁线与山手线衔接。1999年—2009年东京都市圈范围客流量前八位车站一直不变（新宿、池袋、涩谷、合乘横滨、东京、品川、大宫及新桥），其中6个都在山手线上。2009年，JR东日本站点客流前十位（新宿、池袋、涩谷、合乘横滨、东京、品川、新桥、大宫、秋叶原和高田马场）中，除了合乘横滨和大宫外，也都在山手线上。新宿站客流量超过350万人次/日。

郊区铁路与都市圈的形成。① 东京都东南面向东京湾，城市发展的空间主要在西面，其西部的多个县区都主要依靠发达的轨道交通与都心联系。轨道交通带动东京都的市街区向西扩展，不仅使本来荒芜的地区变成了今日繁华的城市中心，还促进了当地工业化和城市化，得以支撑东京都市圈的经济社会生活。以东京都市圈北部的埼玉县为例。在日本47个都道府县中，埼玉县是城市最多的县（35个），埼玉县的工业化、城市化得益于与东京都的轨道交通联系。埼玉县东南部的重要城市大宫，处于都市圈30千米半径圈内，主要凭借作为首都北部交通枢纽的大宫站发展起来。2010年，大宫区人口10.85万，而其在明治维新初期是只有200多户人家的小聚落。1891年9月，全线贯通的东北本线（上野—青森）首先在大宫设了铁路分岔点；1929年北总铁路（现东武野田线）、1932年东北本线电车线（现京滨东北线）相继开通赤羽站至大宫站之间的交通，逐步提高了大宫站的交通枢纽功能。特别是东北本线电车线，直接连通了埼玉县南部与东京都心，大宫到上野之间的时间缩短到40分钟，每天往返206个车次。1983年12月在大宫—羽冠间局部开通了新交通系统，轨道交通从此替代了巴士成为通勤通学的主要手段。1985年埼京线的开通让大宫站直连东京副都心池袋、新宿，使大宫成为关东地区一大终点站。因到都内交通条件的改善，沿线都市编入首都圈规划，大宫人口激增，大宫站周边商业呈现爆发式繁荣。

埼玉县交通运输的便利吸引了东京合乘横滨地区的工厂迁入，促进铁路沿线耕地向住宅地的转化，带动了城市化进程。1956—1985年的30年间，在铁路沿线共建设了75个公团住宅小区、7.44万户住宅。小区建设直接促进城市化发展，上福冈村1960年11月改为町时人口1.63万人，此后约3年增一倍，到1972年达到5.6万人，改成上福冈市。

埼玉县人口也快速增长，从1945年的205万增加到1965年的301万人。增加的人口大多数是外来人口迁入，其中近6成来自东京都。埼玉县去东京都的通勤者数量1960年约为18万人，1965年达到31.72万人。通勤人口主

---

① 参见：周建高，刘成哲，何玉宏.东京都市圈轨道交通发展及其启示［J］.城市，2015（3）.

要在京浜东北线沿线都市、东武线和西武线沿线城市居住，埼玉县东南部一带的市镇成为"睡城"。与埼玉县类似，同时期东京都南部的神奈川县、东部的千叶县和东北方向的茨城县南部地区，都因临近东京都，借助于便捷的轨道交通，迅速地实现了工业化、城市化。

东京轨道交通组成：其一是东京地下铁（东京Metro地铁）与都营地下铁。依托地铁环形线从东京都中心以放射形展开的地下线网，有力促进了东京都构建多中心型城市结构的进程。里程数为304.1千米，路线数量13条，车站数量285个。东京地下铁系统主要是承担东京市区的通勤，覆盖的面积比较小，大概相当于北京的三环以里。其二是东京JR线路系统，JR线路是指由原日本国有铁道公司分割民营化后组建的JR东日本旅客铁道株式会社管辖的铁路。东京都内最主要的JR线路是山手线，后为缓解山手线的紧张情况又修建了一条中央线，主要运营新干线长途列车。日本的铁路公司运营的城市上下班通勤的轨道交通。JR公司在东京都市圈运营的地铁线路图，线路总长1117千米。其三是私人公司运营的轨道交通线路。这些私企运营的地铁线路，日本一般叫作私铁。私有铁路是由多家民营公司经营的私营铁路，主要负责地区性运输业务。东京的私铁线路大部分以山手线车站为起点、向近郊或邻近地区辐射，连接东京市中心和外围主要居住区。目前，东京地区的私铁线路总长1147千米。其四是新型交通系统。目前东京主要有3条新交通系统线，东京临海线、埼玉县新交通系统、东京都舍人线，这3条线路皆可与JR线路换乘。

目前，整个东京都拥有34条地铁轻轨线路，里程全长更是达2500千米，位居世界第一，这些线路纵横交错，类似于"蜘蛛网"，密密麻麻地把整个东京覆盖得严严实实，分流了东京大量的"上班族"。据统计，目前在东京市民的交通出行总量中，使用轨道交通系统出行的占86%，每天运送旅客2000多万人次，在早高峰期的市中心区，91%的人乘坐轨道交通工具，而乘坐小汽车的仅为6%[①]。

轨道交通的多种形式和特点。线路密度高。截至2011年6月，东京都市

---

① 张暄. 对东京整治城市交通拥堵政策的分析与研究 [J]. 城市管理与科技，2015(3).

圈轨道交通线共有 JR 线 33 条、私铁 66 条、地铁 13 条、其他轨道线 21 条，合计 133 条。营业里程 3578.3 千米。分区域轨道营运里程，都心三区（千代田区、中央区、港区，面积 42 平方千米）151 千米、东京区部（23 个区面积 622 平方千米）807 千米。轨道网密度都心三区平均为 3.595 千米/平方千米，东京都区部平均 1.297 千米/平方千米。

站点密度高。东京都 23 区 JR、私铁及地铁的车站数合计超过 520 个，远超纽约、伦敦和巴黎的 400 个。统计显示，东京都心及其周围地区，徒步 10 分钟就有轨道车站的地方达 9 成多。对东急财团经营的"田园都市"铁路沿线的调查统计显示，居民到铁路车站的出行总量中步行 67.8%、巴士 24.7%、私家车仅 6.1%。日本全国住宅中距离火车站 1 千米之内的占 41.46%。

联通衔接好。东京郊外铁路线能够直接进入市区地铁线路，这是世界上少有的。各个不同公司的线路互联互通，郊外进入中心区无须换乘。环形地铁线路大江户线是 2000 年开通的，28 个站点中 21 个站与其他轨道线互通，换乘十分便利。

公共客运的主力。根据第 5 次东京都市圈个人旅行调查，2008 年日均出行量 8489 万人次，其中区部 2604 万人次。从出行方式看，利用公共交通工具者占 33%，私人交通占 67%。各种交通方式分担率，轨道、汽车、步行、自行车、巴士和摩托车分别占 30%、29%、22%、14%、3% 和 2%。轨道交通分担率占公共交通分担率在都市圈占 91%、在区部占 94%。

根据研究，市民出行到达目的地所花的时间，心理承受极限约为 1 小时；到任何一个目的地去，心理期望最多换乘一次。由于轨道交通速度快、运量大、换乘便捷，使东京就业圈、居住圈扩大到 50 千米甚至 100 千米半径地域成为可能，有力地促进了东京自身的发展和都市圈的形成。山鹿诚次、伊藤善市等学者对东京都周边秦野及川越等 8 个城市的研究显示，超过三成的人单程通勤时间在 60 分钟以上。这些周边地区因通勤、通学、购物而与核心区域保持紧密联系，于是形成都市圈。

东京轨道交通建设经验。东京轨道交通系统建成非一日之功。① 东京所拥有的铁路系统和城市土地使用相协调的这种形态，是人们有意图"通过人为地有计划地进行规划建设"创造成这种形态，其原因在于以民营铁路企业为主推进铁路的建设，几乎与此同时，自身推动郊外车站周围的住宅开发和枢纽车站的商业开发以及娱乐休闲开发，并积极地形成沿线"地铁文化"这样的社会；国家的公共部门在郊外建设大规模的新城镇，由此促成了出入东京都内的铁路的建设；地方自治体在进行城市规划上的分区时、将开发容量与商业功能重点地配置在铁路车站周围，从而促成民营部门积极地在车站周围选址布局；对于通过连续立体交叉式去掉铁路道口、站前广场建设项目，以及车站周围的市内街道重新开发项目等提高铁路以及车站周围的城市功能的建设项目，城市行政部门和道路行政部门做出了积极的贡献；民营铁路企业和国家等公共部门积极地致力于提高铁路功能，等等。

五、韩国首尔：实施公交改革和需求管理

首尔是大韩民国的首都，地处朝鲜半岛的中部。首尔是韩国政治、经济、文化和教育中心。作为国际化大都市，首尔占地605.4平方千米，城区人口数量达到了1200万，人口密度约1.71万人/平方千米，机动车300万辆，交通压力可想而知。但是置身于首尔市内，虽然感觉车多，但除上下班和周末等特定时段外，道路交通颇为畅通，出行非常快捷，首尔所采取的治理措施，值得借鉴。

第一，改革公交运营机制。首尔于1953年开通第一条公共交通线路后，几十年来大量公共交通服务由私人运营商承担。这些经营者具有线路设立、运营安排、服务规范等事项的决定权，政府只保留票价的制定权，但承担对私人公共交通公司的补贴，以防止减少公共交通服务供给和公司破产。在这种放松管制模式下，公共交通服务较差，存在两个明显问题：一是争抢客源引发严重的恶性竞争；二是线网整合性差，公共交通网络功能难以发挥。随着地铁的发展、私家车的增多以及道路交通拥堵的加剧，公共汽电车运行准

---

① ［日］矢岛隆，家田仁．轨道创造的世界都市——东京［M］．陆化普，译．北京：中国建筑工业出版社，2016：3-4．

点率更是难以保证,服务质量明显下降,人们的出行越来越多地选择了地铁和私家车。2002 年,在地铁、公共汽电车、小汽车、出租车 4 种出行方式中,公共汽电车出行由 1980 年的 68% 下降到 27.6%。公共汽电车运营公司数量在推行改革后减少,这其中虽有政府强化线网整合原因,但主要还是市场萎缩使部分经营者无奈退出公共汽电车服务领域。与此同时,首尔市财政补贴额却由 1999 年的 900 万美元增加到 1.1 亿美元。2004 年 7 月 1 日起,首尔开始实施全面系统的公共交通改革,力求通过推行交通可持续发展的理念,实现管理创新,这次改革是一次深刻的整合性改革。在改革过程中,政府收回公共交通线路、服务标准、运营计划等决策权,保留私人公共交通公司,实现了公共交通规制政策的重大转变。首尔公共交通系统改革的核心思想可以系统概括为"一个导向、两个分离",具体说就是"坚持以市场为导向、坚持管运分离、坚持收支分离"。①

坚持以市场为导向。在首尔公共交通改革过程中,在政府对公交实施宏观调控管理的前提下,将公交服务提供引入市场机制,实行竞争性招标和契约化管理,充分发挥市场机制调节作用,合理配置资源,最大程度激发公交企业作为市场经营主体的积极性,激励企业提高效益、降低成本,避免对财政补贴的过度依赖。首尔公交改革按照"自主选择,公开透明"的原则,对既有线路采取竞争与协商相结合的方式,公共交通公司先各自组成协调机构自行磋商、调整,在此基础上签订共同遵守的"运行协定",并与政府主管部门协商,经批准后付诸实施。对新辟线路通过竞争性招标选定经营者。同时,为保证公共交通企业能够获得规定的利润,首尔明确规定公共交通企业年基本利润率约为 3.75%,考核利润率约为 1.25%。考核利润是指每年市政府交通管理部门会同公共交通协会等单位,按照公共交通服务质量考核标准的要求,对公共交通企业运营服务质量进行考核,然后根据考核结果排名,对完成运营服务质量好的企业,在满足其获得基本利润(含合理成本补贴)后,还给予一定考核奖励利润。政府设立考核利润主要是为促进企业提高服务质量。

---

① 王逢宝,巩丽媛. 首尔公共交通运营改革对我国城市公交改革的启示 [J]. 人民公安,2017(2).

坚持城市公共交通管理和运营分离。首尔导入了巴士准公营制，实现了政府职能和企业职能分开，即由巴士公司负责巴士运营，由地方自治团体（巴士政策市民委员会，类似于城市公共交通协会）代表政府负责巴士路线及运行管理，构建了民政混合的巴士运营体系。巴士政策市民委员会的前身是公共交通系统改革公民委员会，该委员会成立于2003年8月，主要是为了协调各方利益，顺利推进公共交通系统改革。2004年公共交通改革顺利实施后，该机构撤销，取而代之的是巴士政策市民委员会，它是由首尔市政府相关部门、市民团体、企业和专家组成。该委员会下设巴士政策委员会、路线调节委员会、服务/设施改善委员会、经营合理化委员会，它既受公共交通企业委托与政府协商企业盈利率和补贴标准，同时又受政府委托，负责企业间利益的平衡和票款的清分。这种巴士准公营制，既保障了公营制优点，即公共性和服务的稳定性，又由民间负责巴士运营，提高了民营制运营效率优势，同时实现了公营制和民营制优点，构建了合理的巴士路线体系并提供了高水准的巴士服务。在形成科学合理的运营模式的同时，首尔制定了公共交通服务质量考核标准，同时为加强对公交运营服务的监管，首尔还建立完善了由第三方行业监管机构、社会公众广泛参与、信息监管平台相结合的公共交通服务质量监管机制。

坚持公共交通企业运营收支分离。随着准公营制的导入，首尔实施公交企业收支两条线的营收管理，以线路招投标和运营服务质量考核为抓手，以企业营收联合管理机制为核心，形成闭环管理的体制和机制。在这种模式下，首尔实施首都圈整合收费制度改革，推出巴士和地铁免费换乘服务（基础资费上调），实行收益金共同管理制度，票款收入不进入企业账户，由收益金共同管理委员会管理收益金，按各路线运行比率，为企业提供运送费用补贴金，把整合收费制下的路线收益金，分配给运营企业，广告收入不再列入支付成本，由巴士政策市民委员会根据政府要求使用。对收入不足成本部分及实行免费换乘制度而产生的损失进行补贴，保证企业一定的利润率。首尔以实施收支两条线为切入点，一方面对公交运营收入进行集中管理，减少现金持有成本，加速资金周转，提高资金使用效率；另一方面以此为基础构建企业财务内部控制系统，加强巴士企业的会计透明性，研究导入目标指向性标准成本管理制度，对企业资产进行有效管理，提高企业的运营效益。

第二，实施公交优先政策。随着经济的腾飞，首尔地铁建设迅速发展。但是由于地铁建设、运营成本巨大，政府面临巨大的财政压力，所以主要发展和改善地面公交系统，实施公交优先成为首尔城市可持续发展的必然选择。

优化公交线网结构。2004年根据首尔市公共交通的需求实际，对现有公交线路进行了彻底的重新规划、设计，并以区域划分编码为基础对公交进行了重新编码，让市民从号码和颜色上就能判断公交的大概方向[1]；按颜色不同，首尔市的公共交通线路可以分为四类：蓝车——干线，连接各区域中心，主要行驶在主干道和公共交通专用道上；绿车——支线，接驳干线（蓝车）或地铁站；红车——连接中心区和郊区；黄车——环线。市民根据车身颜色和车身上标记的鲜明的英文字母B、G、R、Y（4种颜色的英文首字母）就可以识别、确认自己乘车线路和车辆。

设置公交专用道。首尔公交改革的一个重要内容就是设立公交专用道，明确规定，单向三车道以上的道路须建设公交专用道，建设职责主要由市政府承担；首尔的公交专用道实施分类分时管理制度。路侧的专用道只在高峰期供接驳干线和地铁站的支线公交线路使用，而中央的专用道则全天只供市区干线和连接郊区的市郊快线使用，从而极大地提高了公交运行速度，提高了公交车辆的及时性和可靠性。为确保公交专用道专用制度得到落实，首尔市政府制定了明确的处罚规定并严格执法。针对全市所有的公交专用道，都安装了"电子眼"进行全天24小时实时监控。对违反专用道管理制度的车辆，视车辆大小和违章性质不同，政府将分别处予5万~7万韩元的处罚。公交专用道使用后，专用道所运送的乘客比其他道路上的公交多了近6倍，而其行驶时间却比其他道路上的公交车少了近5倍。[2]

建设公交智能支付系统。2004年公共交通改革以前，收费系统采用单一票价，短距离乘客需要支付较多费用；公共交通改革以后，首尔市统一了轨道交通和公共汽电车的费率，推行了一种多功能智能卡T-Money的全新收

---

[1] 国外治堵经验借鉴 [EB/OL]. 中华人民共和国交通运输部网，2015-02-21. http://www.moc.gov.cn/

[2] 周军，苏云亭，梁彦彦. 治理城市交通拥堵的国际经验与启示 [J]. 价格理论与实践，2012 (11).

费系统。新系统将公交服务和地铁服务进行整合，并统一收费。新收费系统则取决于交通工具和出行的总距离，对于进出首尔市区的乘客，车费仅按出行总距离收取，而不按乘坐的交通工具收费。在公交车前后门各安装一个读卡器，乘客前门上车、后门下车各划一次卡，读卡器可以记录乘客在本车的乘车里程。如果乘客是从其他公交换乘到本车的，读卡器可以进行里程累计，并按标准收费。为了支持按里程收费，IC卡可以自动识别站序。乘客上车时交通卡记录线路代码、站点位置、上车时间和乘客类型；下车时记录站点位置、下车时间、本次乘距、暂扣金额。由公交换乘地铁时，上车记录：站点位置和上车时间；下车则记录：站点位置、下车时间、全程乘距、最终金额。首尔政府以该系统为平台，贯彻多项公交优惠政策和措施，如统一公交和地铁按距离收费和免费换乘及多样化票制的收费管理；规范地面公交企业运营收支两条线管理，增强地面公交企业运营营收、政府实施成本补贴和考核奖励的公开化和透明化。

制定全面的公共交通服务质量考核标准。首尔政府制定的公共交通服务质量标准包括运行、服务质量、运营三个方面，其中运行管理考核指标主要有安全运行指数、运营中运行延迟车辆考核、企业员工工资指数、公共交通车辆管理系统等；服务质量考核指标有市内公共交通车辆服务满意度、市内公共交通车辆运行时刻表、柴油车辆污染度考核等；经营改善考核指标有引进天然气公共交通车辆数量、驾驶行业人工费节俭度、劳动关系争议及违反情况等。每一项考核指标都制定了详细的可操作性细则与量化办法。

通过公交改革，公交出行分担率达到了75%，公交事故减少26.9%，并且城市环境得到明显改善，得到了国际权威机构的肯定和赞赏，2006年获得了"国际公共运输协会革新政策奖"①。

第三，首尔通过征收道路交通拥堵费、自觉停车制度、加强停车管理以及违章处罚力度，实现交通需求有效管理。

道路交通拥堵收费。1996年11月，首尔市以《城市交通整备促进法》为依据，制定并实施了"首尔市道路拥堵收费实施条例"，目的在于抑制私家轿车在城市交通拥堵地区的使用率，并为改善公共交通筹集必要的财政资

---

① 顾尚华. 国外城市公共交通特色[J]. 交通与运输, 2013 (4).

金。实行特定区域"道路拥堵费"的征收,为了降低在拥堵区域私人小汽车的使用率,首尔对"南山一号隧道"和"南山三号隧道"等拥堵区域,征收对象为进入该区域的车辆(除公共汽车和三人以上车辆、残疾人车辆和公务车辆),征收费用为每次2000韩元(约合人民币12元),征收时间为工作日的7点至21点;小排量车(1000cc以下)和参与自愿停驶制度的车辆可享受50%的减免优惠政策,规定出台后,汽车通行总量大幅度下降,其中小轿车的通行量减少了53%。

机动车自觉停车制度。2002年韩日世界杯期间,首尔市民参加了强制的"尾号限行制度"。后来首尔以市民的自主参与意识为契机,将其发展为"主动参与减少交通量行动"的市民活动,由市民自行决定周一至周五中的任一停驶日,放弃驾驶私家车而改为利用其他交通工具出行。"自愿停驶制度"于2003年7月正式启动,实施对象为乘坐人数未满10人的非营业性车辆,凡是首尔市与首都圈地区的注册车辆都能获得由首尔市交通厅颁发的"自愿停驶电子标签"而参与该行动。参与该行动的车辆可获减免5%汽车税、减免50%交通拥堵费、优先获得停车位等优惠政策。假如已获得机动车自觉停车标签的机动车在一年之内三次没有按照约定在每周选择乘坐公共交通工具,韩国政府将依照相应的规定收回发放的机动车自觉停车电子标签,那么可以获得的相应权利也随之而取消①。自实行了机动车自觉停车制度之后,让广大市民来自主选择出行方式,85.7%的私家车主已经参与了这一自律公约,之前政府强制执行的机动车尾号限行制度,已不再做强制性的规定。据统计,此措施使市中心区的交通流量减少了11%,车辆通行速度提高了3%②。

停车管理。1995年,首尔市实施了不同地区适用有差别的附设停车场建设标准的方案,针对城市中心区和副中心区,实施带有限制性质的停车需求抑制政策;而对城市外围地区,实施维持现行水平或放宽停车场建设标准的方案,鼓励建设公用停车场,以此抑制城市中心区和副中心区的停车需求。停车场建设限制地区的面积为13.76平方千米,主要为商业区,相当于首尔

---

① 徐琮垣,陆化普.首尔市交通需求管理政策及其效果分析[J].综合运输,2009(4).
② 林敏.韩国首尔交通管理及启示[J].城市公用事业,2011(4).

市总面积的 2.3%。目前，首尔市还在有计划地扩大停车限制政策的适用地区。

严惩违章，保证道路畅通。首尔市政府还将市内主要的交通枢纽和主干线上安装了监控摄像系统，对敢于违章的驾驶者和步行者采取"零容忍，重惩罚"的措施；超速、压线更是难逃法网；对酒驾的处罚力度更为严厉，在被吊销牌照的基础上，还要再追加参加学习班的处罚；首尔的执法过程采取的是一种开放的方式，执法过程更加透明化，整个执法的过程都是以实际监控为依据，所以在韩国很少会出现当事人拒绝执行的案例。① 特别强调的是几乎很少见到交通警察在现场指挥交通，只有在道路交通拥堵无法解决的地段，才会有交通警察来指挥，而且警察对交通违法当事人进行的处罚和自身的业绩无任何的关联，使交通处罚显得更加具有合理性与合法性，所以广大市民更加容易接受，达到最终减少交通违法行为发生的目的。

六、新加坡：控制拥有与控制使用并重

新加坡位于马来半岛南端，被誉为"花园城市"，其国土面积有 716.1 平方千米，却拥有 539.9 万常住人口，人口密度高达 7588 人/平方千米，是世界上人口最密集的城市之一。新加坡国土面积小，人口密度大，机动车保有量高，但交通却非常顺畅，交通运行井然有序。从世界各国治理交通拥堵的状况来看，新加坡无疑是一个较为成功的国家，从控制汽车保有量到控制汽车使用等方面十分成功，取得了良好的效果。

第一，实施高成本定额拥车政策。买车必须先有拥车证，这对新加坡来说算不上首创，利用拥车证的杠杆作用调节城市汽车拥有量，有效地缓解交通压力，新加坡的做法恐怕是唯一的。为应对道路拥堵难题，20 世纪 90 年代末期，新加坡政府决定实行车辆配额制度。拥有限制方面的车辆配额系统措施，通过注册新车必须竞标拥车证的方式，以降低机动车的增量，从而将机动车的总量控制在道路网络容量合理标准之内。② 政府用以往道路交通状况、新增加道路里程、报废车辆数量等指标，确定本年度的配额数量，也就

---

① 张静. 对交警部门"非现场执法"的法律思考 [J]. 法制与经济, 2009 (14).
② 罗兆广. 新加坡交通需求管理的关键策略与特色 [J]. 城市交通, 2009 (6).

是拥车证;政府根据已定的拥车证数量,每个月向公众进行公开竞拍,除警察部门的巡逻车以外,不论是政府单位、外商还是个人,只有拥有"拥车权"的组织和个人才能够购买新车。竞拍成功者可以购买汽车(公共汽车和特殊用途的车除外),没有拥车证者不准注册登记、领取牌照,并持拥车证方可上路,拥车证的有效期为10年,10年之后如想继续使用汽车,需重新获得拥车证,否则汽车会被政府集中销毁。该项措施有效降低了新加坡私家车的增长率。此外,需要购买出租车,同样要进行公开、公平的抽签,只有少数中标者可获得购车的权利,出租车只能使用7年。2009年以前,新加坡的年车辆增长率保持在3%。然而,主管部门评估后认为,3%的增速还是过快,于是,从2009年开始,年车辆增长率被限定到1.5%的水平,到2012年8月,再下降到1%,而从2013年2月开始到2015年1月,设定的车辆增长率不得超过0.5%。① 通过车辆配额拥车证制度,控制机动车保有量的增加速度,使年度汽车增量与道路网络新增容量匹配,从根源上有效控制市区汽车流量。

在新加坡,需要购买拥车证的车辆被划分为了五类:A类汽车为排量在1600cc及以下的;B类汽车是排量在1600cc及以上的;C类是货车和巴士;D类是摩托车;E开放类,适用于任何种类车辆。在拥车证市场,根据汽车的类型和排气量大小,不同的汽车拥有不同的拥车证价格。拥车证由于政府管控数量严格,其较多市场需求决定了拥车证的价格是非常昂贵的。目前排量1升以下的小汽车"拥车权"价格在4万新元左右,而豪华小汽车的"拥车权"价格约为8万~9万新元。2015年时一张拥车证的年均价已达到10万新币(约合50万元人民币)。政府每月发出一定数量的拥车证。拥车证由公众投标,出高价者得之,而且不准转让。每张拥车证的有效期为10年。这样,新加坡由于车辆的数量得到有效控制,其交通拥挤大为改观。

不过,新加坡对于私家车的限制经验应当说是我国所难以复制的。新加坡国土面积大约是北京市面积的5%,加之高度发达的公交系统和高昂的购车代价,新加坡人对私人汽车的需求度很小。

---

① 陆绮雯,任翀. 新加坡经验:用经济杠杆缓解交通拥堵[J]. 决策探索,2014(7).

第二，征收高额的税费抑制机动车增长。新加坡通过收税和收费的经济杠杆，抑制民众对私家车的购买欲望。这些税费包括：拥车费、入口税、注册费（和附加注册费）、转让费（和附加转让费）、年路税（和附加路税）、燃油税等。例如，在新加坡，购买私家车不仅要被征收31%的关税，还要被征收高达140%的注册税附加的增收额，仅此一项就是购车款的1.4倍。从1992年7月起，所有销售的新车必须配装催化转化装置，购车者又需额外支付1200美元；同时新加坡明确规定了旧车使用年限，其中车辆使用寿命大于10年之后所缴纳的道路税需增加10%，超过14年的需增加50%。因此，与其他国家相比，新加坡的汽车使用成本要高得多。另外，小汽车的主人还必须按年度缴纳养路费。如此高额的税费使得汽车成为新加坡最为奢侈的消费品之一，也极大程度地抑制了多数民众购买汽车的欲望。这项严厉的政策，对缓减小汽车的增长起到了立竿见影的效果，严重的道路拥堵事件鲜有发生，同时征收的税费为城市发展公共交通事业、加强交通管理等提供了资金来源。"实现了交通环境的良性循环，创造了世界交通管理史上的奇迹"[①]。

第三，实施交通拥堵收费制度。新加坡属于重视并采取治理城市交通拥堵较早的国家之一。新加坡于1975年实施区域通行证制度，即划定一个近7.2平方千米的区域作为收费区域，每天高峰期进入该区域的车辆（除公共汽车和含驾驶员3人以上的小汽车）均要持区域通行证通过，主要用以限制车流进入较拥堵的中央商业区路段，当时共设有28个控制点，属于人工收费。该区域通行证可以按月办理，一个月60新加坡元，这项措施的实施，交通拥堵得到明显改善，平均车速从18千米/小时提高到35千米/小时，汽车合乘比例也明显提高。自20世纪90年代起，新加坡就使用了全自动的电子道路收费体系，其相比区域许可证具有更低的成本、更高的工作效率和准确率[②]。电子道路收费体系（ERP）可以自动地检测车辆到达的道路区域并对其实行收费，在不同的道路和不同的时间段分别设置不同的收费标准，比如对较为拥堵的繁华路段收取较高的费用，反之对相对顺畅的道路不收取任何的费用。除了错峰收费外，按照机动车的类型也制定了详细的收费政策，对

---

① 徐东云，张雷，蒋晓旭. 大城市中心效应地位与城市交通拥堵问题[J]. 北京交通大学学报（社会科学版），2010（3）.
② 罗兆广. 新加坡交通需求管理的关键策略和特色[J]. 城市交通，2009（11）：34.

重型卡车、轻卡、轿车以及城市出租车都做出了具体规定。"现行的做法是以小轿车的全天收费价格为基准,轻型货车为0.25倍,重型货车为0.4倍,超重货车为0.5倍,出租车约为0.3倍"①。ERP的效果有以下几个方面:一是从空间上调节交通流量,把通过性交通从区域中分离出来,变为绕行交通,限制车辆进入道路拥堵区和路段,保证交通流的均衡,提高道路运行效率;二是不停车收费使得车辆快速通过收费地段,降低了车辆在路上的延误;三是促使出行者调整出行时间,将高峰时期的出行压力转化到非高峰时段。通过实施电子道路收费政策,不但控制了道路的拥堵程度,也避免了部分道路出现少车行驶的道路真空状态,避免了道路资源的闲置浪费,提高了道路的服务水平。新加坡这一系统实行之后,在早高峰的拥堵路段,车流量明显地下降、车辆的行驶速度得到了提高、降低了交通安全事故的发生量,并且减少了汽车尾气的排放量,为政府节约了治理城市交通拥堵的财政成本。

以道路征费制度来控制交通需求这一措施,目前也被许多国家所采用。最先开始实行此政策的是新加坡,其治理措施的显著成效被各国相继采用并推广。

七、巴西库里蒂巴:引领世界快速公交系统

库里蒂巴为巴西的第三大城市。库里蒂巴的城市结构具有典型的单中心集中布局的特点,城市核心区呈现为轴向带形发展趋势。全市面积1562平方千米,却拥有277万的人口,人口密度达1773人/平方千米。其中市区面积432平方千米,人口159万,人口密度高达3680人/平方千米。

交通拥堵问题曾一度困扰着当地的政府。现今,虽然库里蒂巴的小汽车拥有率和公交使用率都领跑全国,但并不影响它成为联合国评选的"最适合人类居住的城市",公交系统好、垃圾管理好、环境保护好。有学者研究发现,这主要依赖三大关键城市问题的解决方案:快速公交系统计划、绿色空

---

① [日]山中英生,等.城市交通中存在的问题及对策[M].张丽丽,译.北京:中国建筑工业出版社,2009:115-118.

间计划和绿色交换计划①。"一个城市交通的国际典范——巴西库里蒂巴市整合公共交通系统"②，不仅有效地解决了自身的交通拥堵问题，还成为世界交通拥堵治理的典范与榜样。

巴士快速交通（Bus Rapid Transit，简称 BRT）是一种新型的大容量快速交通方式。该系统的基本特点是由巴士专用道（路）组成网络，行驶在这些道路上的都是载客在 200 人以上的大型巴士（铰接式），巴士专用道（路）形成的优先权确保乘坐巴士相对于其他交通方式更有吸引力，促使城市居民出行将乘坐巴士变成首选方式③。这种"快速公交系统"别具一格，介于轨道交通与常规公交之间。它和地铁十分相似，几辆巴士为一组，运行在专用的通道上。

巴西库里蒂巴市是一个没有地铁、完全依赖地面公共交通的城市，它的城市交通问题的解决也有赖于其独有的快速公交系统。这一独特快速公交系统的建立可以追溯到 20 世纪 70 年代。库里蒂巴从 1974 年起通过各种方式推行公交优先的城市规划理念，建立了以 BRT 为主体的公交网络。同年，库里蒂巴建成了最初的 20 千米公交专用道——南北轴线（库里蒂巴线性城市发展的最早骨架）。1978 年第三条快速路在东南方向开通，形成新的线性增长轴；1979 年一体化交通系统理念初步形成；1980 年，库里蒂巴建成了横穿市区、纵贯东西的交通优先主干道，使沿线几十个居民区和商业网点连在一起，这样一个以市中心为起点，向市区以外各方向辐射的城市公共交通动脉网逐渐形成。周围的市民只要乘上主干道的汽车，就可以很快到达市中心。日客流量超过了万人。1991 年，为了解决主干道之间的交通，库里蒂巴市在各主要交通枢纽之间开行了快速中巴。库里蒂巴市在建设公交优先主干道的同时，还开通了区间车，使各区域之间的乘客在不穿越市区的情况下快速往返，这样使市区交通的压力得到了缓解，同时主干道与区间线路也逐渐形成了集中公交网络。集中公交网络最大的好处是减轻了市区交通压力。1996

---

① 邓智团. 经济欠发达城市如何应对快速城市化——巴西库里蒂巴的经验与启示[J]. 城市发展研究，2015（2）.
② 段里仁. 一个城市交通的国际典范——巴西库里蒂巴市整合公共交通系统[J]. 城市车辆，2009（12）.
③ 何玉宏. 社会学视野下的城市交通问题[M]. 南京：南京出版社，2006.

年，库里蒂巴市又在多条线路上开行了双关节客车，改善了主干道的运力。同年，库里蒂巴市将其集中公交系统拓展到了整个市郊，这一措施为周围几个卫星城市的居民提供了交通便利。通过交通主干道，居民们只需换乘一次就可以到达市区，减少了往返市区的时间和费用。1999年，在原有的放射状公交网络的基础上，库里蒂巴市建成了以公交优先为主的环城高速路。一体化公交系统大体形成，使得城市沿着线性发展。目前，整个库里蒂巴的公交网络由390条线路和2000余辆各类公交车组成，主干道以快速公交线路为主，另有各支线号快速公交线路相连，形成全覆盖的、以快速公交系统为主的公交网络体系。目前巴士快速交通系统已成为全球公共交通业的一个发展方向。联合国、世界银行、国际能源机构以及公共交通国际联会等国际组织与机构都把巴士快速系统交通作为解决城市公共交通问题的一个革命性方案，积极地向世界各大城市推荐。

库里蒂巴市建设快速公交系统（BRT），是由于机动车发展过快，导致能源紧缺、能源价格昂贵，城市交通日益拥堵，城市环境恶化，快速公交系统被国际公认是应对上述城市交通问题的有效手段。世界上交通拥堵状况严重的城市，无论是发达国家还是发展中国家都正在纷纷实施快速公交系统。一个城市进行基础设施建设的核心思想，应该是提高居民生活质量和保护环境并重。发展建设公共交通系统，可以顺应以上两点需要。一个高效、可靠的公共交通系统，通过减少小汽车的使用率、减缓交通拥堵、减少车辆污染物排放、降低能耗，以及大容量地集散乘客，可以保护环境、节省自然资源、节约居民出行时间、保护公众健康、刺激经济发展、降低对原油的依赖、促进社会平等、维护城市和谐、加强社区凝聚力。

公交专用车道、专用大型双铰车、专门的管状站台组成的系统。其专用大型车一般四扇双门（如同地铁车厢门），可乘坐179人，乘客可同时上下（最长的车型25米，五扇双门，单车乘客容量达270人）。而管状站台已成为库里蒂巴市的标志，它是用钢塑制成的圆形建筑物，离地0.8米，与公交车厢底面持平，到站时其自动控制的双门与专用车的双门同时打开对接，方便乘客快速上下。管状站台外有升降设施，专供残疾人使用。乘客需购票进站候车。这样，整个系统就像地铁一样，节约了车辆停站和乘客上下及换乘时间。以上这些说来并不稀奇，也很容易做到，无非专车、专线、专用站台。中国许多城市早已有专用公交车道了，只是再增加专用车和专用站台而已。但我们在库里蒂巴市实地考察后，却发现这些设施只是构成快速公交系统的硬件而已，库里蒂巴市的这套系统得以实施，关键是其城市交通系统的配套软件非常先进、有效。

通过一票制，实现公交网络一体化。该市一体化的公交网络中包括几条高频率、高速度的主干直线以及与之相切的环线或支线。各个区域内的交通，由环线、支线解决。为适应乘客快速换乘的需要，网络中设有大、中、小的封闭换乘站（大换乘站系几十路车的始发或终点站，依靠大型天桥连接），乘客一票便可换乘到全市任何地方。

通过车票分离，实现了公交公司的共赢联盟。库里蒂巴市有1200辆公共汽车（其中170辆是双铰车）参与快速公交系统，每日运送旅客120万人次。这些车辆并不属于同一公司，它们之所以可以在同一网络上协同运营，据了解是因为库里蒂巴市快速公交系统实行车、票分营原则。即各公司的车辆只管在线路上跑，考核驾驶员的只是其运行里程。票款由票务公司统一收管，然后按各个公司车辆的运营里程分配。这样，不同的公交公司就可形成共赢联盟。结合我们的情况，如果也实行这样的系统，同一城市的公交公司或不同车队之间，便不会再出现恶性竞争的情况了。所有车辆都可在公交网络上实现快速行驶，既不会因等客而延迟，也不会因客少而慢行，目前公交客运中的一些痼疾便可清除。

通过道路和信号的合理调配，保证车辆快速运行。这里几乎所有道路都单向行驶，甚至中间有隔离带的主干道，也规定为单行，这就减少了车辆在各路口一半的信号等候时间；红绿灯实行大间隔智能调节，在主干线上的绿灯时间每次大约2分钟左右，各个路口绿灯依次亮、停。这两条措施协同发挥作用，就能保证车辆在一次绿灯期间快速通过5~6个路口，并迅速向左右分流（因为单行道，没有对面交叉行驶车辆）。即便车辆被一次红灯阻隔下来，下一次绿灯时也可快速通过。所以，有时会看到路上许多车辆在排队等信号，交通近乎拥堵，但一眨眼功夫，绿灯亮时，车队便消失得无影无踪。在这样整体快速交通环境中，城市公交自然也能提速了。

库里蒂巴的快速公交系统取得了很大的成功，成为世界城市效仿的楷模。他的成功不是一蹴而就的，"库里蒂巴成功的经验还在于，系统规划和设计思想的广泛传播以及民众和政府的大力支持"①，而是由各个方面的因素促成的。

高瞻远瞩的发展战略。库里蒂巴成功的前提是在城市规划的初期阶段就清楚地确定了城市的交通系统及其基本网络与土地利用，及城市演变的未来格局，并且在实践中不断完善规划。其中在土地利用上的深谋远虑应是第一位的。

规划的长期性、连续性。在一体化的交通规划与城市土地利用中，三个要素即土地利用、道路系统和公共交通的关系作为规划和实施过程中考虑的主线。库里蒂巴从1943年制定第一个城市总体规划到1965年制定的城市总体规划，都把城市未来发展的长远目标定位，且对规划不断地进行调整和补充，城市规划的管理和实施部门的建立和其职责的具体表明使库里蒂巴独特的城市总体规划得到了补充和实施。

政府控制规划和实施机制相结合。库里蒂巴对土地和交通的协调发展采取了一种自上而下的推动方式。政府在其中起着主导城市形态发展的作用。库里蒂巴市强调区域规划，在规划的初期阶段就明确地制定了以发展公共交通为主体的交通战略，并且在这一战略的指导下，确定了公交导向的土地利用结构，预留交通用地和开发用地，并通过详规上的控制来提高混合土地的利用密度。

强有力的土地控制和规划的实施。库里蒂巴城市规划制定，充分考虑了土地使用强度与已由城市结构相匹配的原则，其目标是调整小区划分和土地使用以使交通需求适应社会经济和城市的发展。具体而言，库里蒂巴城市规划中整个城市被划分成若干小区，每一个小区都根据允许的土地使用性质和土地开发强度确定了特殊的土地使用管理制度。

全社会对规划理念的认同、执行规划人员和领导一样对未来必须有一个明确的价值判断，协调土地利用与交通运输系统的关系，实现有利于可持续发展的观点上不可以模棱两可，这一点，库里蒂巴市已经做出了很好的表率。

---

① 邹哲. 巴西库里蒂巴的快速公共汽车运营系统［J］. 城市，2002（4）.

第二节 国内经验与借鉴

一、中国香港：享有盛誉的公交都市

香港是中华人民共和国特别行政区。它是以香港岛为核心、沿海环形分布、高楼大厦高度密集等为显著特征的一个国际大都市，全境由香港岛、九龙半岛、新界 3 大区域组成。2014 年人口达到 723 万，地域面积为 1104 平方千米，2100 千米的道路，65 万多辆车，密度大约是每千米 300 辆车，每一千人平均 0.3 千米道路，人车量大概是每 10.5 人一辆车，但当人们进入中心城区（包括香港岛中环、铜锣湾、上环、尖沙咀等）时发现，尽管道路普遍比较狭窄，但很少看见大面积堵车现象，并且有些道路上的车速非常之快，城市运行效率很高。香港的公共交通水平得到世人赞赏的原因有四：一是集约式城市环境所逼，二是体制相对齐全的管理机构，三是依托市场的巧妙运作，四是市民对产权意识的坚持，捍卫路权不懈。① 香港作为国际享有盛誉的公交都市，其成功经验主要体现在以下几个方面。

第一，多元化的公共交通方式。香港城市轨道交通、巴士、小巴士、电车、缆车、轮渡等方式出行，各种公交工具之间功能互补，共同承担城市交通的重任。香港车辆的通行量为 317 辆/千米/天。据统计，截至 2017 年 4 月，香港领有牌照的机动车总量为 75.36 万辆，每千米道路约有 347 辆领有牌照车辆。其中私家车 542539 辆，约占总量的 72%②，但只承担约 1/3 的道路交通出行量；城市公交车保有量 2.1 万辆，却承担超过 60% 的道路交通出行量。此外，全年共有 16 亿人次乘坐地铁，1.72 亿人次乘坐轻轨，0.72 亿人次乘坐电车，公交出行占全港日出行量的 90% 以上。这有赖于香港完善的公共交通系统支撑。

其中，城市铁路是香港公交的骨干。铁路系统是香港公共运输系统的骨

---

① 黄良会. 香港公交都市剖析 [M]. 北京：中国建筑工业出版社，2014：394.
② 来源新华网：http://www.xinhuanet.com/2017-06/24/c_1121202495.htm（2019-08-30）

干和使用率最高的公交,路线全长约 240 千米,由地铁(包括九条铁路线,分别为观塘线、荃湾线、港岛线、东涌线、将军澳线、迪士尼线、东铁线、马鞍山线及西铁线)、轻铁、机场快线等行车网络构成,总共 152 个站点,每日载客量占公共运输总载客量约 36%。有轨电车则是保留至今的一种传统、古老的公共交通方式,在现代化的香港国际大都市中,依然发挥着重要作用,这一服务主要在香港岛核心区东西向运行,全港总共有 164 辆双层电车,电车平均每日载客约 23 万人次。

其他陆路交通工具主要包括专营巴士、公共小型巴士、的士和非专营的居民巴士等。香港巴士分为专营巴士、非专营巴士和公共小巴三类。专营巴士是指巴士公司获得专营权,在特定的地域或路线排他性地经营公共巴士服务,相当于内地的常规公交。目前,香港共有 5 家专营巴士公司,拥有 5823 辆巴士,其中双层巴士占 94%,运营 630 条线路,日均客运量 377.6 万人次。专营巴士和小巴士是城市公交的主体,是全港载客量最多的陆路交通工具,每日载客量约占公共交通总载客量的 32%。非专营巴士主要是在一些不符合专营巴士和公共小巴运营效益的地区提供游览、酒店、学生、雇员、国际乘客和合约式出租等服务。公共小巴主要发挥辅助公交功能,每车 16 座,乘客较少及不适宜使用载客量大的专营巴士的地区提供服务,分为无固定路线的红色小巴和有固定路线的绿色专线小巴两类。除轨道交通与巴士外,香港公交系统还包括电车、出租车、渡轮及缆车。香港有 18154 辆出租车(同前,数据截至 2017 年 4 月),客运量 130 万人次,出租车分市区、新界、大屿山三地运营,通过车身颜色区分。香港唯一的有轨电车线路位于香港岛北岸,连接坚尼地城及筲箕湾,全长 13 千米,日均载客量 24 万人次。山顶缆车来往香港岛的中环花园道和太平山炉峰峡,全长 1.4 千米,日均客运量 1.2 万人次,主要是游客及本地观光客。除了去往一些重要景点有专门的游轮外,香港有 11 名渡轮营办商,合共营办 18 条领牌乘客渡轮航线,提供来往离岛以及港内线渡轮服务,成为游客和市民往来的重要补充选择。

公共交通线网分布均匀合理,其中轨道网络星罗棋布、公交巴士纵横交错、小巴负责联系城郊、出租车服务态度友好;综合"换乘点"全面布局,地铁、巴士、出租车等多种交通方式之间公共交通覆盖范围广,香港的各个居民小区和商务办公区域基本实现了公共交通的全面覆盖。公交智能化,公交巴士发车时间准、间隔短、极少存在延误；香港特别行政区政府的大力推进使得香港公共交通在配套设施、各种交通方式之间的衔接与联动等方面存在较大的优越性，吸引大量市民及外来游客使用公共交通的方式出行，其公交分担率高达 90% 以上，大力缓解了市区的交通压力。这种多元化、可选择、互动配合的公交方式，为提高香港的流动性、高效畅通提供了坚实的基础。

第二，成功的公交经营管理模式①。香港的公交服务全部由私营或公营机构经营，政府不直接介入，也不提供补贴等直接资助。香港特别行政区政府实施宏观管理，发挥市场调节及自由竞争的作用，放手让各公交机构按审慎的商业原则自主经营，公交机构、市民及公共财政的利益得以兼顾，也使香港公交事业得以可持续地健康发展。

政府主要履行宏观管理职能。政府最重要的宏观管理是对公交工具实行总量控制与价格监管。政府通过对巴士运营线路、渡轮航线实施经营专利权许可，对公共小巴、出租车牌照实行定额拍卖发放，有效控制各类公交工具发展总量。政府统一确定出租车等运营价格，审批巴士公司调价方案，通过官股代表对拥有自主定价权的地铁、九铁公司的定价决策实施实质影响，确保各类公交工具收费合理，保障市民根本利益。政府成立了高层次的咨询机构——交通咨询委员会，成立了优质巴士服务督导委员会、优质的士服务督导委员会等民间机构。各公交机构内部自发成立为数众多的商会和工会，政府充分利用这些平台，听取专家、学者、经营者及雇员、消费者等各方面的诉求，协调各方利益，维护各方合法权益。政府还推动各项有关公交的立法，政府出台任何公交政策，首先会争取在立法会立法以取得法律依据，做到依法行政和严格执法。

充分发挥市场调节作用。市场调节的一大作用是让社会资金能自由进入公交领域投资，使公交发展始终有充足的资金保障，政府既不用掏钱投资公交，也不用背上给公交补贴等财政包袱。市场调节的另一个重要作用是保持各种公交服务之间、每种公交服务内部的自由竞争，防止垄断产生暴利及损害消费者和业者的利益。比如地铁与地面交通就存在竞争，将军澳地铁支线

---

① 黄海. 香港公交的国际经验 [N]. 瞭望新闻周刊，2006 - 07 - 24.

通车后，营运与地铁走向重叠线路的巴士公司就立即减价争客。

各公交机构按审慎的商业原则自主经营。香港无论私营还是公营公交机构，都实现了全面盈利，这在世界各地是绝无仅有的。香港地铁成为全球商业上最为成功的地铁，得益于"铁路与物业综合发展经营"的盈利模式。票价收入、车厢车站广告、电讯、商务等年收入，在开发地铁时，同时向政府购得车站上方及附近土地的开发权，与地产商合作建设大型住宅、写字楼、商场，出售和出租获取巨额利润，同时利用雄厚的技术实力为世界各地的城市开展地铁咨询业务，进军内地及欧洲地铁市场，投资地铁建设，开辟新的盈利渠道，实行严格、科学管理，有效控制成本。

第三，优惠公交价格体系。成本与价格，始终是城市公交高效运行的基本分析要素，之所以香港市民喜欢选择公交出行，与其价格优惠措施具有紧密关系。香港各类公交普遍实行的优惠价格政策，让市民得到了很大的实惠。例如，香港地铁有八达通、单程票、旅客票等多种形式，地铁收费分成人及特惠两种，对12岁以下小童、65岁及以上长者、12至25岁全日制学生采用特惠票价。公交巴士和电车票价也实行针对不同群体的优惠政策，如电车成人车费为两元三角，12岁以下小童为一元二角，年满65岁长者的车费则为一元一角。在此基础上，香港劳工及福利局制定了"长者及合资格残疾人士公共交通票价优惠计划"，规定从2014年5月18日开始，十二岁以下合资格残疾儿童也可享用该优惠计划，让长者和合资格残疾人士（65岁或以上长者；65岁以下残疾程度达100%的综合社会保障援助计划受助人；以及65岁以下的伤残津贴受惠人），可以在任何日子和时间以每程2元的优惠票价，乘搭港铁一般路线、专营巴士及渡轮，从而鼓励他们融入社区，建立关爱共融的社会。

第四，严格的公交执法体系。依法严格处置诸多违法事件，是香港城市治理的有效手段和重要保证。在公共交通的秩序和运行中，香港的相关法规以及警务处的严格执法，发挥了十分重要的作用，包括实行加大违法处罚力度、大量的单向行车、电脑路口灯号调控、局部限制沿线停车等措施。例如香港法律明确规定，没有出租车牌照的私家车有偿载客，就是违法，初次违反罚款5000港币，并处以3个月的监禁；第二次被抓处罚翻番，监禁6个月、罚款10000港币，更严重的是，违法成本不仅停留在法律层面上，违者的记录将被保险公司作为参考,黑车司机将面临买不到保险的境地。对于乘坐黑车的乘客来说,同样可能付出代价,如果黑车发生交通事故,乘客将不可能得到保险公司理赔。因此,在香港,"黑车"已经成为一个历史名词。尽管整体秩序较好,但当前香港的路面违法状况有进一步恶化的迹象,违规停车、乱穿马路有所增加。对此香港警力向地方当局建议提高处罚额度,由现时 320 港币罚款增加至 500 元或 1 倍。

二、上海：政策导向与管理导向的一体化交通

上海是中国的经济、交通、科技、工业、金融、贸易、会展和航运中心,国家中心城市,首批沿海开放城市,也是世界上规模和面积最大的都会区之一。上海港货物吞吐量和集装箱吞吐量均居世界第一,是一个良好的滨江滨海国际性港口。上海也是中国大陆首个自贸区"中国(上海)自由贸易试验区"所在地。上海地处长江入海口,是长江经济带的龙头城市,上海辖 16 个市辖区,总面积 6340 平方千米。统计显示,2015 年末上海市户籍常住人口 1433.62 万人,外来常住人口 981.65 万人。上海已形成由铁路、水路、公路、航空、轨道等 5 种运输方式组成的,具有超大规模的综合交通运输网络,上海市已形成了由地面道路、高架道路、越江隧道和大桥以及地铁、高架式轨道交通组成的立体型市内交通网络。上海市于 2002 年和 2013 年分别编制了《上海城市交通白皮书》。2013 版《上海城市交通白皮书》主要是针对当时交通需求急速增长和 2020 年总规发展新要求,继续继承"建设国际大都市一体化交通"的理念,同时在推进国际航空中心建设和加强交通文明发展建设方面,形成了明确的要求和措施①。对上海城市交通进行了综合一体化规划,使上海城市交通取得了较大的成绩,其经验值得借鉴。②

第一,合理控制城市规模,优化城乡空间布局,强化交通对城市发展的引导和支撑,是实现交通与城市协调发展的根本举措。

控制城市发展规模。合理控制人口规模,引导中心城人口向郊区有序疏解,促进新城、新市镇人口的集聚;控制建设用地规模,节约集约使用土

---

① 陆锡明. 漫谈上海交通白皮书 [J]. 交通与运输, 2018 (6).
② 参见:上海城市交通发展白皮书 (2013 版).

地，提倡用地功能适度混合；控制建筑总量，优化住宅、商业与办公建筑布局；优化城市功能和产业布局，推进重大产业项目、重大基础设施、优质社会事业资源向新城倾斜。

强化交通对城乡空间布局的引导和支撑。建立以公共交通为导向的城市发展模式，统筹城乡空间布局、功能分区、用地配置和交通发展；重点加强轨道交通对优化城市空间布局和促进土地综合开发的作用，提高土地开发效益和交通设施运行效率；整合既有交通资源，提升以轨道交通为主体的公共交通整体服务能力，优化中心城路网结构功能，强化交通需求管理；加强重点项目与功能集聚区的交通规划，增强交通服务支撑能力；加快编制新城综合交通规划，形成相对独立、功能完善的综合交通体系；构建新城公共交通系统，因地制宜发展快速公交或现代有轨电车等大容量地面公共交通；打造高品质的步行和自行车出行环境；研究中心城周边地区发展的功能定位，进一步明确交通发展要求；改善重点地区交通功能，完善交通项目建设的保障机制，确保交通设施规划落地。

加强交通规划与城乡规划的统筹协调。健全完善跨部门协调机制，强化各层次城乡规划与交通规划的统筹协调；结合城市总体规划修编，同步修编综合交通体系规划，重点明确轨道、道路、枢纽等重大交通骨干设施的发展要求；研究制定交通规划导则，结合规划编制单元，深化地区交通规划，细化交通设施的布局安排、配置要求、用地规模等要素，为规划编制和交通建设提供依据；在控制性详细规划阶段，强化重点地区和交通敏感地区的交通专项规划的同步编制，将地区交通条件作为确定用地开发的重要因素；落实建设项目交通影响评价制度，并作为重大项目实施的前置性条件；严格按规划落实各类交通设施用地，优先保障公共交通设施用地需求。

第二，优先发展公共交通。根据客流特征，因地制宜地选择公共交通的发展模式，强化轨道交通与公共汽（电）车网络的融合，保障公共汽（电）车的优先通行权，提高公共交通系统的整体效率。

强化轨道交通的骨干作用。修编轨道交通网络规划。完善轨道交通服务功能，提高中心城轨道交通网络密度和站点覆盖率，加强轨道交通对重点发展地区和规划人口导入地区的服务和支撑；积极发展市郊铁路，加强铁路系统与城市轨道交通的网络融合和功能互补；推进轨道交通建设，形成800千米以上的轨道交通运营网络，根据运营组织需要，持续开展轨道交通功能性改造，加强既有线路设施设备运行质量评估，加大设施设备专项和大修改造力度；优化轨道交通运营组织，加强客流动态趋势研判和引导，合理调整运能配置，努力缓解轨道交通高峰时段客流拥挤矛盾；加强轨道交通站点交通配套设施规划、建设和管理，推动轨道交通站点与公共汽（电）车、出租汽车停靠、小客车停车换乘、非机动车停放等配套设施的同步规划、同步建设和同步运营。

提升公共汽（电）车服务水平。大力推进公交优先道建设，力争形成500千米规模；加强运行监管和执法，提高公交优先道运行效率，确保拥挤路段高峰运行车速高于相邻车道社会车辆；结合轨道交通网络规划，依托公共汽（电）车客流走廊，因地制宜地采取现代有轨电车、快速公交等多种方式，形成基于路权优先的公共汽（电）车骨干线网；完善新城公共交通系统，逐步构建以快速公交或现代有轨电车为骨干的公共汽（电）车网络；结合城市发展，加密公交线网，扩大公交线路的服务范围，内环线内公共交通站点300米半径全覆盖，内外环间、新城、新市镇实现公共交通站点500米半径全覆盖，所有行政村公交通达率达到100%；以居住区为重点，合理布设连接轨道交通站点、公交枢纽等公共交通设施的驳运线网，完善车型结构，方便市民交通换乘；完善公交线路调整机制，以方便大部分市民出行需求为原则，加强科学论证，推进线网优化调整；同步建设公共汽（电）车枢纽站、停车保养场、首末站、港湾式停靠站、候车亭等配套设施，保持合理布局；加快公交车辆更新，不断优化车辆结构，加快发展节能环保、安全性能高、乘坐舒适的车辆；建立和完善区域经营竞争机制，营造适度竞争的公交企业运营环境。

推进客运交通枢纽建设。结合铁路客站、轨道交通、大型居住社区、新城和新市镇、重点发展地区和大型旅游项目同步建设客运交通枢纽，改善换乘条件，促进各种交通方式的紧密衔接；以客运交通枢纽为载体，进一步整合用地开发与交通功能；对新建客运交通枢纽设施的地上、地下空间，按照市场化原则推进土地综合开发；对现有客运交通枢纽设施，支持原土地使用者在符合规划且不改变用途的前提下进行立体开发，收益用于设施建设和弥补运营亏损。

促进出租汽车行业健康发展。在轨道交通、公共汽（电）车服务功能不断完善的前提下，优化出租汽车使用功能，满足公众个性化和特殊交通出行需求，提供多样化的服务；综合考虑市场供求状况和里程利用率等因素，合理调控出租汽车总量规模，并坚持区域性出租汽车营运政策；优化出租汽车营运服务方式。加强电调平台、候客站点等配套设施建设，引导智能终端有序推广应用，减少空驶里程；优化出租汽车经营权管理，推行无偿有期限经营，建立完善经营权退出机制。

完善公共交通票价票制。优化公共交通票价票制，建立完善公交行业成本规制和行业考核监管体系，科学合理制定公共交通票价，完善票价形成机制；坚持并完善以常乘客为主要对象的优惠票价政策，鼓励企业推出多样化票制；研究完善出租汽车运价形成机制，保持合理的交通出行比价关系。

第三，改善步行和自行车出行环境，倡导绿色出行、建设宜居城市。保障步行和自行车交通的基本路权，营造安全、便捷、舒适的出行环境；充分发挥步行和自行车在中短距离出行和公共交通接驳换乘中的主体作用，并加强与城市功能、景观、绿化的融合。

提升步行交通品质。保障人行道畅通。结合新城建设、旧区改造、环境整治，持续完善人行道系统。优化人行道上市政设施布设，规范自行车停放，加强对沿街商铺、无序设摊、违法停车等占用人行道行为的管理。推进人行连廊和通道建设。重点围绕轨道交通站点，推进建筑物之间的人行连廊和通道建设，构筑立体步行系统。研究制订相关政策，鼓励各类开发主体建设人行连廊和通道，并加强后期管理维护。保障行人过街安全。完善行人过街设施，优化行人过街信号配置。加强道路、建筑物及其他公共空间无障碍设施的对接，保障无障碍交通的连续性。在商务区、滨水区、历史文化风貌区等特定区域内，试点设置小客车禁行区或限速区，道路空间资源优先用于步行、自行车和公共交通。推动安宁社区建设。优化居住区步行和自行车交通组织管理，减少小区机动车出行及停放对步行、自行车交通的影响和干扰。

改善自行车出行环境。完善自行车出行路网。构建系统、连续的自行车道网络，在机动车与自行车之间干扰较大的道路增加隔离设施。在新城、大型居住社区和重点地区的建设过程中，规划设置相对独立的自行车出行网络。加大对路边违法占用自行车道停车行为的查处力度，保障自行车道的有效宽度和通行安全。商业、办公、居住、交通、旅游等建筑物应严格按照停车配建标准要求配置自行车停车设施。鼓励自行车换乘公共交通。加强轨道交通车站等交通设施的自行车停车值守管理，研究自行车换乘轨道交通实施停车费优惠政策。有序发展公共租赁自行车。鼓励各区（县）以优先满足公共交通换乘需求为目标，结合轨道交通站点、交通枢纽、商务楼宇、旅游景点等发展公共租赁自行车系统。研究出台公共租赁自行车系统的制式标准和服务标准。鼓励各区（县）围绕公园、绿地、林荫道路和旅游景点，因地制宜地建设方便市民健身和休闲出行的自行车道路。

引导电动自行车合理使用。在本市生产、销售、使用的电动自行车应当符合有关国家标准。对电动自行车实行产品目录管理制度，未纳入产品目录的电动自行车不得在本市销售和登记上牌。在本市道路通行的电动自行车必须取得本市非机动车牌证。强化对不符合国家标准和无牌电动自行车违法上路行驶的查处力度。研究制定老年人代步车等新型交通工具的管理措施。

第四，实施差别化的停车供给、收费和管理政策，对缓解"停车难"矛盾、引导小客车合理使用、促进动态交通与静态交通协调发展具有重要作用。停车泊位供应以配建停车为主、公共停车为辅，严格控制路内停车，鼓励社会停车资源共享使用。统筹平衡停车与行车的关系，发挥停车对道路交通的调控作用。

加强停车规划调控和设施建设。优化调整停车管理调控分区。制定完善与之相适应的停车设施供应和管理政策，适度满足基本车位，从紧控制出行车位。滚动修编并落实停车配建标准。适度提高居住区、医院、学校、大型商业设施等停车配建指标。强化建设工程配建停车设施设计审查及竣工验收机制，确保停车配建标准作为强制性审核指标得到有效落实。推进社会公共停车场建设。加大政策引导和扶持力度，支持公共停车场（库）建设和运营管理。优先支持和推进停车矛盾突出的居住区、医院、学校等周边的公共停车场建设。结合轨道交通站点合理规划和发展停车换乘（P+R）设施，同步完善道路及标示等配套设施，提高利用效率。科学设置路内停车泊位，加强路内停车管理。推行路内限时停车制度，提高路内停车泊位的利用率。

完善停车管理措施。缓解居住区停车矛盾。规范居住区内部泊位挖潜及改造。制定居住区周边道路夜间时段性泊位设置标准。建立完善停车设施共享利用的协调机制，鼓励利用路外停车场错时停车。改进医院、学校、大型活动等临时停车管理。根据道路条件，因地制宜地增设临时性道路停靠点，完善引导标示，加强交通组织管理。根据"区域、时段、路内外"等不同类别，深化差别化停车收费管理机制。统筹协调各类停车场（库）定价形式，逐步形成以市场为导向的公共停车场（库）停车收费管理机制。

第五，加强交通文明建设。弘扬现代交通文明意识，坚持教育引导与严格执法并重，全社会共创交通文明，形成文明礼让、遵章守法、绿色环保的出行习惯和行为规范，交通参与者交通出行的安全意识、法制意识和环保意识明显增强，城市交通文明程度显著提高。

积极培养市民交通文明意识。持续加强文明交通宣传和教育。完善文明交通公益广告播放长效机制，将交通安全媒体公益宣传教育纳入免费公益宣教计划。充分发挥中小学、驾校等单位和专业协会等社会组织的宣传教育作用。推进区（县）交通安全宣传教育基地和社区交通安全宣传教育场所建设。继续推进全市文明交通示范创建活动。扩大文明路口、路段和火车站、长途客运站、机场、码头等区域的示范效应，完善综合文明指数测评工作，稳步提升全市文明交通程度。加强交通志愿者队伍建设，建立健全文明交通志愿服务长效工作机制。倡导文明交通行为。组织开展"守法礼让、文明出行"主题活动，引导市民自觉摒弃交通陋习，坚决抵制危险交通行为。研究出台市民交通文明行为准则。培育绿色循环低碳交通意识。结合"全国节能宣传周""全国低碳日""无车日"等活动，开展形式多样的绿色循环低碳交通宣传，使绿色循环低碳发展成为全行业和社会公众的自觉行动。完善交通无障碍设施建设，改进服务水平，方便残疾人、老年人、儿童、孕妇等群体出行。

加快推进交通行业文化建设。完善交通行业制度规范。建立健全从业人员行为规范，明确交通从业人员行为准则；建立科学规范的内部制度体系，完善职业道德规范、岗位行为规范和文明服务标准。推进交通行业诚信体系建设。加强企业诚信体系建设，将日常查获运输单位违法违规行为、安全事故等纳入诚信考核，将考核结果与运输单位资质审查、企业安全生产标准化建设达标、客运线路招投标、运力投放以及保险费率、银行信贷等挂钩。逐步将个人交通违法违规行为纳入社会诚信体系。深入开展交通行业文明建设活动。将交通行业价值体系贯穿文明行业、文明单位、文明窗口（班组）、文明职工的创建过程。将"市民满意"作为创建宗旨，持续开展环境文明、秩序文明、服务文明和礼仪文明的综合性创建活动，不断提升窗口服务质量。增强公共汽（电）车、出租汽车、货运车、长途客车以及城市建设维护各类作业车辆驾驶员的文明驾驶、文明服务意识，积极发挥示范导向作用。

　　总之，上海加强政策引导，强化交通与城乡空间的统筹发展，强化公共交通优先发展，更加注重小客车需求调控，更加注重绿色交通发展，更加注重精细管理，推动上海交通转型发展。① 上海城市交通发展进一步凸显《上海城市交通白皮书》的指导意义，彰显城市交通发展中"交通政策顶层设计的战略意义与关键作用"②。

---

① 汤志平. 加强政策引导，推动上海交通转型发展［J］. 交通与运输，2013（6）.
② 陆锡明，顾煜. 交通政策顶层设计的战略意义与关键作用——《上海市城市交通白皮书》十五年历程启示［J］. 城市交通，2013（5）.

第五章

城市交通治理路径：制度设计与政策制定

制度是一定组织在某种活动领域中的基本规范的综合系统。换言之，制度是社会中最稳定、最基本的那部分规范，其作用在于保证社会的正常进行。现代社会主要有五种社会活动领域：经济、政治、文化活动与公共服务、私人生活。[①] 与此相应形成五种制度：经济制度、政治制度、文化制度、公共制度和私人制度。交通制度属于公共制度。而通常认为，政策是国家机关或政党在特定时期为实现或服务于一定社会、政治、经济、文化目标下所规定的行为准则。美国政治学者 H. D. Lasswell 和他的同事将"政策"从一种零散的、经验性的状态并成了科学的概念。他们指出，"政策是通过运用正确的、符合规律的、反映实际的方式和方法，有效地解决人类社会所面临的各种实践问题。"[②]

从广义上讲，制度、政策都属于制度范畴，两者既相互区别，又密不可分。制度制约政策，同时，政策又对制度的巩固与发展，起着积极的促进作用。制度具有全局性、强制（约束）性、长期性：它与社会秩序之间存在"选择性亲和关系"，即虽然一种"制度"未必产生某种秩序，但一种社会秩序的产生，必定依凭某种制度；政策则具有导向性、时效性和阶段性：它常常表现在一定时间内的历史条件和国情条件下，所推行的现实政策，有时是针对某个制度具体设计，旨在为之设定具体的操作规则。

[①] 宋林飞. 现代社会学 [M]. 上海：上海人民出版社，1987：188-189.
[②] H. D. Lasswell, A. Kaplan. Power and Society. N. Y. : McGraw - Hill Book Co. 1963.

第一节　城市交通治理要从制度顶层设计入手

一、交通制度的萌芽与演变

交通管理虽然是现代交通发展的产物，但作为其内核的交通规则却可以追溯到商、周时期，并伴随着古代交通运输的发展而萌芽生长。中国古代城市的兴建，往往首先是出于政治、军事上的需要，规划制度集中体现了统治权威和尊卑有序的礼制思想，城市的居民主要是官吏、地主、军士以及其他消费人口。古代城市发展总的特点，与中国奴隶社会及封建社会整个时期中社会经济的特点是分不开的，城市中至高无上的权威是统治阶级，因此与儒家思想相结合的封建礼制和等级观念支配着城市规划思想及城市交通的规划发展。

（一）古代交通制度的萌芽

据史料记载，夏禹时期夏朝的属国——商的国王相土发明了马车，汤的七代祖王亥发明了牛车。商代还设置了管理车辆制作与运行的官员——车正，此人名为奚仲。[①] 周代在总结都邑建设经验的基础上，制定了一套营国制度。这套制度内涵颇为全面，有都邑建设理论、建设体制、礼制营建制度、都邑规划制度和井田方格网系统规划方法。在春秋战国的百家争鸣诸子的著述中，也有一些有关城市规划的新观念，如管子强调"城郭不必中规矩""道路不必中准绳"等，但总体上来说，整个封建社会的城市道路网并未摆脱以经纬涂制为核心的传统体制。《周礼》是一部记载典章制度的书籍，其中关于交通制度颇有具体的论述。它描述的是一种理想的交通制度，在当时并不能完全实行。

在周代，已开始设置道路守卫和交通管理官员——司空官。《周礼》中对于车的使用制度也有规定，不同阶级、不同场合用不同的车。据《周礼》记载：周时路分五等，小路为"径"，只能走牛马；大一些的为"畛"，可行

---

① 林一叶. 中国古代陆上交通［M］. 南京：南京图书馆藏图书, 55.

走车辆；大路为"涂"，可行驶乘车一轨；再大些的为"道"，可行驶乘车二轨；最大者为"路"可行驶乘车三轨。都城内的道路及都城外围和通往诸侯国的道路则更为宽阔①。周代还出现了简单的道路法规和交通法规。如规定设置交通标志，规定在道路行走时男子从右，妇女从左，车从中央以及夜间禁行等；或规定"贱避贵、少避长、轻避重、去避来"②。尽管其中明显体现了封建伦理纲常，但客观上具有指导出行活动、规范流通秩序、减少交通冲突和提高运输效率的功能，可以看作是交通规则的雏形。但此时的道路通行规定仍显简陋，且仅作为"礼"的一部分散见于礼制文献中，并未脱离而成为专门意义的交通规则。

汉代国力强盛，道路修筑和养护水平已达至一定水平。世界上最早的公共交通系统始于西汉，当时公共马车是朝廷的特别交通设备。朝廷还专门设有一个叫"尉曹"的部门来管理公共马车。

至唐宋时期，随着商贸活动的日渐发达，交通工具使用频繁且混杂，既有车、船，又有轿子、牲口，导致交通秩序十分混乱。唐朝政府开始注意到这个问题，于是创设《仪制令》，以规范通行秩序，这就是我国历史上第一个专门意义上的交通规则。到了宋朝，宋太宗颁布诏书，令京都开封及各州在城内主要交通路口悬挂木牌，上书《仪制令》作为交通规则，人人都要遵守。南宋时期，这一交通规则由各州扩大到各县，而且由悬挂木牌发展到刻石立碑永久示人。

纵观我国古代的道路交通管理体制，随着社会生产力发展的需要而日趋复杂和完善，它依据国家力量的强制手段来调整道路交通参与者之间的关系，并出现了驰道制度、人行制度、车舆制度、路税制度等多种车辆和道路的使用制度，用以约束道路使用者的出行活动。就交通工具、交通设施、交通动力（主要是人力和畜力）、交通管理而言，各朝的发展除了量的变化外，并无大的质的突破。

中国公元前 11 世纪左右建立了一套较为完备的、具有华夏文化特色的城市规划体系，随着社会演进，虽曾经几度革新，但营国制度之礼制实质并

---

① 朱文光. 道路交通社会学 [M]. 济南：山东人民出版社，1993：50.
② 参见：《仪制令》。

未改变。古代尊卑有序的礼制，就像一条红线一样，始终贯穿在整套营国制度中，也是古代交通政策制定的指导思想。

(二) 近、现代城市交通制度（政策）的演变

如前所述，古代中国交通规范自商朝至清末以唐宋时期的《仪制令》最为典型，并一直沿用至清末。20世纪初，清朝政府又制定了《交通暂行规则》，对车轿规定了简单的通行规则。自清末至新中国成立，虽然仍以非机动车为主要交通工具，但同时也出现了机动车，特别是到了20世纪30年代中期，机动车数量不断增加，各地纷纷成立警察局兼管交通，有的地方还成立了专门的交通警察队。随着运输工具的种类增多，其速度差别较大，道路拥堵现象及交通事故经常出现，促使道路交通管理向现代化方向起步，逐渐开始应用信号灯与交通标志辅助管理道路交通。1934年，国民政府内务部制定公布了《陆上道路交通管理规则》，对车辆、驾驶人、行人、停车、车辆载重、车辆肇事、道路、道路标志、畜力车等做了规定。1939年，国民政府交通部核准发布《汽车管理规则》和《汽车驾驶人管理规则》，明确了对各类车辆及驾驶人的管理。[①]

近代城市交通机动化程度有了一定的发展，仍然是公共交通（以有轨电车为主）和私人交通（以马车为主）相互补充、协调发展的阶段。在这个阶段，城市交通政策仍主要是以交通管理政策为主，只是比起古代来说要更复杂，并无质的变化。

欧洲在18世纪前后出现了出租马车，至19世纪开始形成城市公共交通系统，有轨电车成公共交通的主宰，无轨电车开始萌芽。后来小汽车由于机动性好和舒适等优点，使有轨电车等公共交通开始走下坡路。无轨电车和地铁虽然在一定程度上缓和了资本主义国家公共交通事业衰退的过程，但无法逆转公共交通事业在这些国家走向萎缩的局面。

1898年霍华德发表的《明日的田园城市》认为，个人流动的主要手段将是步行和铁路。虽然这种交通思想对于后来的城市交通的发展并不完全适用，却表达了其对城市交通的朴素理解和愿望。

---

① 杨钧，李江平，王京，等. 道路交通科学管理概论 [M]. 北京：中国人民公安大学出版社，2008：25.

从《雅典宪章》到《马丘比丘宪章》的城市规划思想的演变，可以反映出现代城市交通政策思想的演变进程。这两个纲领性文件反映出西方发展小汽车的历史。前者是鼓励发展私人小汽车，而后者则认真总结了经验，提出私人汽车从属于公共交通的观点。

1933 年国际建筑协会提出的《雅典宪章》指出，城市应按居住、工作、游憩进行分区及平衡后，再建立三者的交通联系。关于城市交通，最重要的观点是应考虑适应机动化交通发展的全新的道路系统，即城市应适应汽车的发展。《雅典宪章》中写道："摩托化运输的普遍应用，产生了我们从未经验过的速度，它激动了整个城市的结构，并且大大地影响了在城市中的一切生活状态。因此我们实在需要一个新的街道系统，以适应现代交通工具的需要。"《雅典宪章》认为，对于汽车的发展，目前的街道已不适应机动化的发展，须建立一个符合现代交通需要的新街道系统。①

1977 年的《马丘比丘宪章》，回顾了《雅典宪章》的实践结果，并对它做了修改和更新，指出了城市规划在新的形势下适应时代变化的指导思想。《马丘比丘宪章》在"城市运输"一节的论述修正了《雅典宪章》把汽车看作是交通的决定因素的观点，认为"将来城市交通的政策显然应当是使私人汽车从属于公共交通系统的发展。公共交通是城市发展规划和城市增长的基本要素"。宪章还指出："交通系统是联系市内外空间的一系列的相互连接的网络，其设计应当允许随着城市的增长、变化及形式作经常的试验"，即城市交通系统须与城市土地使用相协调的思想。"雅典宪章很明显把交通看成城市基本功能之一，而这意味着交通首先利用汽车作为个人运输工具。44 年来的经验证明：道路分类、增加车行道和设计各种交叉口方案等方面根本不存在最理想的解决方法。"②

通过这两份纲领性文件在指导思想上的变化，可以看出城市建设中对私人交通工具，尤其是小汽车发展的态度。但从"让城市适应小汽车"到"私人汽车从属于公共交通系统的发展"，让城市的发展为此付出了巨大的代价。

（三）汽车时代交通观念的转变

城市进入汽车时代后，人们一直不断思索如何处理人车关系，随着时代

---

① 参见国际建筑协会：《雅典宪章》，1933.
② 参见国际建筑协会：《马丘比丘宪章》，1977.

发展，有关理论和思想也在不断演变。

1. 布恰南报告与"人车共享"观

第二次世界大战以后，机动化的大发展带来的弊端促使德国和英国在道路交通政策中开始考虑有关步行的问题。

20世纪60年代初期，英国发表了布恰南（Buchanan，又译布坎南、布恰兰等）报告。布恰南报告是以布恰南教授为首的小组在1963年对交通运输大臣提出的题名为《城市交通》（Traffic in Towns）的报告书。报告揭示了整个城市的交通问题，包括环境标准问题、机动车可达性问题和财政资源的可利用性问题，第一次提出大规模的道路建设可能会对城市结构的影响，第一次将城市环境和小汽车的可达性相结合。

报告在英国引起了巨大的反响和争议，布恰南认为机动车是一种有效的交通手段，但他指出，如果不采取限制措施或城市不进行重建，原有的城市环境就会受到影响。这种观点后来被误解为赞成大规模的道路建设，保证城市区域小汽车的最大使用。受布恰南报告的启发，人们进一步认识到现代城市不仅需要方便、安全且迅速的现代化汽车交通系统，也需要与人的需求相适应的轻松、自然且有助于身体健康的步行交通系统。

20世纪80年代后，出现"人车共享"理论：通过整合各类交通使他们和谐相处，为所有的道路使用者改善道路环境，使街道中步行者和机动车能够平等共存，减少步行者、骑车者和机动车之间的冲突，也增强沿街商业的经济效益。至此，人与车辆平等共存的概念逐渐取代了人车分离的观点。①

2. "交通安宁"理论

1981年，Donald Appleyard在其著作"Livable Streets"中，将城市道路称为"城市环境中最重要的部分（the Most Important part of Our Urban Environment）"，他写道，"现在到了我们关注道路空间的时候了，我们的孩子赖以成长、成年人赖以生活、老年人赖以安度晚年的道路空间将会变成怎样？"②

---

① 人车分流是为了提高车行效率，同时解决人车混行的安全问题，符合《雅典宪章》的城市功能分区理论，是一种将复杂问题进行简单分解归类，并以"车"为主导的思维模式。

② Donald Appleyard. Livable Streets，Berkeley：University of Californi a Press．1981.

出于对机动交通环境的厌倦，人们开始采取不同的措施尽量减少机动交通对城市环境的干扰，于是形成了一个重要的运动"交通安宁"（traffic calming）。由于1963年布恰南发布的"城市交通"报告中"第一次代表官方承认了机动交通对城市造成了威胁"，所以布恰南被许多欧洲国家奉为"交通安宁理论的创始人"。但是比起当时的做法，布恰南提出的交通安宁措施被认为是"短视的（shortighted）"，所提出的方法是重塑城市结构以适应小汽车的需要（Reconstructed to Accommodate the Automobile），仅仅是在社区中才呼吁采取限制小汽车进入。

从20世纪70年代中期起，"交通安宁"已成为专门术语，但其内涵界定却十分模糊，至今仍未有统一定义。有人归纳为三个"E"：交通教育（education）、交通法规（enforcement）、工程措施（engineering）。尽管众说纷纭，但通过"交通安宁"，使街道能达到居民可接受的环境质量标准，以规定容许通过街道的交通量是大致相同的。不是道路适应交通无限增长的需求（包括大量本可不必产生的交通吸引出行），而是需求应适应道路环境容量要求。

时至今日，"交通安宁"已经成为一种规划和交通政策，有广泛的规划、交通和环境政策目标：减少建成区交通事故的严重性和数量，加强道路的安全性；减少空气和噪声污染；归还步行和骑车空间及其他非交通活动空间；加强步行者、骑车者和其他非交通活动参与者的安全性；改善环境，促进地方经济发展等。然而交通安宁并不是反对小汽车，而是对步行者的一种解放，对公共交通和自行车交通的一种呼唤。

把交通安宁纯粹当成一种道路工程措施是一种错误理解，仅针对一些居住区街道设计成庭院道路的做法也不可取。这种形式的交通安宁将减少进行设置的街道的机动车数量或机动车平均速度，但交通会被重新分配到其他的街道，加重了其他街道的交通压力。

3. 无小汽车发展运动

现代无小汽车发展的理念归功于20世纪60年代开创的研究和70年代无

节制的小汽车使用所造成的社会和环境高成本①。Newman 和 Kenworthy 认为，一个城市交通的机动特性是随着各项新的主导技术的发展而演变的。从大约一万年以前城市开始形成，直到 19 世纪中期，"步行城市"是城市结构性质的最佳描述。当时的城市形式特性是高密度、混合性的土地利用和狭窄的街道，原则上只允许步行。1860 年左右，铁路列车的出现使得城市沿着铁路通道扩展，由此导致了"公共交通城市"。最终在 1930 年左右，随着紧随而来的低密度郊区化和从住处到工作地点较长距离的出行，小汽车城市诞生了。Newman 和 Kenworthy 指出，"今天大部分城市的实际情况是，他们包含有三种城市类型的某些元素，区别在于不同类型的交通运输和密度。"② 20 世纪 50 年代以后，城市规划领域中人的作用和地位重新得到重视，针对城市环境质量下降，人性空间丧失导致旧城衰落等现象，人本主义的呼声越来越强烈。刘易斯·芒福德指出，"城市的存在不是为了汽车通行的方便，而是为了人的安全与文明"。Donald Appleyard 的研究表明，当车辆增加时，街上的社交生活随之消亡，车辆的噪音和污染破坏了随意的社交机会。城市规划界由此逐渐产生"把街道还给行人"，"步行者优先"的观念，即对机动车辆进行限制，给予行人优先权。20 世纪 70 年代的"石油危机"也促使人们越来越关注能源与生态环境问题，开始通过倡导公共交通以减少私人小汽车的使用。德国、丹麦及荷兰等国最早开始推行"无交通区"（Traffic Free Zone）概念。近年来为减少汽车污染，保护空气和环境，欧洲一些国家又率先发起"无车日"（Car free Day）的群众活动，在城市一定区域内实施交通管制措施，除公共汽车及一些特种车辆外，禁止汽车通行，鼓励步行和使用自行车。这项活动声势浩大，得到世界范围内许多国家的响应。

---

① "无小汽车"这个术语，可以包括一系列的对小汽车使用上的不同限制。对车辆使用的限制可以用一个各种可能性的图谱来表示，从有限的示范试验，到长期的绝对禁用。在这个图谱的一端，是不鼓励使用小汽车的区域，但没有禁止小汽车的使用。这样的地区往往称作"交通安宁"地区，或者甚至称作"小汽车瘦身"（car-lite）地区。在这种情况下，城市和社区允许小汽车进出，但要通过道路设计防止无拘无束地使用小汽车和超速。图谱的另一端，是完全禁止机动车辆的使用。在交通安宁地区和完全无小汽车的城市之间，有一些其他的可能性，根据限制使用小汽车使用的不同空间和时间持久性而有所不同。

② Newman．P、Kenworthy．J. 可持续和城市：克服汽车依赖性［M］. 华盛顿：岛屿出版社，1999.

第五章 城市交通治理路径：制度设计与政策制定

在这个领域具有开创性和鼓舞力量的是雅各布斯的著作。雅各布斯敏锐地观察到，城市规划专业人员不知什么原因，没有抓住有效公共空间本质性的东西：一个城市接着一个城市，根据规划理论不适当的地方都正在衰败。很少引起注意的，但同样有意义的是，一个城市接着一个城市，根据规划理论不适当的地方，都拒绝衰败。

雅各布斯特别是在定义一个城市的实际活力和观察行人作用方面贡献突出："街道及其人行道，城市中的主要公共区域，是一个城市的最重要的器官。"①在雅各布斯看来，人行道有一定宽度的空间总是贡献给机动车辆，部分原因是因为城市的人行道通常被认为是纯粹给行人通往建筑物使用的，没有认识到他们是作为独特而重要、又不可替代的城市安全、公共生活和养育孩子的器官，而应当给予尊重。

在大约相同的时期，哥本哈根开始进行城市改造，将历史上城市中心改造成为步行区。几年之后，荷兰德尔福特一组失望的居民自己动手创建了"交通安宁的街道"。不久后，世界经历了首次意义重大的石油危机，在20世纪70年代早期石油价格急剧上升。在一些国家，如瑞士作为对石油危机的反应，发起了无小汽车活动。在荷兰、德国和西欧其他地方，创新城市委员会和有关市民共同发起了市中心购物街道步行化和居民区交通安宁活动②。然而，这些措施是典型的地方性质的，不能阻止小汽车拥有和使用的增长。80年代，在一些特定的地点，出现了反对公路建设的活动，但是小汽车拥有和使用数量仍然继续增长。

直到20世纪90年代，人们才又重新对减少机动车辆给予极大的关注。到这个时候，对环境的关注和生活质量的关注才开始真正起作用。缠绕心头的对气候变化的恐惧、烟雾对健康的影响、道路上难以对付的交通拥挤，所有这一切又重新激发劳动者无小汽车选择的兴趣。

无小汽车运动大部分发源于基层的努力和依靠积极分子的活动。1992

---

① ［加］简·雅各布斯. 美国大城市的死与生［M］. 金衡山，译. 南京：译林出版社，2005：29.
② 劳伊德·赖特. 无小汽车发展，http://www.chinautc.com/information/newslunqita.asp？classid=137

年，美国旧金山一群骑自行车者发起了第一个"重要的群众性"骑自行车活动。① 更有象征意义的是，一些欧洲城市将每年一度的"汽车在家日"制度化。随着各国政府大力控制交通和许多驾驶者寻求稳定可靠的替代交通方式，很多国家的舆论开始呼吁提供更好的公共交通以及城市整体设计。与此相类似，英国的"重申对街道的使用权"运动表明，确实有一大批人真正看重改善公共空间的价值。而更好的公共交通与城市建设相结合已经成为香港、新加坡等迅速成长的新大都市的城市规划中关键的一环。

新世纪带来了新一轮的无小汽车活动的浪潮。这个运动在政府和国际层面上已经取得了信任，在欧盟和联合国均有无车日的项目。在哥伦比亚的波哥大和巴西的库里蒂巴有远见的领导们已经证明，一个城市不一定要是富裕的，也可以开创一个高质量的人文环境。

二、现代城市交通制度的形成

人类社会发展到近现代以后，城市在社会生活中的作用越来越重要。但由于现代都市在国家社会生活中的地位远非以前可比，且现代交通的变革主要发生在城市范围内，现代化的交通制度创新几乎是围绕城市交通而进行。

在现代城市交通发展的进程中，各发达国家由于国情、文化背景等的不同，有不同的发展观，以下以美国为代表作简要分析。

现代城市中的交通制度创新或城市交通变革主要围绕两个目标进行。一是增强城市的交通能力。城市的交通能力包括两类，一类是对外交通能力，是指在几小时、几天或几周内从城市疏散出去的能力及与其他城市进行交通联系的能力；另一类是内部交通能力，即从城市向居民提供的多种便利服务（就业、购物、娱乐、交往）中获取利益的能力。② 二是重视维护城市交通主体的利益，特别是重视维护交通弱势群体的利益。为了达到这两个目标，现代交通制度与以前相比有了很大的变化。

首先，不同于以往的交通制度，现代交通制度主要是为了维护大多数人的利益，不管在内部交通还是在对外交通上，都是为了整个城市的畅通无阻

---

① 劳伊德·赖特. 无小汽车发展. http://www.chinautc.com/information/newslunqita.asp? classid = 137

② [法] 皮埃尔·梅兰. 城市交通 [M]. 北京：商务印书馆，1996：2.

与整个社会的利益最大化。私家车作为现代交通系统中独有的交通主体，拥有不可忽视的地位和影响，但是在许多发展得比较好的城市中我们都可以看到，为社会公众提供服务的公交车辆在城市的交通系统中居于优先地位。从资源消费、成本与价格、道路空间利用率来分析，公共交通是道路和资源利用率最高的交通方式。除了北美洲、澳洲一些城市，世界上绝大多数城市把公共交通作为满足居民出行需求、提高城市机动性和可达性、提高城市交通供给水平和交通运输系统效率的基本手段。一定程度上，公共交通系统的优劣是评价城市效率和发展潜力的指标。

其次，与之对应的是对于私人交通工具特别是私家车的合理限制。在以前，拥有私人交通工具是身份的象征，不仅不会限制，而且还是相当一部分人的愿望。但是到了现代交通环境中，随着交通资源的日益紧张，对于蓬勃发展的私人交通进行限制成为必要。为了规范和合理制约私人交通，各地出台了一系列措施，但是大多是治标不治本，收效甚微。消费者是否买车主要取决于两点：汽车价格和用车成本预期测算。很多人购车时只看价格，只要能买得起车，日后的使用成本一般是不多考虑的，因为在中国私家车的使用成本是很低的，用经济学家茅于轼的话说："路是有成本的，不能只让普通人纳税修路，而让有钱有势的人用。"限制购买不管从哪个方面看都是不合理的举动，但是对于私家车的使用进行规范则是切实有效的，也是必要的。在一些城市中，私家车只有在特定的日子才可以出行；有的城市则将私家车的停车费、牌照费等提高到一个足以影响私家车使用的水平，以此来减低城市交通面临的压力。

最后，交通制度的创新体现在日益将交通管理纳入法制化轨道，制定一系列法律法规来对交通进行强有力的监管。法律是维护社会日常秩序最有效的武器，将交通纳入法制化管理的轨道，充分显示了对于现代交通的重视。如前所述，美国人威廉·伊诺终生致力于交通安全规则的制定，为现代交通的发展做出了突出的贡献。

美国十分注重以交通政策（通常是法规）来指导城市交通的规划建设，但由于强大的汽车业产生的比较激烈和明确的政治压力，使得城市交通政策的制定总是更多地带有利于汽车发展的印记。美国1956年正式提出"洲际和国防高速公路网计划"，推动了汽车进入家庭，改变了人们出行、居住、交往的方式。汽车的大量使用，从根本上动摇了城市的公共交通系统。从20世纪二三十年代开始，乘用市内有轨电车等公共交通工具的人数便日益减少，四五十年代以公共汽车为主的公交的效率虽有所提高，但在私人汽车的冲击下也难以为继。1964年的城市公共交通法，鼓励城市公共交通系统的规划和建立，但收效甚微。1991年美国通过了"冰茶法案（ISTEA）"（the Intermodal Surface Transportation Efficiency Act of 1991）①，促使规划师和工程师更多地关注城市多模式交通系统和小汽车交通对城市空间和生活的负面影响，促使各项交通方式经济上有效，环境方面友好，运输客货时在能源方面高效，单一的对于机动交通的"速度，容量，安全"的考虑逐渐被多种考虑代替。

日本早在明治维新时代就已确立了交通先行的城市发展政策，此后一贯重视交通发展并颁布了一系列法规。相关法规除城市规划法外，还有更高层面的国土利用规划法和国家主干高速公路建设法，专项法有道路法、汽油税法（确保道路建设的资金来源）、有轨电车法及停车泊位法等。另外，国家还设置了大都会地区高速公路开发公司直接参与大型道路设施建设。中央政府力求通过这一系列法规和开发手段，达到从宏观层面到微观层面确保道路交通有序发展的目的。显然，在现代交通中，完善的法律法规的出现相比较于古代交通制度，无疑是一个很重要的发展。

三、城市交通制度建设的战略意义与关键作用

党的十九大报告提出了"交通强国"的发展目标。成为交通强国，意味着建成现代化交通运输体系、实现交通现代化，意味着交通总体水平从技术、制度、文化等多维度达到或接近国际先进文明水平。可以毫不夸张地说，过去40年来最具象征意义的中国现象，或许就是交通基础设施指数式增长及其累积形成的海量物性资本。然而，中国交通系统在经历了大规模、高强度集聚建设阶段之后，必须全面建构有效的制度基础设施，通过制度与技术的协同共促，遵从交通可持续发展的规律。交通问题已经到了应该从基

---

① 1991年美国通过的《交互模式地面交通效率法案》（ISTEA），经常因为发音被称作"冰茶（ice tea）"法案，参见［美］约翰·M.利维. 现代城市规划[M]. 北京：中国人民大学出版社，2003：216。

本理念和根本制度层面去解决的时刻。正如鲍尔斯所言，善治重担已发生转移。过去的任务是交通基础设施建设，现在的挑战则是设计良好的制度，培养市民交通文明及其美德。

（一）作为城市交通秩序建构的工具机制，城市交通制度或规则是城市交通系统保持秩序的必需品

从一般意义讲，制度蕴含着人类行为的社会性，是社会个体或集体所共同遵循的行为规则。诺贝尔奖得主、美国经济学家诺斯曾经说，经济社会中的制度，其关键功能是增进秩序，减少不确定性和交易成本；制度建构了人类政治、经济和社会的交往行为；构成了社会、特别是经济的激励结构，是决定经济绩效的根本因素[①]。由此所见，作为城市交通秩序建构的工具机制，城市交通制度或规则是城市交通系统保持秩序的必需品。

不过，我们通过杭州 BRT 项目的决策过程与美国华盛顿州"普捷湾公交"项目两个案例的比较，可以发现我国目前的城市交通决策制度与发达国家相比还有不小的差距。[②]

杭州 BRT 项目由政府发起，提出发展政策，进行方案规划，得到上级政府批准后便付诸实施，公众只能在规划实施后提出意见[③]。华盛顿州"普捷湾公交"项目由地方政府发起建议，经过以下程序：①通过公共交通法案；②区域交通规划机构、区域交通管理机构经由立法授权成立；③第一次规划方案的提出，经过选民投票后被否决；④与相关利益集团沟通，修改规划方案；⑤第二次规划方案的提出，经过选民投票后通过。规划在实施过程中仍然接受市民的直接监督。

显然，杭州 BRT 项目由政府主导、决策随意性强，缺乏制度约束，实施

[①] 张国强．中国交通发展必须提速制度建设［J］．综合运输，2015（2）．
[②] 陈佩红．城市交通规划制度研究［M］．北京：中国铁道出版社，2018：7．
[③] 2004 年 2 月底 3 月初，杭州市组织一个由城建、城管、公交、交警等部门组成的代表团赴巴西考察，巴西的库里蒂巴快速公交（BRT）系统让代表团印象深刻。回来后，代表团提交报告认为杭州建设快速公交系统的外部条件已经基本成熟，到了考虑建设杭州 BRT 系统的时候了。8 月杭州市政府召开专题会议，提出启动建设"快速公交一号线"。根据规划，到 2020 年杭州将建设完成 11 条快速公交线路。2005 年 8 月 1 号线开工建设。2006 年 4 月 26 日，杭州快速公交 1 号线正式开始运营。但开通后，市民对此项目提出很多意见，认为专用车道是道路交通资源的极大浪费，不足以显示其优越性，也没有达到预计的效果。

并没有取得普遍认可的公共利益得到提高的效果；相对而言，美国大都市交通规划与决策制度复杂、细致，规划需要按照法律规定的程序进行，充分考虑市民及相关利益集团的权益，决策由公众做出，交通规划提高公共利益的效果得到普遍的认可。

那么，我们应该怎样加强我国的交通制度建设以改善规划的实施效果呢？虽然我国与西方国家在土地产权制度、政治选举与决策制度等方面存在巨大差异，西方国家的城市交通规划制度可以参考，但不能照搬，要解决我国的城市交通规划制度问题，必须对现行制度进行透彻的分析，弄清制度对规划效果产生影响的机理，才能做到对症下药，为制度建设开出良方。

习近平总书记指出："不论处在什么发展水平上，制度都是社会公平正义的重要保证。我们要通过创新制度安排，努力克服人为因素造成的有违公平正义的现象，保证人民平等参与、平等发展权利"。"对由于制度安排不健全造成的有违公平正义的问题要抓紧解决，使我们的制度安排更好体现社会主义公平正义原则，更加有利于实现好、维护好、发展好最广大人民根本利益。"①

（二）制度现代化是城市交通综合治理现代化的重要内容，其核心是制度设计和过程管控②

交通现代化，交通综合治理现代化需要交通制度的现代化。具体就城市交通制度设计而言需要在如下几方面下功夫。

1. 要完善交通治理协同实施的体制机制

目前，国内有上海市、深圳市等城市已开展了多轮交通综合治理工作，在协同实施方面做了一些颇有成效的探索。首先，以综合治理白皮书与年度实施计划为关键控制环节，引入规划实施评估机制，形成"编制—实施—评估—调整"的闭环，使交通综合治理的重要方案得以逐年有序实施。其次，引入交通设计技术环节，通过精细化的总体交通规划与详细交通设计，促进交通规划与工程设计的紧密衔接，保障规划意图切实落地。

---

① 习近平. 切实把思想统一到党的十八届三中全会精神上来 [M] //习近平谈治国理政：第一卷. 北京：外文出版社，2014：97.
② 林群. 城市交通综合治理工作思路与制度要点 [J]. 城市交通，2017（5）.

2. 要健全空间、环境、市场等组合交通政策，提供高品质的交通服务

当前，包括北京、上海、深圳、南京等在内的诸多大城市均面临公共交通出行时间不断延长的严峻挑战，最不利人群出行时间濒临极限。应把改善出行时间作为阶段性重点工作目标，基于不同区域、方式、群体的出行时间分析，针对出行链各段存在的问题，制定具体的改善目标和策略，提供有竞争力的公共交通服务。大城市应以"轨道交通+步行"为主导交通模式，促进城市空间和功能沿大、中运量公共交通走廊集聚，通过大力改善车站周边步行设施和环境，提升地区活力。"互联网+交通"快速发展，提供多样化、贴近需求、高品质的公共交通服务，也有助于缩短出行时间和提升出行者体验。通过组合交通政策的实施，促进形成合理的城市交通模式。香港多年奉行的"积极不干预"政策值得我们借鉴：对待新业态，应尽量发挥市场机制作用，政府只有在现有系统失灵、影响到公众利益时才会采取积极干预。

3. 以社会治理为基础构建交通综合治理的制度框架

变政府管治为社区共治，建立社区规划制度和居民协商机制，探索停车、慢行改善等交通难点问题的治理路径。公共交通政策和实施制定，可参考香港交通咨询委员会的做法，搭建政府与市民沟通的桥梁。香港交通咨询委员会负责就交通运输事宜向行政长官提出专业意见，同时就其职权范围内的各项事务与市民或社会团体联络，听取市民投诉意见并向政府反馈。最后通过健全的法律体系、清晰的管理框架及充分的公众宣传，为交通需求管理等敏感、关键交通政策的实施提供全过程保障，促进交通综合治理工作持续、有序开展。

交通强国的价值取向关键在于满足人民美好生活需要，实现交通服务的快速通达、经济适用和公平美好。我国城市交通发展已进入一个新的阶段，必须通过强化系统的制度建设，为城市交通下一步发展、治理提供给养和驱动能量。

第二节 城市交通政策的科学制定与有效实施

交通是社会公共政策的重要领域。交通政策是一个国家或地区为实现某

一时期的交通发展目标而制定的总体战略方针,是合理配置交通资源,协调参与交通活动的各个经济主体之间利益关系的重要依据和导向。① 总体而言,交通资源的配置手段与国家宏观行政管理体制机制的变化是紧密相关的。党的中共十八届三中全会提出了全面深化改革的总目标及依法治国的发展战略,推进国家治理体系和治理能力现代化。交通政策的制定和实施必须适应国家整体治理理念的变化,并促进交通治理体系和治理能力的现代化。

一、交通政策的价值取向及其功能

(一) 交通政策的价值取向

作为交通领域的一种制度安排,交通政策是针对交通发展面临的具体问题而制定的。在政策的制定或者是倾向选择背后,恰恰是交通政策价值观或重要理念的体现,它将很大程度上决定交通政策的预期效果,交通政策的价值取向与社会经济和交通体系不同发展阶段相对应,呈现动态变化的特征,体现了不同的发展阶段和不同的发展要求。② 改革开放以来,我国的城市交通建设取得了长足的发展,交通需求量始终大大高于交通的供应量。回顾城市交通的发展,可以说它既是我国经济发展的真实写照,又是我国城市交通问题(矛盾及冲突)孕育、生成、发展、高涨、逐渐累积的过程③,因而人民群众日益增长的交通需求与落后的交通生产之间的矛盾成为该阶段城市交通系统的主要矛盾。近年来特别是党的十九大以来,城市交通系统的主要矛盾已转变为人民日益增长的美好交通需要与交通出行的不平衡、不充分发展之间的矛盾,交通政策的价值取向也在从以车为本向以人为本回归,从早期的单纯追求效率的单目标向关注社会公平、生态保护的多目标转变。

---

① 薛美根,朱洪,邵丹.上海交通发展政策演变[M].上海:同济大学出版社,2017:3.
② 薛美根,朱洪,邵丹.上海交通发展政策演变[M].上海:同济大学出版社,2017:8.
③ 何玉宏.汽车社会与城市交通:交通社会学的探索[M].上海:上海三联书店,2012:107.

（二）交通政策的功能

交通政策为城市交通系统的管理者、城市交通的运营者或投资者和城市交通的消费者提供明确的游戏规则，可以节省信息成本、降低潜在风险、提高效率发挥作用。具体来说，交通政策主要具有以下功能。

（1）导向功能。交通政策对一个国家的交通发展方向有引导作用，具有超前性、规范性等特点。交通政策可以为交通发展确立方向，明确目标。

（2）激励功能。交通政策的激励功能，主要体现在对各种交通方式（交通工具）的影响上。例如，当燃油汽车发展到一定程度时，资源和环境等问题受到重视，通过限制此类汽车的发展，激励环境友好型交通工具新能源汽车的推广与应用，以达到节能减排的目标。在国务院《新能源汽车产业发展规划（2012—2020）》和《关于加快新能源汽车推广应用的指导意见》等纲领性文件的指导下，国务院各有关部委纷纷出台包括购车补贴、充电设施建设等支持鼓励新能源汽车发展的各项政策。全国各地也积极制定配套推广方案，大力推广新能源汽车。受益于部分中心城市取消限行限购、系列补贴措施和新能源汽车产品逐步完善，我国新能源汽车市场迎来爆发式增长，成为新能源汽车全球最大市场。

（3）调控功能。城市交通的供给与需求是相互影响、相互制约的复杂系统，系统内部各个因素之间都存在相互作用。供需平衡是交通政策遵循的最基本理念，即实现各类交通出行需求和交通设施承载能力的匹配。供需平衡的最佳状态通常被理解为：交通网络的总体建设规模恰好满足交通出行需要的要求，而实际上，交通承载容量是一个理论值，并受到各种因素的影响。调控城市交通供需平衡、提高交通系统综合效益、促进城市交通健康持续发展意义重大。传统供需平衡理念是强化供应端的供给，新的供需平衡理念则通过加大对需求的调控平衡供给短缺的发展约束。两种供需平衡理念在不同的发展阶段有其相应的适用范围。在城市交通发展的初期，需要通过加大供给端的供给能力，破解交通短缺矛盾。而在交通基础设施基本建成的成熟阶段，则需要进一步强调以需求管理为导向的供需平衡理念。[1] 例如，为了控

---

[1] 薛美根，朱洪，邵丹. 上海交通发展政策演变［M］. 上海：同济大学出版社，2017：8.

制汽车过快增长,上海、北京、广州、天津、贵阳、杭州等多个城市先后出台并实施了汽车限购政策。经过时间的推移,上海车牌的价格已突破了8万元,被喻为史上"最贵铁皮"。

不过,即便实施同样的汽车限购政策,若时机选择不当也并不能达到同样的效果。城市规划战略的一项重要任务就是在时间轴上做出重大行动的判断,一旦错过关键性时间,可能就会失去一个重要机会,之后再也不能重来。这个关键性时间段,一般称之为时间窗口,即一定要赶在这个窗口开窗的时候完成某项活动。[1] 举例来说,北京市的交通发展是先建设完以环线为代表的快速路系统,才开始大规模建设地铁系统,其时间窗口是让市民先习惯于开车,而后再转向公交就非常困难,属于顺序上的战略错误,可谓"时间上的失误"。而上海私家车牌照拍卖政策在20世纪80年代开始,也就是私人小汽车井喷发展之前开始实施,就非常有效地控制住了小汽车数量的快速增长。而北京近年才开始牌照摇号政策,此时北京机动车保有量早已超过500万辆了,限购政策显得杯水车薪。也就是说,这就错过了关键性的时间窗口,最好的时机已一去不复返了。

二、发达城市交通发展政策的经验和启示

总结国内外发达城市的交通可持续发展的政策,可从中发现欧洲城市自行车交通"发展——衰落——复兴"、东亚城市公共交通"发展——优先——成熟"、北美私人小汽车交通"力求减少——缺乏约束——积重难返"演进脉络[2],其过程呈现出"以车为主"向"以人为本"的发展态势(表5-1)。这些先进城市的交通政策可以为我国科学制定城市交通政策提供成功的经验和有益的启示。

---

[1] 施澄. 城市规划常识[M]. 北京:中国建筑工业出版社,2017:96.
[2] 汪光焘. 城市交通学导论[M]. 上海:同济大学出版社,2018:122.

表5-1 发达城市交通可持续发展政策沿革

发达城市		政策沿革
美国/纽约	公交优先发展	1978《国家能源法案》 1982《地面交通援助法案》 1990《清洁空气法案》修正案 1990《美国残疾人法案》 1991 冰茶法案（ISTEA） 1992《能源政策法案》 1998《21世纪交通平等法案》 2009《公共交通愿景2050》
	慢行保护与发展	20世纪90年代美国运输部《全国步行与自行车计划》 2004 华盛顿特区《首都城市设计和安全规划》 2007 纽约《PLANYC行动/世界级城市、世界级街道计划》
	限制小汽车	近20年来《纽约曼哈顿小汽车需求管理政策》
英国/伦敦	公交优先发展	2011《伦敦市长交通战略》 近10年来《公交路权管理政策》
	慢行保护与发展	2007《伦敦市长交通战略》 2008《伦敦市自行车入城高速路计划》 2012《市长交通战略》
	限制小汽车	1956《英国清洁空气法案》 2003《伦敦道路拥挤收费政策》
法国/巴黎	公交优先发展	1982《国家内部交通组织方针法》 1996《大气保护与节能法》 2000《公共交通法》
	慢行保护与发展	20世纪90年代《香榭丽舍大街改造》 2007《公共自行车自由租赁计划（VELIB)》
	限制小汽车	近20年来《核心区小汽车限制使用政策》

续表

发达城市		政策沿革
丹麦/哥本哈根	公交优先发展	1947《城市土地利用手指形规划》 1997《交通与环境规划》 1998《公共交通规划》
	自行车保护与发展	1996至今《自行车交通发展年鉴》 2000《自行车环境改善规划》 2001《绿色自行车道规划》 2002《交通安全计划》 2011《自行车发展规划》
	限制小汽车	近30年来《核心区小汽车限制使用政策》
日本/东京	慢行保护	1971《日本首个交通安全改进五年计划》 20世纪80年代《街区道路与道路乌托邦计划》 1996《街区带计划》 近年来《步行者天国计划》 2014《创造未来，东京城市长期发展战略》
	轨道接驳	1973《轨道站自行车停车计划》 20世纪90年代《轨道车站步行立体接驳计划》
	限制小汽车	数十年来《东京市中心小汽车限制使用政策》
韩国/首尔	公交优先发展	2004《首尔公交改革》 2009《客运交通法案》
	慢行保护	1995《儿童保护区（CPA）计划》 1997《汉城步行者权利及步行环境改善法案》 1998《步行环境系列改善计划》 2003《无车日计划》
新加坡	公交优先发展	1996《新加坡交通白皮书》 2008《陆路交通整体规划》
	限制小汽车	1972《征收车辆关税和车辆注册费》 1975《中心限制区拥堵收费制度》 1991《车辆限额购买制度》

续表

发达城市		政策沿革
中国香港	公交优先发展	1999《长途运输政策白皮书——迈步向前》 2003《香港城市规划标准与准则》
	慢行者保护	2000《行人环境改善计划》 2015《城市规划标准与准则》
	限制小汽车	1973《私人小汽车牌照拍卖与首次登记税制度》 2011《香港规划标准与准则/住宅发展的泊车设施标准》

资料来源：城市交通学导论［M］．上海：同济大学出版社，2018：123-124．

（1）必须着力公交优先发展。国外发达国家非常重视城市公共交通的发展，科学研究确定城市公共交通模式，逐步制定以公交为导向的发展战略，构建以公共交通为主的城市机动化出行系统，提升公共交通出行分担比例，确立公共交通在城市交通中的主体地位。同时，根据城市实际发展需要合理规划建设以公共汽（电）车为主体的地面公共交通系统，包括快速公共汽车、现代有轨电车等大容量地面公共交通系统，有序推进轨道交通系统建设，加强其与土地资源的有效利用，构建有序、协调的公共交通轨道网，形成以公共汽、电交通、轨道交通为主体的立体交通网络。

（2）关心交通系统效率，更关注人的公平出行。通过规划、财政甚至是立法来保障老人、残疾人、低收入群体出行基本权利；既关心城市的环境保护与资源集约，也关注人的出行环境改善，普遍提出了让出行更加安全、便捷、愉快的发展目标。

（3）着力限制核心区小汽车过度使用。无论是美国的纽约还是英国伦敦、法国巴黎，或亚洲的日本东京、韩国首尔、新加坡等城市，都制定了小汽车限制使用或限购的政策。

（4）注重慢行交通（包括步行与自行车交通）保护与发展。关心慢行交通与公共交通衔接。

交通政策制定的背后要有科学的发展理念支撑。人多、车多、交通需求密集、用地等资源约束紧张是大城市的共性特征。世界上没有一个城市可以无限制地满足机动车的增长，即便是美国一些已经形成小汽车发展模式的城市（如美国洛杉矶）也在反思这种模式的后果和转型的必要性，但在机动化发展过程中，道路供应与交通需求之间的平衡往往难以依靠自觉行为得到保持，必须坚持公共交通优先、绿色交通优先的发展理念，并把这些理念落实到设施建设，制度设计和具体的管理措施中，这是国际城市的交通发展共识。

三、建立和完善城市交通政策制定与实施的机制

目前，在一些经济发达国家与地区都已相继制定并实施以白皮书为形式并有相关法律支撑的正式政策，这也对城市交通发展及与社会经济和资源环境的一体化进程发挥出极其重要的作用。我国也已经到了用正式的交通政策制定程序代替或减少该领域政策制定和实施过程中过多随意性的时候，应在借鉴欧美发达国家先进经验的同时，在弄清城市交通政策制定过程中存在哪些问题基础上，尽快建立和完善我国城市交通政策的制定与实施机制。

（一）目前城市交通政策制定存在的问题

综合我国国情和城市交通政策的发展现状，尽管在交通政策上与以往相比有较大的进步，但从交通阶段性转变时期所需政策的制定与实施角度来看，我国城市交通政策领域还存在一些共性问题，主要表现在以下几个方面。

1. 交通政策的制定缺少合理的程序

政策本应是在深入研究、充分探讨形成大量共识之下制定的，并通过立法或其他正式形式颁布实施。但我国一些城市交通政策（或规划）等的制定在很大程度上并无法可依，政策的制定程序、政策目标、策略措施等没有正式的形式固定下来。[①] 一些政策仅仅存在于相关部门的各种规划之中，有时甚至是领导的讲话或研讨会之中，政策的法律层级低，其权威性和实用性自然受到限制。甚至有时会出现由于领导人改变或者是领导人观点改变而引起的政策变更，反映了政策制定的规范性不足。

交通政策的公共政策属性决定了其应该使大多数群体的利益得到保护，

---

① 荣朝和，等. 综合交通运输体系研究——认知与建构 [M]. 北京：经济科学出版社，2013：369.

在政策制定过程中应充分重视各利益集团的诉求。但是当前有些交通政策在制定时并没有做到充分的听证及论证工作,没有表现出应有的公正性和科学性。往往是主管部门在符合部门利益的政策制定完成后,象征性对外征求意见,而最终出台的政策实质并不会发生重大变化。如前所举的案例杭州 BRT 项目,市民直到规划实施后才对项目提出很多意见,而木已成舟,达不到预计效果在所难免。

2. 交通政策缺乏利益统筹和长远性,综合程度有待提高

长期以来,城市交通在政府的管理机构主要为住房和城乡建设部以及公安部交通管理局。建设部主要职责是管理城市交通的规划和建设、公安部交通管理局主要对道路上的交通流进行管理。而且多数城市政府没有统一的城市交通管理机构,规划、建设和交通管理分属三个部门管理——规划局、建设局和交通管理局。这种从中央到地方的分割管理机构设置,在城市交通发展初期尚可应付,但在城市交通问题日益突出的今天,暴露出一系列弊病:如规划管理滞后、协调上缺乏利益统筹和长远目光、部门利益的协调工作远超过对交通本身问题的协调等。① 因而各交通政策文件的出台常常是从本部门利益出发,难以得到充分的协调和衔接,致使政策可执行性降低,政策难以得到很好落实。此外,在我国的规划决策领域过分注重行政决策而轻公众参与,导致政策原则性强,可操作性差,也是政策难以实施到位的重要原因。

3. 政策执行后的评估机制缺失

一个完整的政策过程,除了科学合理的政策条款和有效的执行外,还需对政策实施以后的效果进行评判,据此对政策进行不断修正和完善。政策后评估,就是对相关政策实施以后的效果进行评价,是不断改进和提高政策的公信力和执行力的重要环节。②

政策的制定和执行都是基于特定的环境、认识以及预期等,随着实际情况的改变,政策也要随之调整,只有这样才能保证政策的合理性。虽然当前我国城市交通政策的制定和实施领域存在部分政策随着实际改变而改变的情

---

① 刘冰. 世纪之城:中国城市规划再出发 [M]. 上海:同济大学出版社,2015:90.
② 荣朝和,等. 综合交通运输体系研究——认知与建构 [M]. 北京:经济科学出版社,2013:371.

况,但总体上政策还是表现出明显的滚动性不足(如前所列美国华盛顿州"普捷湾公交"项目,共经过5道程序,方案一再修改完善才付诸实施),主要原因在于:①政策制定的水平较低,制定缺乏创新性和灵活性。②政策执行后的评估机制缺失,导致政策执行的监督力度较低,政策实施效果和实际情况的总结反馈不够,政策制定者在一种对实际情况并不充分了解的情况下自然难以对现有政策做出及时的调整。

(二)必须建立和完善城市交通政策的制定与实施机制

1. 如何建立交通政策制定机制

(1)明确政策制定的主体部门。交通政策的有效实施取决于合适的体制结构,从世界范围来看,城市交通的规划和立法历来都是政府的核心任务。一个城市的交通问题不仅会对社会和经济的发展产生影响,而且从政治角度来看也是相当敏感。① 交通部门的组织形式在不同的城市各不相同,但它们之间又具有共同点。大多数城市交通管理由市政府负责,也有些城市则是由国家政府负责。而中国地方城市的交通管理,受行政管理条线分制的影响,往往缺乏一个高效的有机统一的管理机构,导致部分综合性交通政策难以真正实施到位。例如,南方某市城管部门曾推出一项关于对车窗抛物不文明行为举报奖励的"实施细则"。细则中明确对有效抓拍到车窗抛物行为的群众,每例予以100元奖励。初衷虽好,但很快新规就遭遇了群众关于执行缺乏法律法规依据的质疑。因为依据《道路交通安全法实施细则》中关于"驾驶机动车不得向道路上抛撒物品"的规定,具体执法部门该是公安交警部门并非城管部门。最终,城管部门不得不选择取消该有奖举报活动。② 可见,考虑到城市交通系统的规模、复杂性以及综合的程度,有必要建立一个高层次机构——城市交通委员会,以确保对城市交通系统的综合管理。随着国家大部制管理体制改革的逐步到位,进一步与国家体制相对接,进一步完善综合管理体制机制。

(2)明确政策制定的基本原则。城市交通是为了满足全体市民的出行需

---

① 薛美根,朱洪,邵丹. 上海交通发展政策演变[M]. 上海:同济大学出版社,2017:12.

② 梁建强,周楠. 这些政策为何沦为"万分正确、十分无用"[J]. 半月谈,2019(15).

要，必须体现公平正义、以人为本的原则。不能只为小客车行驶的快速、舒适而忽略广大民众步行、骑自行车与搭乘公交条件的改善。不仅要关注广大市民的出行需要，还要关注残疾人士、弱势人群的出行需求。以人为本的理念发展，实质上体现了交通政策的背后从整体效率最高向功能优化的转变，更加注重服务质量、舒适度等要求，是一种从刻板的机械化向可感受的人性化的提升。科学主义对空间的理解近似于"容器"，而人本主义和现象学为其带来了弹性和多样化，核心价值也从符合规律向迎合自我转变，更加重视人本身的意义。城市空间的发展遵循着科学主义式微、人本主义抬头的趋势，交通政策亦不例外。

20世纪80年代以来，各大世界性城市的交通政策的关注重心在逐步转变，更加注重以满足人的交通需要为出发点，遵照以人为本的理念，创造出一个人、车、路，环境和谐发展的城市交通空间。①

（3）建立交通政策制定部门横向协调机制。我国城市交通政策的制定主要依赖于主管部门及与其有关的公安、城管、土地等部门，必须在各部门之间建立良好的协调机制才能防止各部门仅从本部门利益出发，而导致政策无法出台。主管部门制定政策时涉及国土、环境等问题应请相关部门参与，其他部门在制定政策时涉及交通问题也要请交通或规划部门参加。

（4）要实施政策制定之前的充分调查研究。交通政策涉及交通参与者的切实利益，如果没有科学的预判，可能会产生事与愿违的结果，而以信息采集、数据分析等量化手段为基础的决策分析不可或缺。因此，要通过对城市交通进行广泛、综合、整体的调查以及深入的研究，明确特定时间和地点的交通流特点，为交通政策的制定，实施措施的落实提供科学的依据。

（5）制定专家研讨会和政策听证会制度。设立主要由专家学者组成的交通政策咨询委员会或者是建立专家研讨会制度，协助政府和立法机构在政策的制定领域提供咨询意见或者帮助把关，以及在政策形成之前进行多次听证会、全面听取各利益群体的要求，努力实现交通政策的权威性、规范性以及科学性。

---

① 薛美根，朱洪，邵丹. 上海交通发展政策演变［M］. 上海：同济大学出版社，2017：10.

2. 怎样建立并完善交通政策的执行机制①

(1) 建立政策宣传及信息反馈机制。政策制定完成后,要通过大力宣传,使每一个政策的执行者和利益相关者等及时了解和掌握政策的内容。信息反馈机制对政策的实施也具有重要意义。政策制定者需要对政策执行及政策效果有充分的了解,对实际情况的发展有充分的认识,这样才能保证政策的制定符合实际情况,并随着实际情况的改变而滚动发展。

(2) 建立统筹协调政策执行的体制机制。交通决策涉及规划、建设、运行及维护管理等各方面,在交通基础设施相对薄弱、大规模建设的时期,行政管理资源的相对集中于建设部门更有利于发挥设施和资源的统筹作用,避免多头管理引起的缺位、错位和扯皮。但随着交通系统的逐步构建和复杂性的增加,应进一步加强系统之间的平衡与统筹。

(3) 建立政策实施后的评价机制。交通政策本质是保证交通发展所要达到目标的实现,只有对政策实施效果以及实施过程中实施情况的变化进行规范的监测评价,才能保证政策的科学制定和有效执行,否则政策制定和实施将缺乏约束性,政策的调整也会出现很大的困难。政策实施后评价包括部门内部评价和外部评价,其中我们要特别注意外部评价和第三方评估,同时强调利益相关者的参与,保证评价结果的公正合理。

---

① 参见荣朝和,等. 综合交通运输体系研究——认知与建构 [M]. 北京:经济科学出版社,2013:376-377.

第六章

城市交通治理路径：需求管理与系统协同

人的需求无止境。用欲望难遏来形容人们对交通移动性的需求怕是再也贴切不过了。现代社会的主要问题之一就是许多社会成员在经济、科技发展的裹挟下，移动性（或小汽车）的需求被大大激发了出来。大家都把家用汽车称为"私家车"，这种叫法也充分体现出社会对汽车的看法：无论给别人带来多大的困扰也要追求自身的利益，可以说，无休止的物欲从"私家车"一词中表露无遗。① 因而在解决交通问题特别是汽车交通问题时，必须进行有效的需求管理，并进行系统协同，才能实现城市交通的可持续发展。

第一节 用需求管理调控汽车出行需求转变

城市交通建设与发展的目标是最大限度地满足城市居民的出行需求，充分保证交通安全和出行效率。城市交通以社会服务为主体并具有典型的公共属性，它应兼顾城市全体居民的利益，综合考虑城市不同社会阶层的交通需求，这是构建城市交通系统和谐发展的基础。同时，城市交通利用城市基础设施为主要载体，应以向全社会提供普遍性的公共服务为主要目标，并兼顾公共资源配置，特别是面对汽车化（机动化）的快速发展，确保提供大众化的普遍性服务。

---

① ［日］宇泽弘文. 汽车的社会性费用［M］. 郑剑，译. 成都：四川教育出版社，2013：18.

一、交通需求与交通需求管理

(一) 需求：是需要抑或欲望

自亚里士多德以来，许多专家对需求做过探讨和区分。如按照美国学者丹尼尔·贝尔等人的区分，需求可以有两种：需要（needs）和欲求（wants），前者是基本的、应予满足的；后者则是标明个人的社会地位、体现其优越感的东西。贝尔引用凯恩斯的话说，前一种"是人们在任何情况下都会感到必不可少的绝对需要"，后一种则是相对的，它"能使我们超过他人，感到优越自尊的那一类需求，后一种需要，即满足人的优越感的需要，很可能永无止境……但绝对的需要不是这样"。①

万俊人教授针对人的欲求的合理性与不合理性概括为"需要"与"欲望"。他认为需要与欲望是不同的，需要是合理的，欲望是不合理的。② 需要是基于人的生命或生活之基本需求而产生的，是人们对生活必要条件的正常要求，如衣食住行和文化要求，需要表现的形式虽然是个人主观的，但内容却具有客观实在的性质；欲望无论从形式还是内容都是一种个人主观性的需求，不考虑现实生活和必要条件，其本质是无尽的贪婪。人的需要是具体的，价值目标也是相对固定和有限制性的，需要的生成往往与现实生活条件供应状况相关联，需要的满足与满足的方式也相对确定并受到生活、社会条件的制约；欲望的价值目标则是不可确定的，欲望是不断膨胀、永无止境的，一种欲望满足之后会立即让位于另一种欲望，欲望的生成和满足欲望的方式是根本不受社会现实条件限制，社会现实条件对欲望来说既没有意义也没有作用。需要具有明确的目的性和满足方式的恰当性，按照需要表现出来的行为也具有较高的价值合理性和社会正当性；而欲望却不考虑行动的可能性条件和现实性，往往表现为主观任意的冲动，缺乏合理的价值评价维度。

在划分需要与欲望的基础上，万俊人教授进而提出了需要消费和欲望消费之间存在的差别。需要消费是属于人们正常的且基于生活需要的消费，欲

---

① [美] 丹尼尔·贝尔. 资本主义的文化矛盾 [M]. 赵一凡，等译. 北京：生活·读书·新知三联书店，1989：22.
② 万俊人. 道德之维——现代经济伦理导论 [M]. 广州：广东人民出版社，2000：272-275.

望消费是超出正常需要而被欲望支配的消费,是一种"为欲望而欲望"的消费。他认为,以欲望满足为目的的消费不属于人类正常生活理性的范畴,这不单是由于欲望本身具有非理性的本性,更为主要的是,基于欲望的消费不是一种经济的消费。欲望像是一个永远饥馋、永不饱和的"胃",或像是一个永远张开的巨兽之口,永远不可能得到满足,因而基于欲望消费的本质并不在于它消费什么,而在于它是以满足不可满足的无限制性消费方式为目的。把需要与欲望区分开来,目的是对消费行为进行有效的道德评价,即合乎需要的消费行为具有道德合理性和社会正当性,而满足欲望的消费行为不具有道德合理性和社会正当性。丹尼尔·贝尔首先将"需要"与"欲求"分别开来,贝尔所说的"欲求"实际上就是万俊人所说的"欲望"。

现代社会的主要问题之一,并非各个群体的人们的基本需要在得到满足的前提下才变化和丰富,而是在许多社会成员的基本需要并没有起码的满足的情况下,消费主义的浪潮已借助现代科学与传媒技术席卷大地。从西方到东方,从城市到乡村,从沿海到内地,从富裕有闲阶层到普通工薪大众乃至失业群体,都不同程度地席卷进来。自从马克斯·韦伯以来,人们常常把新教伦理以及其中所包含的理性看作在现代社会的诞生过程中起关键作用的因素,因此忽略了桑巴特在《奢侈与资本主义》中所揭示的现代社会的兴起与十七八世纪英法贵妇人的奢侈消费之间的紧密关系。正如丹尼尔·贝尔在其名著《资本主义的文化矛盾》中所说,"然而资本主义有着双重起源。假如说韦伯突出说明了其中的一面:禁欲苦行主义(asceticism),它的另一面则是桑巴特长期遭到忽视的著作中阐述的中心命题:贪婪攫取性(acquisitiveness)。"

由于技术革命,过去认为是奢侈品的东西开始在社会上扩散开来,不断地被广告商们升级为"必需品",从洗衣机、电冰箱、吸尘器到汽车,都成为消费主义的象征。消费主义以及作为消费主义的符号象征的商品,给人满足的不是需要,而是欲望,欲望超过了生理本能,进入心理层次,因而是无限的要求,是对商品无止境的占有。正如桑巴特将奢侈定义为"任何超出必要开支的花费"。而所谓"超出必要开支",从量的方面来说等同于挥霍,是出于物质主义和个人自私而大量挥霍优质物品,因而为个人生活注满"无益的虚荣"。①

从人的需要角度而言，桑巴特所说的"奢侈"实际是"欲望"在消费方面的表现，奢侈消费就是欲望消费。尽管桑巴特批判的奢侈消费在当时主要局限于社会的统治阶层，是有钱人的生活方式，而不是普通百姓的消费。然而随着资本主义进入"消费社会"，奢侈就不再属于上流社会的专利，而成为社会大众所追求的普通消费行为。波德里亚在《消费社会》中对此做了生动有力的说明。他认为，现代西方社会已经是一个消费社会，这种社会的根本目的是用增加财富总量的方式，即创造丰盛的物品使人人都成为消费者，奢侈和享乐在过去是权贵阶层的生活方式，现在它通过信用制度向全社会其他阶层扩张和蔓延，几乎使社会上所有的人都能够实现奢侈消费，享受权贵生活的梦想。人们完全被"消费"所控制，消费成了人的本质。消费社会产生了一种神奇的力量，它给人们造成一种普遍的心态和信仰：奢侈即是生活，消费即是幸福。"在这个社会中，浪费式消费已变成一种日常义务，一种类似于向接赋税的通常无形的强制性指令、一种对经济秩序束缚的不自觉的参与。……汽车成了日常性与长期性、个人与集体浪费中具有特殊地位的焦点之一。不仅是由于它的使用价值系统地缩小了，它的声望和时尚系数系统地得到加强，以及投资在上面的钱数特大，而且更不值得怀疑的是，由于集体因车祸在钢板、机械以及人命方面所遭受到的戏剧性损失——消费社会在这场最为壮美的机遇剧中，通过对物与生命如仪式般规定的破坏，为自己提供了物质过于丰盛的证明。"②

因此，在这个消费社会中，与其说人们消费的是需要，倒不如说人们消费的是奢侈，是欲望。并且，不论从哪个角度看，欲望的不断更新和无节制膨胀都成了消费主义的一个根本特点。正如黄平所指出的："消费主义是指这样一种生活方式：消费的目的不是为了实际需要的满足，而是不断追求被制造出来、被刺激起来的欲望的满足。"③ 导致欲望膨胀的主要原因，不再

---

① [德] 维尔纳·桑巴特. 奢侈与资本主义 [M]. 王燕平, 侯小河, 译. 上海：上海人民出版社, 2000：79.
② [法] 波德里亚. 消费社会 [M]. 刘成富, 全志钢, 译. 南京：南京大学出版社, 2000：30.
③ 黄平. 未完成的叙说 [M]. 成都：四川人民出版社, 1997：120.

是生物学因素,也不再仅仅是经济学因素。欲望的形成完全超越了生物学和传统意义上的"必需"水平。如果说,传统主体的欲望形态表现为欲望的相对稳定和固定,并体现为"量入为出"的预算策略,那么,在现代主体的欲望形态中,人们的欲望则处于动态的、不断的膨胀之中。

(二)交通需求及其特性

1. 交通需求概念的理解

交通需求(transportation demand)是指社会经济生活中,人或物在一定时间内,采用不同交通方式、完成不同出行目的进行空间移动的需求。[①] 交通需求包括交通需求量、需求分布、需求结构、需求成本四项要素。

交通需求按照服务对象可分为以人为主体的旅客(居民)交通需求和以物为主体的货物交通需求。人们通常说的交通需求主要是指旅客(居民)交通需求。

旅客(居民)交通出行根据社会经济活动(生产、生活、休憩等)的目的,一般可以分为上班、上学、业务、购物、文化娱乐、接送人以及其他等多种类型的交通需求。其中有的交通需求,如上班、上学等交通需求是在比较确定的时段内习惯性运行,与城市自然地理、规模结构、形态布局及社会经济水平等相关,这类交通需求具有较大的稳定性,称为"基本需求",或称为"刚性需求",通勤、通学之类的需求是最基本的交通需求。

在城市社会经济生活中,如购物、文化、娱乐等这类需求在确定的时段内并不是非常稳定,往往受外界条件(气候、天气、交通出行的经济性与方便性等)的影响较大,其出行具有较大的不确定性,称为"非基本需求",有时称为"弹性需求"。

随着社会经济的发展,基于城市社会活动出行需求的一个重要的变化是多种目的系列出行需求,许多人在完成工作出行(上班)后,经常产生其他目的的出行,如下班后去接孩子、去商场购物或处理个人的事务等。这里工作出行是基本需求,而下班后的其他出行为非基本需求("弹性"需求或者"派生"需求)。

---

① 晏克非. 交通需求管理理论与方法[M]. 上海:同济大学出版社,2012:61-64.

2. 交通需求的特性

交通的目的是实现人与货物的空间移动，其每一个出行单元（trip）的产生、分布、方式、路径选择无不打上人与社会经济活动的烙印，城市的交通需求和供给都与社会活动密切相关。交通是城市功能组成（居住、工作、游憩和交通）的基本要素之一，是人类社会生产、生活活动的支撑。从城市功能活动上看，交通的需求是城市功能活动的产物及其功能运行的动力，而交通的生成与分布又都与人的出行行为休戚相关，不同的出行者的属性（性别、年龄、职业、收入）都通过"出行效用"（trip utility）的价值观念得以体现与度量，度量的尺度往往是时间、费用以及相对可达性（relative accessibility）等。因此，交通系统（包括需求和供给）的规划、建设、运行与管理往往不仅是单纯的工程技术问题，还涉及社会、经济甚至是政治的各个方面。

（1）交通需求的多样性。这首先体现在交通需求目的的多样性与异质性。社会经济活动的多样性产生了交通需求目的的多样性。不同的需求目的对出行方式的选择，出行的方便性、舒适性、安全性的要求是不同的。例如，同一个人，为商务、娱乐活动目的的交通需求通常会倾向于舒适性较高的出行选择，而对于通勤、购物等则偏向于经济性的交通方式。不同的人群，因其社会属性（年龄、性别）与经济属性（职业、收入）的不同，对完成出行的时间、费用的敏感性存在差异，选择的交通方式也会大相径庭，完成同一目的可以有多种选择。

其次交通需求的多样性也体现在需求的随机性或可替代性方面。交通需求的随机性主要指两方面：一方面是介入系统的服务对象、介入时间、介入地点和方式等都是不确定性的，无法事先确知；另一方面，影响系统交通出行的外部因素（如天气、拥堵等）也是随机的。社会经济生活是一个高度开放性市场化的系统，这种高度开放性很大程度上决定了交通需求的随机性。相对而言，基本需求的产生与分布虽然有一定的稳定性，但就个体而言，其出行时间、出行方式、出行路径选择等都存在着选择的差异；而弹性需求更受到系统开放性和市场机制的影响，其随机程度更大。

另外，在社会经济活动的信息化、智能化发展背景下，交通出行活动很多时候可以被通讯活动替代（需求的替代性），不出行或短距离出行就可完成。如现代信息技术（Fax，Email，Tel，计算机网络）的出现，Teleworking（电话上班）或 Telecommuting（远程办公）逐渐被大众接受，"在家上班"方式受到青睐。

（2）交通需求的不平衡性。交通需求的不平衡性主要表现为交通需求在时间分布和空间分布上的不平衡性。

交通需求在时间分布上的特征表现在不同的时间段内，如一天、一周、一个月甚至一年，都有不同的特征及变化规律；再如节假日与工作日，冬季与夏季等不同时间段，交通需求都有一定的区别。正因为存在这种不平衡性，为了把握规划、设计与管理的决策，往往采取了选择第30%位小时交通量、10%～12%高峰小时流量比、第85%位车速等交通特征参数指标，从统计意义上来评价和描述交通需求分布的不平衡性。交通需求的空间分布特征的具体表现是交通流的向心性和潮汐式特征。向心性是指交通需求多向配套设施完善、商业网点发达、娱乐设施密度较高的地区集中。潮汐性是指交通需求在走向上呈现对称性特点，如工业区与城市中心区之间的交通需求。上午交通需求走向是从城市中心区往工业区移动，下午则是从工业区往城市中心区移动。交通网络分布的不平衡性主要体现在城市全方式的OD分布与交通设施网络匹配的不均衡问题。

（3）交通需求增长过程的一致性与稳定性。据研究表明：在全世界范围内，个人收入与交通需求是相继增加的，即随着人均收入的增加，人们不断地追求速度与舒适度更高的交通工具。在低收入阶段，机动交通一般以公共汽车和自行车为主，平均运行速度只有20～30千米/小时；随着收入的增长，大约在人均GDP达到1000美元时，汽车的拥有和使用开始起步，交通方式以小汽车（摩托车）为主，运送速度可达到30～60千米/小时；而当人均收入达到8000～10000美元时，其小汽车增长达到峰值，我国也不例外。我国城市交通发展历程也说明了这一点。研究还表明：人们通常平均用于交通的时间有一定稳定性，每人每天花在交通上的时间通常在1.0～1.5小时，而在集群而居的城市人群中，每天花在交通上的时间大致1.1小时左右；一次通勤出行单程时间大约在30分钟，可接受的通勤时间（包括公交、小汽车）为42～45分钟，这与人的收入、职业、体力相关并有所差异。其中小汽车出行时间为25～35分钟，公交车出行时间为40～50分钟；另外，除了工作通勤之外的行为，300m 内人们购物的比例是 62%。不同目的的出行时耗不同，与城市规模也有一定的相关性，但变化不大，换句话说，人们总是会设法选择相适应的交通方式，使自己的出行耗时稳定在可以承受的某一范围内。

(4) 交通需求的外部特性。作为专门术语，外部性最先由英国经济学家马歇尔提出，迄今已有 100 多年。它的一般意义是指某一经济个体的生产和消费活动对其他个体产生的一种伴生影响，即个体的某一行为对其他个体产生的影响。这种影响可能是有益的，也可能是有害的。有益的外部性称为正外部性；反之为负外部性。所谓交通需求"外部性"，是指在需求生成与增长（变化）的过程中，除了实现主体（人与物）自身活动目标（即内部效益）外，还使其他客体单位（如其他出行者、其他社会经济活动以及土地开发、环境变化等）获得了意外的收益或受损的现象。如何评价交通外部效应（与成本）非常重要。例如，汽车化（机动化）交通造成的环境污染、资源消耗等社会外部成本，如何通过道路收费等经济手段让其使用者承担，即为交通外部成本内部化，从而体现社会公平，并达到经济与环境资源的利用更有效率的目的。① 在现代化的交通系统中，交通需求的外部性问题，主要是指交通拥挤、污染排放等负面问题，人们常说交通运输可持续发展问题突出，就是指交通运输的外部负面效应很大。实际上，交通运输外部性特征包括外部效益和外部成本。具体表现为：交通需求可以为社会提供相当大的经济效益和社会效益，它带来的利益可能远远超过人们直接对其投入的费用。例如，城市地铁建设往往不仅满足了沿线区域高强度客流需求的运行，还会带来沿线周边地区土地的升值；同时交通需求也会对环境产生巨大的冲击，当今交通运输的发展大大增加了交通事故发生率、噪声、污染排放等不良影响，而且当交通拥挤超过一定程度，产生了交通运输的外部成本。②

(三) 交通需求管理及其实施途径

所谓交通需求管理（transportation demand management）也叫出行需求管理（Travel Demand Management，简称 TDM），其目的是通过调控不必要的私人机动车出行需求，鼓励采用更加高效、节能、环保的公共交通和非机动化

---

① 晏克非. 交通需求管理理论与方法 [M]. 上海：同济大学出版社，2012：2-4.
② 晏克非. 交通需求管理理论与方法 [M]. 上海：同济大学出版社，2012：61-64.

出行方式，实现城市交通系统效用的最大化。① 交通需求管理政策可为城市生产生活的方方面面带来改善，除"缓解交通拥堵""改善空气质量"等大众关注的效果外，还包括"提高交通安全性"等传统交通规划管理中忽略的内容。众多经验表明，综合应用多种TDM措施，是实现城市可持续发展和社会效益最大化的有效途径。

  TDM实施途径主要分为"推动"措施和"拉动"两大类。"推动"侧重通过提高小汽车使用门槛，如增加道路使用费和停车费等，降低其吸引力；"拉动"则侧重于增加可选择的交通方式种类，提高公共交通和非机动化出行的吸引力。两类措施之间既相互独立，又相互辅助。

  如第五章所述，欧洲一些国家和美国的城市已开始反思和重新评价小汽车交通方式的隐性成本，让小汽车使用者依据真实的成本效益原则做出理性的选择，公平地承担小汽车出行的社会成本。这种举动所体现的社会公平性原则，即治理机动车污染的费用应该由污染制造方承担，而不是分摊给社会大众，特别是无法使用小汽车的贫困弱势群体。

  随着城市家庭日趋富裕，越来越多的人有能力购买小汽车。如果不保持出行方式选择的多样化，对交通需求进行必要管理，将会导致更严重的交通问题，结果只能是每个人的利益都受到损害。由于城市道路和停车场不断占用有限的土地资源，居住、步行及自行车的空间急剧减少。道路交通量持续增多导致了交通事故的增加和环境质量的恶化。如果不能打造一个舒适、高效、绿色的公共交通系统，整个社会将陷入恶性循环。人们将逐步放弃公共交通而选择更加舒适的小汽车出行。人们从城市迁往郊区导致了城市蔓延，这个转变过程非常短暂，数年之内就会使一个多方式的综合社区转变为完全依赖小汽车的孤岛。被快速路隔离的社区与外界割裂，以非机动车方式为主的社区出行质量将受到严重破坏。② TDM理念认为，交通需求并不是一成不变的，而是可以被交通政策、收费政策、投资政策和出行者自身选择等因素引导和影响的。

---

  ① ［美］安德里亚·伯德斯，［加］托德·利特曼. 城市交通需求管理培训手册［M］. 温慧敏，等译. 北京：中国建筑工业出版社，2009：1.
  ② ［美］安德里亚·伯德斯，［加］托德·利特曼. 城市交通需求管理培训手册［M］. 温慧敏，等译. 北京：中国建筑工业出版社，2009：17.

二、城市交通供给与需求的矛盾①

交通供给与需求是一对错综复杂的矛盾，由于经济、社会和环境等方面的观念差异，处理这一矛盾的手段和实施效果会有很大的差异。交通工程学里有一条著名的定律"当斯定律"（Downs Law），表述为：在政府对城市交通不进行有效管控的情况下，新建道路设施会诱发更多的交通量，而交通需求总是倾向于超过交通供给。经验表明，道路交通发展受供给与时间—空间的约束特别明显。人们总希望能拥有更大的时间—空间的伸延追求，体现在供需关系上就是探索如何利用可能的空间和时间，满足各类人群（包括行动障碍者）对现代移动性（mobility）的需求。美国学者 Wachs 称，流动性是一种被低估了的人权，你永远不会对它感到满足。为了满足这种延伸性需要形成适应现代社会经济发展的高效、安全与环境可持续的交通体系。交通运输的延伸性发展的原因有两个：一是社会进步有可能通过市场经济的价格机制向社会的每个成员提供交通服务；二是科技进步不断扩展交通的服务功能提高运输的质量。这两点成为交通需求不断延伸发展的催化剂。在我国这样一个人口众多、土地紧张、能源不足的国家，城市用地和能源消耗无法满足像美国那样的以小汽车交通为主流的交通运输模式。因交通基础设施拓展的空间已极其有限，交通供需的关系自然难以达到自然平衡。具体来说，在交通供需关系的处理上主要存在如下一些问题。

1. 过分强调供应不足

根据"当斯定律"，我国大城市道路设施的增长速度远远跟不上机动车的增长。实际上，道路与机动车之间在数量上并不存在比例关系，车辆增长与交通量的增长也并非线性关系。从经济和资源上讲，我国大城市道路建设要满足需求是不可能的。因此道路建设的目标应定位在防止交通拥挤的过度恶化和为大多数地区提供必要的可达性。

2. 供给方向上的偏差

目前的交通供给过分集中在快速路、主干路、高架路、立交桥、地铁、

---

① 参见何玉宏，等. 城市交通社会学 [M]. 武汉：华中科技大学出版社，2014：138–139.

轻轨等高投资的交通设施上，忽略了城市支路网的建设和常规公共汽（电）车的发展，对于停车、加油、步行、换乘等交通设施以及交通管理和服务的供给则一笔带过。这种方向上的偏差直接造成了城市交通系统运行的低效率。

3. 对部分需求的忽视

交通方式没有先进和落后之分，各有其优缺点，各有其适用的范围和程度。应该看到自行车在我国城市中所具有的不可替代的优势和适用性，国外的研究表明，它是一种有生命力的交通工具。但是目前我们在对待自行车、摩托车等交通方式的态度上，往往采取歧视性的限制政策。另外，对于步行交通的忽视也是普遍存在的问题。

4. 价格政策不合理

价格是调节供需关系的重要手段。对于高效率的交通方式（如公共交通），价格过高会导致使用者减少，城市总体运输效率下降，成本升高；对于低效率的交通方式（如私人小汽车、出租车），价格过低会导致使用者增加，也会使总体效率下降，成本升高。而目前我们制定的很多价格政策则是背道而驰，导致城市运输成本的升高和总体运行效率的下降。如公交票价的上调会导致更加高昂的宏观经济代价，出租车票价不高则会导致政府投资效益的不合理转化等。如上海公交票价上调导致公交客流大幅度下降，虽然公交公司营业收入的提高，政府补贴减少。但大量乘客转向自行车和助动车，造成全社会出行成本上升，交通拥挤加剧，道路需求增加和环境恶化。又如北京6万辆出租车每年向政府交纳的税费2亿～3亿元，但出租车占市区道路上机动车交通量的30%～50%，而这些道路的建设和养护费用每年高达几十亿元。显然，大量的政府投资转化为出租车公司的收入以及出租车乘客的收益。出租车价格政策导致北京出租车乘客与公共汽车乘客的比例为1：4.5，交通结构严重失衡，道路的运输效率大幅度降低。

由于在城市发展的不同阶段，交通需求特性和交通供给特性不同，决定了解决交通供求关系的主要矛盾也不同。一般来说，城市发展初期，交通基础设施尚未达到规模，设施建设必然是主要矛盾。当道路网络等基础设施基本完成后，提升交通系统管理水平、促进设施的充分利用就成了解决交通供求矛盾的主要途径。随着机动车保有量的不断增加，道路交通逐渐达到饱和状态，可挖掘的道路空间越来越少，而且空间资源的有限性也决定了不可能再大规模修建道路时，改变人们的出行行为、提高集约化交通工具的出行比例、提升道路空间利用效率便成了主要手段。

三、城市各社会阶层交通需求——兼议高兹的汽车社会意识形态批判

（一）城市各阶层交通工具使用差别

城市交通是城市居民参与社会活动的重要条件，也是所有成员在城市中活动的内容之一。从这一角度出发，城市交通需求一定程度上反映了现代城市社会的动态本质。换句话说，这种需求的社会学功能就是以人和人群为中心来考察交通行为过程的社会意义和社会效应。我们关注城市交通问题，不能脱离人在城市交通中所表现出和感受到的各种复杂的社会行为、社会关系和社会事实。在城市中，人（或物）使用怎样的交通工具从甲地到乙地的移动过程，不仅有体力耗费的生理学意义，费时误工或运价高低的经济学意义，还有体现社会分层、人际关系、社会文明、成就感或挫折感、光荣感或侮辱感、安全感或危险感等社会学上的意义。人们一旦离开家门便置身社会，而这个社会是一个和谐、进步、安全及人们相互关心的社会，还是一个堕落、混乱、危险、人与人之间无情争夺的社会，显然对我们的行为取向（自然也包括交通行为取向）有很大的影响。

从社会学的角度来观察和处理城市交通现象，首先应当把人们的交通需求看作是城市生活的基本需求之一，把交通条件的分配看成是社会财富的基本分配内容之一。城市交通的社会意义在于，它是关心并保证市民在离开家门以后的"社会时空"中的一种社会待遇。城市交通条件体现了交通者在城市社会中的人格、价值和身份。

美国学者艾伦·杜宁曾按照年收入和生活方式把消费分为三个生态等级：高消费阶层、中等收入阶层和穷人，三个等级的典型特征之一就是交通工具使用的差别，如表6-1所示。使用怎样的交通工具实质反映了有怎样的交通需求。而交通工具使用方面的阶层分化在21世纪的中国日常生活中也是非常明显的。有学者在研究消费分层时曾指出，按照设想，在交通工具的使用方面应该有比较明显的分层现象，如自行车族、公交车族、打车族、

私车族等①,这种设想在深圳调查中得到了证实②。

表 6-1 世界消费阶层

消费类型	消费者阶层（人均收入高于7500美元）	中等收入阶层（人均收入在700~7500美元）	穷人（人均收入低于700美元）
饮食	肉类、包装过的食品、饮料	谷物、清洁水	不充足的谷物、不清洁水
交通	私人轿车	自行车，公共汽车	步行
用品	一次性用品	耐用品	当地的材料

资料来源：艾伦·杜宁. 多少算够—消费社会与地球的未来 [M]. 长春：吉林人民出版社，1997：10.

深圳是一个狭长的多中心城市，交通比较方便，居民购物、上班路上所消耗的时间都不多，而且很多人居住地和工作地点距离近，所以各个阶层都有很大比例的人步行上班或者购物。除了步行之外，阶层之间在交通工具的使用方面有明显的差别。根据交通工具使用的情况可以分辨出以下几个群体：公车族（包括上班使用班车或者单位专车）；私家车族：自己驾车上班或者亲友接送；出租车族：使用出租车上下班；公交车族：上班多使用公交车；自行车或摩托车族：使用自行车或者摩托车上下班。

从调查情况看，干部群体除了一部分步行人员以外，其余绝大部分上下班是使用单位班车、专车或者私家车，所以干部群体属于公车族和私车族。而私营企业主上下班则主要以私家车为主，约67%的私营企业主使用私家车上下班，企业经理人员也有相当一部分公车族、私家车族，还有一部分是公交车族。专业技术人员和办事人员既有一部分人使用单位班车或者专车上下班，也有一部分使用私家车，但是这两个阶层中还有一半左右的人使用公交车或者自行车、摩托车上下班。商业服务人员和技术工人除了步行以外，主

---

① 李培林，张翼. 消费分层——启动经济的一个重要视点 [J]. 中国社会科学，2000(1).

② 参见：赵卫华. 地位与消费——当代中国社会各阶层消费状况研究 [M]. 北京：社会科学文献出版社，2007：175-178.

要以公交车为交通工具,而非技术人员则以步行为主,而且他们上班的时间平均不到十分钟,这说明非技术工人主要住在工作地点附近,居住环境相对较差。

在购物出行中,也有相当一部分人步行,除此之外,有近60%的私营企业主、50%的干部使用私家车或者单位车去购物,企业经理人员也有一定比例的人使用私家车或者单位车去购物。专业技术人员和办事人员乘公交车的比例较大,也有一定比例的人使用私家车购物。商业服务人员、技术和非技术工人则以公交车为主,个体工商户无论是工作还是购物,除了步行、自行车、摩托车是其主要的交通工具,此外还有少量的私家车,这一阶层使用公共交通的比例比较低。

户籍身份不同,在交通工具的使用方面也有着很明显的差别。非户籍人员绝大多数是步行或者乘公交车上下班,特别是外来农业户籍的非技术工人,91.3%的人都是步行上下班,非户籍人口中只有2.8%的人乘坐班车或者单位车上下班。而户籍人口中,除了步行和公交车上下班以外、有19.8%的人乘坐单位班车或者专车上下班,还有不少人乘私家车上下班。省际旅行时,户籍人员中67.7%的人乘坐飞机,非户籍人员则68%的人乘坐火车。这些差别有收入的因素,但是也有体制的影响,如户籍人口有机会得到更多的单位福利,比如单位住房和单位班车,而非户籍人口则不能。南京的情况亦是如此。(参见第七章相关内容)

总的来看,进入21世纪以来,我国多数城市交通工具的分化态势与个人阶层地位的关系非常明显,阶层地位比较高的人,不但乘私人轿车上班的比例大,而且乘公车(单位专车和班车)的机会也多,而阶层地位比较低者则以公交车和步行为主,这充分说明职业地位与消费选择的密切关系。

(二)高兹的汽车社会意识形态批判

1. 高兹的汽车社会意识形态观

法国的思想家安德烈·高兹是西方生态学马克思主义的重要代表人物。他在1975年出版了《生态学和政治》一书。《生态学和政治》是法文版原名,英译本改名为《作为政治学的生态学》。这部著作的出版,标志着高兹从一个存在主义的马克思主义者转变成一个生态学的马克思主义者,也确立

<<< 第六章 城市交通治理路径：需求管理与系统协同

了他在生态学马克思主义中的主要代表人物地位。①

《作为政治学的生态学》共四章，其中第二章第三节标题就是"汽车的社会意识形态"。在这一节里，高兹以汽车工业的发展为案例，阐发了在资本主义社会条件下汽车作为一种交通工具如何具有了社会意识形态功能。高兹主要从以下几方面剖析了汽车社会意识形态的表现。

其一，人人拥有汽车体现了资本主义在意识形态上的绝对胜利。汽车的大众化导致自私自利、享乐主义的意识形态在人们日常生活中的流行。它让每个人产生并坚信这样的幻觉：每个个体都能以牺牲他人利益为代价来寻求自身的利益。以驾驶者冷酷无情和争先恐后的自私之心为例，"这些驾驶者每时每刻都像在要杀死别人，而这些人在他们眼中只是阻碍行驶速度的物理障碍"②。如中国近年来发生的"李刚事件""小悦悦事件"等多个与汽车相关的交通事故，正反映了一些驾车者对他人生命的漠视，这种自私之心标志着贪图享乐的行为模式的到来。

其二，本属于奢侈品的汽车是由于自身普及导致贬值的矛盾性典型。较之大众化消费带来的实际贬值，在日常生活层面汽车并没有出现意识形态上的贬值；相反，由于汽车作为一种奢侈品与其他商品形成某种差异，还可以起到鲜明的身份示差功能，让汽车所带来的快感与利益的神话得以继续。正如香车美女的媒体广告每日都在宣告着拥有汽车与拥有成功的等价关系。而且由于"私人汽车的大众化取代了公共交通，改变了市政规划和住房格局"，让城市公共交通的规划和建设只为私人汽车设计，一定程度剥夺了其他交通工具使用城市道路的权利，而面对城市空间不同功能区划的现实，工作地、生活区的远隔使得人们的日常生活必须依靠汽车的功能，从而进一步促进了私人汽车的流行。

其三，汽车的意识形态性还体现在：汽车表面上的独立性蕴含着彻底的依赖性，每个驾驶者都沦为车的奴隶。首先，"与骑马者、马车夫或骑自行车者不同，汽车驾驶者为了燃料供应和哪怕最小的维修，都要依靠经销商和

---

① 陈学明. 评生态学的马克思主义及其主要代表人物高兹 [M] // 当代马克思主义评论：第三辑. 上海：复旦大学出版社，2012：10, 143 - 197.
② André Gorz. *Ecology as Politics* [M]. Boston：South End Press, 1980. p70.

发动机、润滑剂、点火装置等方面的专家以及零部件的可更换性"。① 这样，在驾驶者与销售及保障者之间，由于汽车的特性和使用方式，使得驾驶者必须受制于一套完整的供应、销售、维修、保障体系，否则他就无法顺畅地使用汽车，因此拥有一辆车就意味着处于资本逻辑的支配之中。其次，在驾驶者和汽车之间，由于汽车的复杂性导致驾驶者不能掌握汽车的工作原理，不能凭自己的意志和力量控制这个商品，而只能被强制购买一系列商业服务和工业产品，不得不通过第三方的帮助来操作自己的机器，实际丧失了对自己财产的控制权和支配力。"不同于以前所有交通工具的所有者，私人汽车司机只是他/她汽车的使用者和消费者，而不是所有者和主人。"②

最后，即便你已驾驶上路，原先可以自由驰骋、摆脱他人束缚的幻想就被交通堵塞、在汽车长龙中的焦急等待所破灭。"即使你预留给自己充裕的时间，也根本不知道这些交通拥堵路段何时才能让你到达目的地"。而且你不能随意停车，你的进退、快慢都要取决于别人，取决于整个车队。于是，汽车的消费者沦为车的奴隶，汽车成为所有交通工具中最不舒服和最受制约的机器。或许这也是人的天性，"人喜欢成为奴隶，并展示自己受奴役的权利，这种奴役常常变换自己的形式"③。

2. 高兹对汽车社会意识形态的批判逻辑

高兹延续了马克思对资本主义意识形态的批判逻辑，把汽车产业作为实现资本主义生产循环过程的一个案例来批判。在高兹的汽车社会意识形态批判视野中，资本原则主导之下的汽车使得城市美好成为一种幻象或是一个遥不可及的神话。汽车的本质是生产拥堵，拥堵的本质是消费汽车。在高兹看来，任何克服城市拥堵的幻想都无一例外地落入资本主义意识形态同谋的陷阱里。

(1) 揭露资本家借助汽车作为意识形态工具背后的不良图谋。汽车行驶需要燃料，这就让历史上人类首次为了他们的移动不得不依赖一种商业能源——石油。这样，石油巨头们就能从汽车的普及中获益：有多少汽车司机

---

① André Gorz. *Ecology as Politics* [M]. Boston：South End Press, 1980. p71.
② André Gorz. *Ecology as Politics* [M]. Boston：South End Press, 1980. p71.
③ [俄]别尔嘉耶夫. 论人的奴役与自由 [M]. 张百春，译. 北京：中国城市出版社，2001：52.

就有多少石油产业的顾客,有多少家庭就有多少驾车者,以至于全部人口都成了石油商的顾客。如此一来,"每个资本家的梦想都将会实现。每个人都将为了日常必需品依赖垄断产业的商品"。① 因此,与其说这是每个人都参与其中的"汽车带来快乐和利益的神话",或者说"汽车消费神话"也罢,倒不如说这更是由石油巨头和汽车制造商等利益集团合谋导演的一场汽车意识形态"盛宴"。

高兹让我们看清了资本家的那些"把戏"或"勾当":小甜点(汽车降价)+迷魂汤。"要做的就是说服人们开车了。都不需要劝。通过大规模生产和装配流水线把汽车的售价降下来就够了。"人们想方设法买车,丝毫没有意识到自己面临的陷阱。因为前面就是人生梦寐以求的追求:"从现在开始,同贵族和中产阶级一样,你也将拥有比其他人更快驾驶的特权。在汽车社会,你也能获得精英的特权。"② 高兹告诉人们,如果人人都有车,这特权还有什么益处呢?这真是个傻瓜的游戏。但汽车就这样从一种奢侈品和特权符号,成为重要的必需品。资本主义工业从而轻松地赢得了这场游戏的胜利。

根据高兹的分析,汽车从原来的奢侈品变为大众消费品,一跃成为统治阶级的意识形态工具,汽车的普及推广成为资本家攫取利润的方式大发其财,大众则举债购车,相互增进敌对,从此还沉迷于虚假的快乐之中,其批判社会的精神和反抗统治的实践被摧残,进而掩盖阶级冲突,维护既得利益集团的统治。这就是汽车意识形态的图谋。既促进了资本积累,维护了阶级统治,又转移了社会矛盾,瓦解了阶级团结,可谓一箭双雕。

(2)控诉汽车社会意识形态所带来的深重危害。高兹通过具体分析,为人们展示了汽车意识形态的种种危害。

其一,汽车的盛行毁掉了城市宜居环境。首先,当人人都有车,每个人都宣称自己拥有特有速度开车的权利时,城市交通的速度就会迅速跌落到比马车的速度还慢,甚至汽车的平均速度降到比自行车更慢。而且没什么好办法能解决这一问题。不管是增加城市高速,环形公路,高架路口,八车道乃

---

① André Gorz. *Ecology as Politics* [M]. Boston:South End Press, 1980. p72.
② André Gorz. *Ecology as Politics* [M]. Boston:South End Press, 1980. p72.

至十六车道的高速公路，还是收费公路，结果都一样。道路越多，堵在路上的车也就越多，波士顿是这样，巴黎、罗马、伦敦也是，中国的首都北京更是举世闻名的"首堵"，城市交通变得越来越拥堵瘫痪。只要有城市，交通问题就无法解决。其次，车辆越普及，人们花费在出行上的、超过一定限度的时间就越多。因为"汽车浪费的时间比它节省的更多，占用的空间比跨越的更多"。① 而且，每天工作的钱一大部分都花在了上下班途中。一个典型的美国人一年投入超过1500个小时（也就是每周30个小时，或者每天4小时，包括周日）在自己的私人汽车上。这包括坐在方向盘后面的时间，车开车停都算上，以及为买车，支付汽油，轮胎，过路费，保险，罚单，税收等各项费用而需要工作的小时数。每3.5英里就要花上他1个小时的工作时间。结果，"汽车让大城市变得不再宜于居住。让城市变得恶臭熏人，喧嚣不堪，令人窒息，尘土飞扬，拥堵得让人晚上不再愿意出门。"② 原本视之为奇迹的伟大城市，现在成了"地狱"，工作日一结束，人人都想逃离它，住到郊区去。于是社会掉进了一个恶性循环，如高兹所言：一个多么完美的循环论证啊！"给我们更多的车，好让我们能逃离汽车造成的破坏"。③ 汽车杀死了城市，我们则需要更快速的汽车来沿着高速公路驶向更遥远的郊区。

其二，汽车的普及毁坏了城市交通本身。"汽车杀死城市之后，汽车又在相互残杀。"曾经承诺每个人都能更快地出行，但最终却不得不以最慢的速度行驶，更糟的是，去任何自己想去的地方，无论何时、以什么样的速度，结果是汽车成为所有交通工具中最不自由的。就像火车被冷酷地束缚于铁轨一样被道路束缚，而且和火车一样，你必须以别人确定的速度行驶。"汽车没有火车的所有优点却有其所有缺点，还加上它自己的一些缺点：颠簸、空间狭窄、交通事故的危险和不得不亲自驾驶的麻烦。"④ 此外，当汽车杀死汽车的同时，它也计划让其他可供选择的交通工具消失，由此使得汽车的使用变成强制性的。例如，让城市之间及城市与周边乡村之间的铁路连接支离破碎，接着把它们废除。唯一幸存下来的是那些与航空线路争夺中产

---

① André Gorz. *Ecology as Politics* [M]. Boston: South End Press, 1980. p73.
② André Gorz. *Ecology as Politics* [M]. Boston: South End Press, 1980. p74.
③ André Gorz. *Ecology as Politics* [M]. Boston: South End Press, 1980. p74.
④ André Gorz. *Ecology as Politics* [M]. Boston: South End Press, 1980. p75.

阶级客户的高速城际铁路连接。

其三，汽车引发的问题弄糟了人们的生活。驾驶者怀着享受特权的自私之心，在道路上以自我为中心，相互敌对互不相让，损害了人与人之间的和谐关系。交通事故的发生就是相互之间造成巨大伤害的明证。"一次普通的撞击就能引起全身的瘫痪。"由于阶级差别第一次扩大到速度和运输工具，使无车者感到"地位恐慌"，"形象焦虑"，产生自卑感，认为消费汽车就可以享受中产阶级的特权，实现个体的自我肯定及幸福，因而不惜负债买车。最后，汽车拉大了空间距离，彻底打乱了人们的生活。生活的众多维度被划分成一块是工作区，另一块是生活区，第三块购物区，第四块学习区，第五块娱乐区。空间的这种安排方式带来人的瓦解。"它把一个人分切成片，把我们的时间，生活分切成单独的碎片，在每个碎片中，你我都是商人支配下的被动消费者。"①

（3）撕开了汽车意识形态控制大众思想、推广资产阶级价值观及其生活方式的虚伪面纱。根据海德格尔的理论，机械向人类"展示了一个明确的统治特征，一种明确的规训纪律和独特的征服意识"。在20世纪，这种通过机器技术进行的管理所形成的生产、消费、流通、定位和社会性体系得到了最为耀眼的表现。②但在高兹看来，汽车社会意识形态是由虚假意识、幻象组成的信念体系，代表着统治阶级与政治集团根本利益的情感表象和价值观念。他们（政客及商人等组成的利益集团）为了自己的统治和利益，竭尽所能用各种错误、扭曲的方式遮蔽现实中罪恶的存在，迷惑人们使其沉浸于虚假的观念世界中。

①虚假欺骗。汽车社会意识形态的虚假性掩盖了统治阶级的利益，赋予意识形态颠倒性功能，给人们造成观念上的错误假象，认识不到统治阶级的本质性以及利益集团的罪恶性，从而掩盖现实状况的目的。高兹告诉我们，那些政客坚持每个家庭都有权利拥有至少一辆汽车，且应由政府承担责任让每个人在城市里便捷地停车，轻松地开车，飞车度假，等等。其颇具煽动性的荒唐显而易见，却赋予汽车以特权标志，创造汽车消费的快感神话，制造

---

① André Gorz. *Ecology as Politics* [M]. Boston：South End Press，1980. p77.
② 米米·谢勒尔（Mimi Sheller），约翰·厄里（John Urry）. 城市与汽车 [M] //汪民安，等. 城市文化读本. 北京：北京大学出版社，2008：208.

出日常生活必需的假象，把汽车从奢侈品变为大众化日常生活必需品，使汽车消费者被无意识所操控，在追求汽车给予的虚假快感中被资本驯服。

②支配控制。掩盖的动机和目的是为了控制人的思想、行为，使人们争相追逐汽车那种在现实中根本不存在的特权，沉浸在汽车社会意识形态包裹的虚假意识之中，自欺欺人。"每个人欺骗、欺诈和阻扰他人，反过来也被他人欺骗、欺诈和阻扰"。① 人们的日常生活因私人汽车而改变，并更加依赖私人汽车，痴迷于汽车提供的虚幻消费特权而成为资本逻辑的俘虏，生活在资本逻辑设定的种种支配之中，日常生活被资本所控制。

③鼓吹推广。高兹认为，那些"从现在开始，同贵族和中产阶级一样"，"你也能获得精英的特权"的鼓吹，实质是传播、推广资产阶级生活方式及其价值观的谎言（笔者称之为迷魂药）。因为与城堡或海边别墅一样，汽车是为了让极少数富豪独享快乐而发明的，在理念和本质上从来都不是为大众准备的。这也是汽车初衷定位奢侈品的原因。奢侈品的本质在于不能民主化，这个道理放在海边别墅的例子是人人皆知的常识。所以尚未有哪个政客敢于宣称度假权利的民主化意味着给每个家庭一栋带私人沙滩的别墅。大家都明白，若那样实施，需要把沙滩切割成极小的长条，把别墅紧紧地挤压在一起，以至于沙滩的使用价值变为零，实现沙滩使用权的民主化只有一个办法——集体沙滩。那么，与集体沙滩一样明显的道理为何在交通运输领域不被广泛认可呢？汽车也似沙滩豪宅，占据稀缺的空间，剥夺别人的使用权（行人、骑车者、公交车等），每个人都使用会失去原有的使用价值。针对这种状况，高兹指出，我们需要一种意识形态文化的改革来打破这一循环。

总之，高兹为我们揭开了资本主义汽车社会意识形态的虚伪面纱。他告诉人们，汽车社会意识形态的实质是控制人民大众思想，传播、扩散和推广资产阶级生活方式及其价值观。鼓励人们追求幸福，引诱人们消费汽车并把消费汽车当成实现幸福的手段，实则是实现了资本家追求最大利润的梦想，而大众的汽车消费之梦只是一个神话。不过，必须指出的是，高兹对汽车大众化的批判，并非批判汽车本身，而是批判汽车交通方式的资本主义运用，或者说批判资本主义技术运用所造成的社会统治和社会控制。

---

① André Gorz. *Ecology as Politics* [M]. Boston: South End Press, 1980. p69.

3. 汽车意识形态批判理论对我国城市交通治理的启示

汽车化过程是经济发展中企业、政府及家庭个人等相互作用的结果。汽车化之所以造成城市交通拥堵等社会问题，是因为整个社会对汽车交通的特性缺乏共同理解。作为个人交通工具，汽车大量集中必然产生拥挤，从而降低其方便性并引发多种问题，但只要汽车比公共交通方便，任何人又都不愿意放弃汽车。这是一个社会性两难问题。高兹对汽车社会意识形态的批判，可以为进入汽车时代的中国城市交通治理提供有益的启示。

（1）为了城市的明天更加美好，必须尽快遏止汽车无限制的消费。党的十九大提出把人民对美好生活的向往作为奋斗目标为我们指引了方向。何谓美好城市？何谓幸福生活？或许我们每个人的心中都有一个属于自己的答案。巴西环保运动的奠基人何赛·卢岑贝格在20世纪末就一针见血指出："正是因为进步，人类才变得贫穷。……对于汽车生产厂商来说，一个新的更为广阔的市场正在形成。例如中国……人们已经在许多街道上限制自行车通行，因为自行车被视为落后的标志。……如果我们听任这种状态在全球继续蔓延，那么我们将来所拥有的将不仅仅是5亿辆汽车，而是30亿辆。大气将因此遭到严重破坏，我们的文明——这也是我们生活中最为重要的一部分，也将遭到毁灭。因此可以说，我们一直朝着一个错误的目标前进！"[①]

中国开始步西方之后让汽车变成了城市生活的主角，变成了支配资源配置的权力中心，汽车为人们提供了前所未有的机动性，很能适应现代化和进步的愿景，并成了创造中国经济奇迹的重要组成部分。汽车已经成为权力、成熟、自由和身份的象征。面对这一切，我们真的能够下结论，汽车化的社会人民会更幸福、生活会更美好吗？当有些人变得如此地依赖小汽车，我们是否会对这个世界产生些许疑问而对更美好的生活产生期盼。当汽车在这个世界的大多数地方成为无处不在的事物，在街道上，孩子们玩耍的身影和声音，邻居们愉快的社交活动已经消失了；那些不能驾驶车辆的人（老年人、穷人、残疾人）已经变得孤独。对石油产品的依赖已经威胁到了国家安全，并显著地左右了国家的外交政策，甚至战争。汽车废气排放有害我们的健康

---

① ［巴西］何赛·卢岑贝格. 自然不可改良［M］. 黄凤祝，译. 北京：生活·读书·新知三联书店，1999：52－53.

并威胁人类的气候系统。道路事故已经成为人员伤亡的首要原因。

显然,美国或西方汽车化发展的模式不适用于中国。道理很简单,因为世界上没有可供其使用的足够资源。中国人在通往富裕生活的长征途中,不可以走那些发达国家所犯过的错误老路,否则,世界的生态系统将完全乱套。汽车不能成为全民的消费,这是中国的国情决定的,是地球承载力有限决定的。因此,我们必须尽快遏止汽车无限制的消费。

(2) 充分认识交通需求管理的重要性,合理引导市民出行行为。国内外经验表明,单纯依靠增加道路设施供给无法从根本上解决交通供需矛盾。当人均收入水平达到一定程度并不再成为家庭汽车消费的主要障碍时,必然会出现一种交通需求和交通基础设施供给之间的竞赛。在政府对城市交通不进行有效管制和控制的情况下,新建的道路设施会诱发新的交通量,而交通需求总是倾向于超过交通供给;可道路的拓展终将是有限的,最终道路的拥挤状况依旧,或更加严重,城市交通的发展将陷入恶性循环的局面。

通过交通需求管理,可以调控不必要的私人小汽车的出行需求,引导高效、节能、环保的公共交通和非机动化方式出行,以实现交通系统效用的最大化。交通需求管理不能被视为是权宜之计、补充性的管理手段,要放在与交通供给同等重要的位置,建立长效化、科学的交通需求管理体系,要从战略高度合理引导和持续修正市民的出行行为。① 小汽车的高拥有率并不等于高使用率,发达国家的城市如日本东京等在较高的汽车拥有水平下,通过合理引导,使机动车的使用强度保持在相对较低的水平。收入高低也不是出行方式选择的决定因素,自行车交通并非是由于贫穷或缺乏机动化交通工具而做出的被动选择,选择自行车也是选择一种绿色交通方式。

(3) 城市交通治理需要建设一种不依赖汽车的绿色交通系统。萨夫迪曾在1973年和1999年两度来中国访问,因而特别关注中国城市发展过程中已经出现的问题和即将出现的问题。他希望中国对即将迎来的"汽车社会"所引发的"城市伤痛"问题予以足够的重视,从而避免西方曾经走过的"一段弯路"。例如,对于北京这座快速发展中的现代化大都市,他毫不客气地指

---

① 杨保军,等. 城市发展规律——知与行 [M]. 北京:中国建筑工业出版社,2016:254-255.

出：北京在几十年之中就重蹈了许多西方、南亚和拉丁美洲城市进化的过程，同样的发展模式，同样的对汽车的依赖，同样的忽视公共交通，以及到处可见的历史区域的损毁和布局混乱的高层建筑。① 萨夫迪当时的坦率批评，无疑对正全力走向城市化的中国具有重要的参考价值。正如译者吴越博士所言："对于我们即将推行汽车消费，尚未形成汽车化体系的中国来说，面对后汽车时代，如何选择我们城市的发展方向，就是一个值得深思的问题了。"

尽管我们没有采纳萨夫迪善意的批评而错失良机，在今天面对一个"雾霾满中国"的严峻现实，是否能从高兹关于汽车社会意识形态更严厉的批判中得到启发，在深刻地考验着我们的智慧。交通问题的解决，需要超越交通本身来思考。发展绿色交通被认为是解决交通问题的一个选择，城市交通治理需要建设一种不依赖汽车的绿色交通系统。

（4）克服对汽车的依赖、转变对于汽车的态度首当其冲是价值观的转变。正确的价值取向是社会解决途径的核心和关键。已故社会人类学家费孝通说过，"人们乐于遵守自然法则和端正行为准则，因为大家都知道，解决我们所面临社会问题的真正办法是建立在一定原则基础上的，那就是共同的愿景和协同。"② 健康的经济社会发展是人类共同的愿景，它需要人类有同舟共济的精神。

在我们还没有来得及认真思考充分讨论汽车对环境、资源究竟意味着什么，我们的城市已长驱直入进入了汽车时代。但汽车不过是一种机器，事实驱使这种机器的既不是驾驶员，更不是生产商或石油商，而是在全社会占主流与主导地位的发展观与价值观，人的价值取向最终决定着车的方向。就城市交通而言，不管建设怎样的交通设施，也很难提供比小汽车更方便的服务。只要汽车继续带来方便和移动的自由，无论如何它都会受到宠爱。那么真是如此，一些措施能带来的不过是缓和一下汽车化的发展，恐怕无法指望彻底的变化。为了使汽车化减速，进一步本质性的对应是必要的。如此我们能得到一个结论，就是对于汽车的态度的转变，即价值观的转变是必要的。如美国国家工业和办公室协会（NAIOP）在一篇关于智慧增长宣言中提出的

---

① ［美］莫什·萨夫迪. 后汽车时代的城市［M］. 吴越，译. 北京：人民文学出版社出版，2.
② 参见：丁元竹. 用解决社会问题的方法应对经济危机［J］. 读书，2009（1）.

建议：从现实考虑，要么习惯交通拥堵，要么改变我们根本的价值观念和行为，否则道路状况不会得到根本改变。① 人类的自由和权利并不是没有限制，自由只能在受到公共利益或是公共福利限制的范围中被认可。汽车是公害问题、交通拥挤问题、地区性破坏等各种问题的元凶，在这个意义上汽车损害公共利益，使用汽车的自由和权利绝不是我们的当然的既得权利。② 汽车的发展是个大问题，若我们每一个人都真心期望脱离汽车社会，就必须面对这个问题，对自身依赖于汽车的生活习惯、生活态度进行真挚的反省；若做不到这一点，随心所欲地享受自由的汽车生活，只会强加给子孙后代一个生活环境低下的社会。我们必须理解，这一责任的最本质的所在并不是政府、法律、社会系统等外在的存在，而是在每一个人的内心深处。我们每一个人都有必要冷静地认清自己的责任，以真挚的态度面对责任。只有这样，才可能使伴随着社会经济发展的汽车化减速。

第二节　以系统协同缓解各要素矛盾与冲突

一个城市经济和社会的健康状况很大程度上取决于其交通系统的运行状况。对城市而言，交通乃是数以千万计的个体交通出行的总和。这些出行导致了在特殊时间段机动车及行人的密集出行而形成交通高峰期。交通系统包括用来保障这些交通出行能够顺利进行所必需的设施和服务。许多交通政策的发展，其目的就是使交通系统达到所谓的"平衡""一体""联动""综合""无缝"以及"多方式"。③ 不论使用哪种与"交通"这个术语相连的描述，所有这些词语都包含着"系统"这个共同因素。可见，交通系统构想对于研究交通以及城市交通的突出特点来说是一种合适的手段。迈耶、米勒的《城市交通规划（第二版）》以系统构想为出发点讨论城市交通问题，有

---

① ［美］奥利弗·吉勒姆，叶齐茂，倪晓晖. 无边的城市——论战城市蔓延［M］. 北京：中国建筑工业出版社，2007：108 - 109.
② ［日本］北村隆一. 汽车化与城市生活［M］. 吴戈，石京，译. 北京：人民交通出版社，2006：150.
③ ［美］迈克尔·D. 迈耶，埃尔克·J. 米勒. 城市交通规划［M］. 2 版. 杨孝宽，译. 北京：中国建筑出版社，2008：59.

着非同一般的影响,笔者受此启发,提出"系统协同"理念,认为城市交通治理协调各系统要素之间的关系有着十分重要的意义与价值。

一、协调城市交通管理系统之间的矛盾

城市交通管理与交通管理体制和城市交通政策一样,属于城市交通系统中的"软件"部分。但由于历史原因,多数城市交通管理主体分散,矛盾突出。目前城市交通管理机构,通常由规划、建设、管理(包括交通部门与公安部门)、运营、城管等部门组成。因此,现实中的城市交通管理系统并不是由单一的矛盾构成,而是一个由多种矛盾体构成的矛盾体系或矛盾系统。交通管理系统内部的要素主要包括:管理主体,管理对象(道路交通系统),管理信息以及平台等。需要协调的部门多。

(一) 协调各管理者 (部门) 之间的矛盾

如前所述,我国的城市交通管理由多个部门分工负责,仅城市道路的人行道路管理就包括规划、市政、城管和交警四个部门。为了实现交通安全、交通顺畅、交通环保的多重目标,需要多个部门分别落实才能真正取得实效。这就涉及到管理部门之间的矛盾和协调性问题。管理部门之间的矛盾,集中体现在管理部门众多、职能分散而且相互交叉、工作效率低。其中相对滞后的交通管理体制,导致交通资源配置和交通管理受制于各自价值取向、利益分配机制和考核机制,各自做出的决策不能相互支撑,甚至矛盾,协调难度大。

(二) 协调交通管理设施之间的矛盾

城市交通是由人、车、路、环境组成的复杂巨系统,这个巨系统除了路面的通行功能外,还有很多设施需要安排在道路空间的地面上和地下。交通管理设施是交通控制系统的硬件设施,只有保证不同设施之间的协调性,才能充分体现交通连续性原则。但是矛盾总是普遍存在的,如交通信号灯之间的矛盾,交通信号灯与人行道之间的矛盾。这些矛盾多数是人为造成的,要么表现为同一条道路上,由于交通信号灯设置数量过多,各主信号灯的信号配时之间不协调,或人行道上的红绿灯与主干路交叉路口的信号灯不协调,不能有效地起到分流车辆的目的,从而产生了信号灯在时间冲突方面的矛盾;要么表现为人行道设置过密,既违背了交通连续原则,又严重影响了汽车与行人的通过性,从而间接地产生空间冲突方面的矛盾。

(三)协调交通管理措施和政策之间的矛盾

在交通需求管理方面的矛盾。例如"鼓励拥有"与"限制使用",即车辆拥有政策与车辆使用控制政策之间的矛盾。汽车发展到今天,整个社会对于汽车有着强烈的依赖性。首先是政府对于汽车产业、汽车消费拉动经济增长的依赖,也包括个人以及城市对汽车这种重要交通方式的依赖,还包括个人对于事业成功、美好生活预期的依赖。

各级政府对于汽车的依赖由来已久,多少年来各省、市、自治区把争取汽车项目作为发展经济的重要手段,汽车制造业在全国遍地开花,仅有宁夏、青海、西藏等几个边远省份没有整车项目,许多地区把汽车产业作为支柱产业来定位。另一方面,政府依靠汽车消费提升经济发展速度,尤其在金融危机爆发后,国家和各地政府出台了刺激汽车消费的政策,使得汽车消费在2009年出现了接近50%的超常增长,2010年又出现了30%多的增长,但是,其代价是城市交通的恶化。北京市的交通拥堵状况越来越严重,堪称"首堵",于是北京市在2010年出台汽车限购政策。① 现在北京市政府最重要的工作之一就是缓解交通拥堵,政府出台这种先刺激后限制,自相矛盾政策的城市将会更多。

随着人们生活水平的提高和收入的增长,拥有私人小汽车成为许多家庭的普遍需要。如今,这种需要已经日益成为现实,发达国家和发展中国家机动车的数量可以说明这一点。从社会稳定和国民经济发展的全局考虑,我们应支持汽车工业继续发展,鼓励老百姓多买私人小汽车,但当其买回来以后又要想办法限制汽车使用,免得过多增加道路负荷,带来交通拥堵。这就是说我们对汽车的态度应该是"鼓励购买,限制使用"。

既要鼓励,又要限制,看来似乎不合逻辑,其实这是系统论的思想观点,解决交通管理矛盾的辩证方法。所谓限制是解决它在发展中存在的问题,为发展创造有利条件,是为了更好、更长久地发展。世界上除了少数土地资源紧缺的国家和地区以外,大部分国家的普遍政策是"放宽拥有""管

---

① 王俊秀. 中国汽车社会发展报告(2011) [M]. 北京:社会科学文献出版社,2011:24.

好使用",这可能是汽车工业和城市交通共同利益的结合点和平衡点。

二、协调城市交通系统群体之间的矛盾或冲突

(一) 城市交通系统群体冲突的状况

城市居民的交通出行,由于受年龄、职业、性别以及对交通工具的喜好及性能特点认知不同的影响,致使他们所选择的出行方式也不尽相同。此外,由于有限的道路资源不能很好地满足不同出行群体的需求,从而导致不同群体之间难免为了维护自身利益而产生矛盾冲突。为了便于分析,我们大体将城市交通中的利益群体冲突分为群际冲突和群内冲突两种。①

1. 群(族)际冲突

群际冲突是指不同群体之间的冲突。城市交通系统中的群际冲突主要是指发生在人与车之间、车与车(主要是指汽车与自行车、电动自行车等非机动车)之间的冲突等。

(1) 步行者(人)与驾车者、骑车者(车)之间的冲突。伴随城市机动化水平和人们物质生活水准的提高,选择步行出行的人们越来越少。现代社会中,人们越来越感觉到"时间"的重要性,大多数人们在考虑时间因素的情况下不再选择步行出行。选择步行出行的人群通常主要有四类:一是老年群体;二是中小学生上学群体;三是短途或转乘接驳过程人群;四是其他如由于停车困难而不得不选择步行的人群等。主要表现为两种情况。

一是机动车(主要是小汽车)与行人之间的矛盾冲突。首先,由于机动车与行人之间相互占道、抢道、乱停乱放等行为容易发生矛盾冲突;机动车通常行驶速度较快,且驾驶灵活,经常发生随意占用人行道或与行人抢道的行为;此外,选择步行出行的群体一般以老年人居多,大多数老年人日常生活中时间充裕,在没有时间限制的条件下,他们往往选择步行出行,同时又

---

① 参见:刘媛媛. 城市交通中的冲突问题研究——以郑州市为例 [D]. 郑州:郑州大学,2014. 其实此分类比较牵强,并不符合社会学关于群体的分类方法。社会学意义上的社会群体是由持续的社会互动或社会关系结合起来并有着共同利益的人类集合体。交通工具如飞机、火车或汽车中的乘客,虽然都是集中起来的一群人,但通常不是社会群体,他们之间的关系只是临时性的,并会随时发生变化,可称之为一般意义上的聚集体或集群。参见:郑杭生. 社会学概论新修 [M]. 3版. 北京:中国人民大学出版社,2003:147.

可锻炼身体。但毕竟老年人行动灵活性欠缺；而机动车则速度较快，二者相遇时，机动车（司机）极易紧急刹车、未看清信号灯或是急转弯等其他因素，发生交通意外，造成不可挽回的损失。其次，由于行人容易发生闯红灯、不走斑马线、逆行等不文明交通行为，而中小学生作为其中一个重要步行出行群体，这类人群年龄普遍偏小，交通安全意识普遍较低，过十字路口不走斑马线、不按信号指示灯行驶的行为更是不在少数。而机动车不按车道行驶、占用非机动车道和人行道的行为处处可见，这就增加了机动车与行人之间发生矛盾冲突的概率。通过对市区机动车不文明驾驶行为和行驶行为的观察，可以发现，在不同的时段，抢道和乱停乱放行为占到了不文明交通行为的绝大多数。

二是非机动车（主要是自行车与电动自行车等）与行人之间的冲突。非机动车和行人之间的冲突与机动车和行人之间的冲突，有其相似之处，也有不同之处。从相似之处来说，非机动车和机动车一样有着共同的特点，那就是速度较快、方便灵活，而行人则一般速度较为缓慢。非机动车（特别是电动自行车）更容易由于超速、占用人行道或是在人行道上乱停乱放，从而侵占行人的道路使用权；当与行人发生碰撞或矛盾冲突时，行人往往没有防护和保护措施，多数情况下会是行人受到的利益损伤更严重。从不同之处来说，非机动车使用者与行人虽然分别行驶在不同的车道上（人行道与非机动车道未分开的情况不在少数①），但是车道相邻，由于非机动车轻巧灵活、速度不受控、容易随意占道、抢道等因素影响，这就大大增加了非机动车与行人之间发生矛盾冲突的机会。因此，某种程度上非机动车与行人之间比机动车与行人之间更容易发生矛盾冲突。

（2）驾车者与骑车者（车-车）之间的矛盾冲突。"人车混行"是我国多数城市道路交通的主要特点，特别是在早晚高峰期，大量的人流与车流聚集在同一道路上，难免发生不同群体之间的矛盾冲突。其中，以机动车与非机动车之间的冲突表现尤为突出。据在郑州的调查发现，在居民的日常出行中，该市机动车和非机动车为人们出行选择的主要交通工具，所占比例分别

---

① 例如，南京玄武区著名的珠江路电子一条街，多数地段人非未分。

占总比例的 73.8% 和 24.1%。① 选择使用的人多，矛盾也就多了。

由于机动车所占道路面积较大，速度较快等自身特点，经常容易发生不按道路规定行使，私自占道、盲目抢道、乱停乱放现象比较严重。调查显示，一般机动车使用者会觉得非机动车占用道路资源过多，而非机动车使用者会觉得机动车占用道路资源过多。从中可以看出，大部分居民都是出于个人利益的考虑，认为自己出行所选择的交通工具所占有的道路资源相对过少。同时二者都会出现诸如占道、抢道等不文明交通行为，严重阻碍道路交通的正常行驶，造成交通秩序混乱、交通道路拥堵等问题，甚至引发交通事故，给人们带来无法挽回的损失。

2. 群（族）内冲突。群内冲突是指同一群体内部之间的冲突，主要体现在驾车族（者）之间的冲突、骑车族（者）之间的冲突。

（1）驾车族（者）之间的冲突。随着城市机动化水平和人们物质生活水准的提高，小汽车进入越来越多的家庭，成为人们出行的首选代步工具，与此同时，与之相伴随的问题也越来越多地呈现出来。

首先，随着私家车的使用者越来越多，而驾驶员的考试制度却越来越宽松，机动车驾驶者的年龄呈现出年轻化的趋势。例如，有些年轻人，虽然家里有私家车，但自己却没有驾驶证，又不想等待漫长的考试时间，索性无照驾驶；或者即使拿到驾驶证，并没有深入学习相关理论知识、实际操作技能以及掌握一个司机驾车时应有的操守和伦理规范，遇到突发状况惊慌失措，乃至给城市交通造成重要的安全隐患。如发生在河南永城的恶性交通事故，起因就是富二代 23 岁的谭某醉酒驾驶一辆玛莎拉蒂撞上了十字路口等候信号灯的宝马车，导致宝马车起火车内两人当场死亡。此外，在夜间行驶期间，有相当一部分私家车主喜欢使用远光灯，殊不知在这样的情况下，虽然自己看清楚了前方的道路，但是却严重影响了对面行驶车辆的视线，同样造成无法避免的安全隐患。

其次，交通拥堵易导致消极情绪的产生，进而引发"马路怒火"。根据心理学家巴伦等人提出的"失控假设"，认为拥堵使人对事件失去控制，当

---

① 刘媛媛. 城市交通中的冲突问题研究——以郑州市为例 [D]. 郑州：郑州大学，2014.

人们失去这种控制时，就会感到有压力。交通拥堵导致人们上下班的时间延长，更多时间消耗在路上，上班人员会变得疲惫不堪、烦躁不安。特别是在上下班的高峰期内，人们在车上花掉几十分钟以至几个小时，路途劳顿，身心沮丧，心中还时常担忧不能准时上班，精神非常紧张，就会引发"马路怒火"。拥堵会带来不安全感，因此会抑制人的亲社会行为，感到拥堵的人往往回避他人，帮助他人的行为会减少。公共交通工具的拥挤往往使乘客与乘客、乘客与服务人员间的人际关系受到影响。人们因抢座位、踩脚或挤撞而怒目相向，甚至发生斗殴和凶杀的恶性事件。这被国外社会心理学家称之为日日碰撞（Daily Hustal），小冲撞常常导致情绪低沉、感觉迟钝、忧郁等不良心理现象。天长日久，就会影响个人的性格。

堵车会增加被堵车人的消极情绪。无论是司机还是乘客，都为此而容易产生急躁、沮丧、愤怒等情绪，甚至出现所谓的"路怒症""路怒族"。所谓"路怒族"，顾名思义，就是一开车上路就变得异常愤怒的人。"路怒"一词，源于英文单词"roadrage"，用以形容在交通阻塞的情况下因开车压力和挫折而导致的愤怒情绪。"路怒族"的典型特征是：一遇到堵车就情绪失控；开车时稍有不如意就要发飙、与人吵架，甚至动手打人；开车与不开车时性格判若两人，忍不住就想说脏话甚至大发脾气。不少有车一族在不同程度上受到"路怒症"或"交通心理烦躁症"的侵袭，对上班、出行出现害怕、厌恶和逆反情绪，消极地对待生活和工作。①

在一项"交通拥堵带来的影响"调查中，51.06%的受访者选择了"情绪受影响"，仅次于迟到。在遭遇交通拥堵可能产生的情绪中，选择"焦灼感"的最多；其他依次为恼怒感、对城市的厌恶感、紧张感。同时，拥堵所造成驾车人非法占用非机动车道的恶劣行为，加剧了行人和驾车人之间的对抗，这种对抗往往会引申至人们对社会贫富差距的仇视，影响人们看待社会的正常视角，给社会健康发展带来负面效应。

（2）骑车族（者）之间的冲突。随着机动车总量的持续增长，我国城市道路交通系统的拥堵情况日益加剧，机动车尾气污染也日趋严重。在此背景

---

① 何玉宏. 从"马路怒火"到"集体焦虑"——城市交通问题的社会心理影响研究[J]. 社会科学家, 2013（12）.

下,电动自行车以其便捷、环保、经济的特性,在近十余年间获得了长足发展。特别是在很多城市颁布"限购令""尾号限行"之后,电动自行车更是扮演了替代性交通工具的角色,成为众多民众尤其是中低收入阶层首选的出行交通方式。在社会学家郑也夫看来,电动自行车的兴起,称得上是我国城市交通领域一场"小型化的革命"。① 另外,近年来"共享单车"由于受到资本疯狂追捧而成为一个新兴市场,自行车也通过"共享经济""互联网+实体经济""健康低碳生活方式"等概念回归国人的视野。

尽管电动车和自行车由于其方便灵活、款式新颖、速度较快等优点,赢得了越来越多年轻人和学生群体的出行选择。与此同时,随之而来的问题也不容忽视:一是由于选择使用电动车和自行车群体年轻人居多,他们或受赶时间追求速度等外在因素的影响,或交通法律、法规意识薄弱,使得这个群体发生交通冲突的概率更大。特别是外卖、快递小哥大多使用电动车出行,经常由于速度过快或穿梭机动车道与非机动车道之间而发生事故,闯红灯和逆行现象更是比比皆是,致使不必要的摩擦和碰撞发生,乃至造成不良后果等。

(二)城市交通系统"人-车"矛盾冲突的治理

从社会学角度探讨行人、司机的行为对城市交通的影响,在我国还是一个很少有人涉及的课题。在解决好宏观交通构成等问题后,微观个体交通在局部路段的失范行为仍将可能对整条道路乃至整个道路系统的通行能力构成严重影响,带来新的交通问题。从行人心理、严格执法、加强过街步道建设等角度深入探讨强化个体交通管理,保证行人、车辆对道路资源特别是高峰期间道路有序、合理使用,将有助于缓解不少城市的交通混乱问题。

1. 加强交通文明教育,破解"中国式过马路"难题

人们对于现代交通认识不足,交通安全意识薄弱,所以,城市交通违章现象十分严重,这不仅指车辆违章,更多的是行人违章:车辆闯红灯,乱停乱放,超载超速行驶;自行车走机动车道,骑车逆行,骑车带人,行人随意穿越车行道或与机动车争道,结果造成了交通事故率高居不下,更带来了巨大的经济损失,影响了交通效率。因此,对于现代交通安全的宣传教育工作

---

① 郑也夫.四论电动自行车[J].电动自行车,2006(1).

刻不容缓，应该广泛宣传现代交通安全、交通文明的意义，把交通安全宣传与交通法制教育结合起来，提高全民现代交通安全意识，规范交通行为，遵守交通规则，保证人、车、路的和谐，缓解城市交通问题。

具体就出现"中国式过马路"这种现象而言，其中既有国人交通规则意识淡薄的原因，也有规则本身不完善的因素。如果一味指责公民素质不佳，并未看到问题的全部，甚至也没有点中问题的要害。作为"中国式过马路"，行人不顾红绿灯急切通行的背后，与缺乏安全意识、心态浮躁、自私观念等不无关系，但通行区域规划不科学、绿灯时间过短、人车关系处理失衡等现实问题的存在，往往也使人们按照红绿灯划定的时空难以顺利过马路，甚至还可能面临危险。

破解"中国式过马路"，不只是一道公民素质题，还是一道社会管理题。如何协调社会关系、平衡各方利益，制定体现以人为本、公平正义等理念的社会规则，提升规则的科学性？如何在规则实施中一视同仁，对违规者依法进行惩处，提升规则的公信力？这不仅考验着管理者的智慧与能力，也需要民意的参与和监督。人人行动起来，人人负起责来，共同遵守和捍卫良性规则，才能实现社会的和谐运作。

2. 提高交通违法的风险成本，用重典管治盛世交通

中国古代曾创立了"治乱世用重典"的法制原则。然而，有着深厚华人文化传统的新加坡却创造了"盛世用重典，严管出秩序"的经验之举，被世界企业500强公认是投资首选之地和"最安全畅通国家"。[①]

对经常违法的机动车驾驶人，最好的管理方法是提高他交通违法的风险成本。要充分运用交通安全法等法律法规，毫不姑息地让交通违法者为自己的违法行为付出最大代价；要在互联网上公布驾驶人的交通违法记录，让驾驶人的安全记录来影响他的求职、就业、晋升和社会信用，使他感到违法害己处世艰难；对每起交通事故的责任人，要严格追究其行政的、刑事的责任，对各种行人、非机动车的交通违法行为，也要坚决依照道路交通安全法从严管理。宣传是教育，严管也是教育。从某种意义上讲，严管是更为有效的教育。要通过一系列的依法严管，使一切违反交通法规、危害交通安全的

---

① 何玉宏. 在管理创新中实现城市交通发展的良性循环[J]. 城市管理，2008（5）.

人,不能违法、不愿违法、不敢违法。

依法严管,必须大力营造和维护良好的交通管理执法环境。依法严管,还要坚决反对和追究少数交警的不作为甚至玩忽职守的渎职行为。城市交通是城市效率的镜子,它折射的不仅是交通发展和管理的水平,更主要是一个城市政府及其职能部门执政为民的能力。

3. 寻求精细化和人性化的管理方案,依法治理电动自行车

在当下的中国,电动自行车引发的问题日益突出。面对大量不符合国家标准的车辆上路行驶、交通事故频频发生等问题,管理者亟须采取切实有效的应当措施。其中,采取禁止电动自行车上路行驶的措施,并不能真正改善道路安全状况,应当克服"以禁代管"的传统管制思维,取而代之寻求更为精细化和人性化的管理方案。①

在道路交通管理方面,为实现身份化管理,电动自行车须经注册登记才能上路行驶;应引入佩戴安全头盔和进行车辆保险的制度,减少交通事故伤害并分散风险。应对电动自行车的驾驶年龄、行驶车道、驾驶规范等具体规则做出详细规定,并匹配设置相应的法律责任。

对电动自行车问题的管理,涉及民众需求、产业利益和道路安全等多元利益的调和,考验着政府的治理决心与能力。

三、协调人与路及环境之间的矛盾

(一) 交通系统对城市环境的影响

从历史的观点看,城市交通的发展是一个动态的过程,它对环境的影响不仅波及当代人的生存和生活,而且影响远及数代。为此,其对环境的影响不应只考虑自然环境要素的变化,而更应把社会、文化、生态、市民等作为统一范畴。②

1. 城市交通对自然环境的影响

城市交通对自然环境的影响,包括汽车尾气污染和交通噪音、振动等。

---

① 余凌云,施立栋. 醉驾、电动自行车与其他类型电动车的治理 [M]. 北京:清华大学出版社,2017:175-176.
② 何玉宏. 挑战、冲突与代价:中国走向汽车社会的忧思 [J]. 中国软科学,2005(12).

目前城市交通系统已成为一个主要的空气污染源；在有些城市中，机动车排污量甚至已占整个污染源的90%，交通噪音与交通振动已成为污染居民生活环境和学校、机关、医院等敏感设施的突出因素。汽车尾气排放的污染物如一氧化碳、氢氧化物、碳氢化合物及含铅颗粒物等，在一定程度上对人及动植物产生不良影响。由于小汽车具有分散和流动的特点，它造成的污染远比工业污染更难以治理，因而成为世界上最难以解决的一个顽症。

城市交通除了带来大气污染外，噪声和振动也是城市交通中不可忽视的污染问题。机动车引起的噪音和振动主要有以下原因：机动车动力系统引起的噪声和振动、机动车的车厢和货物及配件在行使中的碰撞和摩擦、轮胎与路面接触噪声、机动车的喇叭声。由于汽车噪声源中没有一个是完全密封的，有的仅是部分密封，因此每个车体都是一个不可忽视的噪声源。随着汽车数量的迅速增加，噪声的总能量已达到危害环境的地步，并且成了一种普遍性的污染。各种调查和测量结果表明，城市交通噪声是目前城市环境噪声最主要的噪声源。

交通噪音可以从多方面影响人类的健康状况。这种影响可根据其使人感到难受的程度分成三级：①精神上的影响：噪音令人焦虑、易怒、精神紊乱；②功能上的影响：噪声在60分贝以上时，即会干扰人的正常活动，影响人们的谈话、学习、睡眠等，使工作和学习效率下降；③生理上的影响：人若暴露在75分贝以上的环境中，至少暂时听觉疲劳和紊乱，若处在85分贝的噪音环境中5年以上，则有耳聋的危险。

2. 城市交通对生态环境的影响

城市交通对生态环境的影响包括土地、绿化和水质等。其中道路建设对生态造成的影响主要通过两条途径：一是施工活动对自然环境造成的非污染性破坏，使环境发生物理变化而对生物产生影响；二是由于排放的污染物通过大气、水体、土壤等环境介质，进入生物体产生危害。由于植物和动物在复杂的生态系统中互相影响，交通设施的建设会破坏这些生态系统中各成员之间所建立起来的平衡。因此，必须直接（如通过破坏植被）或间接地（如通过污染水资源）考虑到这些重要生物体的减少以及对它们所造成的伤害。①

道路铺筑是重新塑造地球表层的巨大工程。这种重塑过程以及由此形成的绵延无尽的道路，造成的生态与环境代价极其巨大，丝毫不逊于车辆的尾气和噪声造成的危害。道路的最大危害在于它大量地蚕食人类宝贵而有限的耕地。在自然界，有肥力的土壤的形成，往往要经过几万年甚至百万年的漫长时间，而一条道路却可以在短短几年甚至几个月内建成，也就是说，人类目前毁坏耕地的能力高于自然界生成能力的无数倍。更令人焦虑的是，地表的铺筑过程，是将有机世界变为无机世界的不可逆过程，即便将来道路被废弃，也不再可能变回耕地了，至少在人类目前的技术条件下是如此。

在城市生态系统中，道路交通对城市绿地的影响越来越大，具体表现为：一是影响城市绿化的整体水平；二是影响城市绿化的布局。由于道路正在占据越来越多的空间，人们的活动场所和绿地因之迅速减少。在美国，道路、停车场和其他用于轿车的空间占据了城市空间的一半甚至更多。汽车城市洛杉矶，交通所占空间甚至达到70%（其中27%是机动车道路，11%是人行道，32%是停车场）。相比之下，公园和绿地的面积却少得多。加州的另一个城市伯克利，每个市民平均只有2.8平方米的公园，而每辆轿车却占有96平方米的道路。②

3. 城市交通对社会、文化环境的影响

城市交通对社会环境影响包括社区传统、社会公平、地区发展、中心区活力；对文化的影响包括历史遗迹、人文景观等。交通不仅是一个地区经济和土地使用系统中的主要组成部分，而且是影响公众生活质量的一个决定性因素。城市里的人们之所以能够互相影响、进行文化和娱乐消遣以及使用由城市活动聚集所提供的大量的公共和私人设施，主要得益于他们是生活在"社区"中。③ 然而，交通工程的建设与运行会引起社区分割、社区传统的改变及生活氛围与质量的变化等，从而造成空间分隔，使周围居民的生活、

---

① ［美］迈克尔·D.迈耶，埃尔克·J.米勒. 城市交通规划［M］. 2版. 杨孝宽，译. 北京：中国建筑出版社，2008：77.
② 王蒲生. 轿车交通批判［M］. 北京：清华大学出版社，2001：64.
③ ［美］迈克尔·D.迈耶，埃尔克·J.米勒. 城市交通规划［M］. 2版. 杨孝宽，译. 北京：中国建筑出版社，2008：96.

文化、教育及经济上的联系受到阻隔,乃至造成邻里模式的破坏,"社区"凝聚力减弱或消失。

在一些发达国家,由于城市规划是为车而非为人设计的,这就对人类健康产生一系列严重后果,直接影响是由于空气污染导致的疾病蔓延,以及由于交通事故导致的伤亡增多;间接方面汽车对城市模式和社区的影响同样不容忽视。汽车在增加了人们之间距离感的同时,也增大了人们的精神压力;此外还会对社会凝聚力及人们对社会的感受具有破坏作用。这种现象目前在我国有些城市中,情况表现越来越严重。

除了对人们健康的这些直接影响以外,汽车还通过构建城市模式与人们的生活方式,引发一系列更为隐秘的致病影响,特别是对已建成的环境中人们社会感的影响。在每个工作日上下班的时候,人们坐在车里对着拥堵的交通所产生的那种挫折感,容易引起一些与精神紧张有关的疾病。汽车从社会凝聚力角度对城市结构的瓦解破坏,也使整个社会的健康因此遭到了影响。

(二) 城市交通环境治理的提升路径

城市发展至今,人们从来没有放弃对美好生活环境的追求。一个舒适、愉悦和安全的交通出行环境,应该让人不受交通困扰,自由自在往来;应该改善交通场所的质量,让每一个人掌握交通的主动权。近年我国城市交通事业迅速猛发展,人们的出行条件得到极大改善。然而,问题还是显而易见。我们所关心的不应仅仅是发展速度,而应是整个交通空间的环境质量。如何创建一个健康的、人本化的绿色交通环境还有许多工作要去做。

1. 通过环境的法律治理,完善城市交通软环境建设

所谓交通软环境,主要包括城市交通主体的安全意识、道德意识和对交通规则的遵守等,这些不仅对于维护弱势群体的利益而且对交通环境的保护与法律治理至关重要。

一个严重不合理的规则会对本就居于弱势的群体的利益形成更大的伤害。除了行人自己要加强安全意识注意自我保护之外,强制性的限制机动车的措施同样必要,毕竟机动车相比于行人具有绝对的优势,本着平等的原则,有必要对行人这一弱势群体加以特殊的保护。社会学的深层理念就是促进社会进步,创造健康的社会,关注弱势群体并积极维护他们的利益正是其中应有之义。一个健康的社会不应该有歧视弱者的现象,同样,要创建一个

健康完善的城市交通体系，很重要的一点就是要积极维护交通弱势群体的利益，不仅要让他们能够平等参与到城市交通中来，而且要依靠他们逐步消除城市交通系统中不平等的现象，以创造出一个美好、和谐、理想的城市社会。

从社会公平与社会正义角度来看，政策制定者与城市规划工作者有义务改善道路交通环境条件，有意识优先照顾弱势群体的出行模式（如限制车速、设置路障、减少机动车道），增加他们对易达性的获取可能。中国当前无车的弱势群体还是多数，他们的基本生存与发展权利理应受到保障，易达性缺失意味着接近各种机会的缺乏。美国著名伦理学者约翰·罗尔斯认为，正义就意味着制度要遵循这样的原则：使所有社会成员面临的机会都是公正平等的，需要采取措施使天生不利者与有利者一样可以同等地利用各种机会，在分配社会合作产生的利益方面始终从最少受惠者的立场来考虑问题。① 据此，城市交通环境应被视为全社会拥有的公共资源（属于社会合作产生的公共利益范畴），理应对处于劣势的非驾车群体以某种合理的补偿。城市交通政策应偏袒弱势群体，赋予他们更多的易达性权利而不是刚好相反（如中国当前以小汽车交通为导向的道路交通环境规划建设）。

不仅如此，在交通环境的治理中，还要充分地考虑人与自然环境之间的各种权利与义务，以及人与人之间的权利与义务关系。就人与自然环境的关系而言，人在改造自然的同时，必须承担对自然环境进行保护的责任，人有责任有义务尊重自然和其他物种存在的权利，因为人与其他物种都是宇宙生物链中不可缺少的有机组成部分，享用自然并非人类的特权，而是一切物种共有的权利。要使人和自然共同迈向未来，人类要在维护生态平衡的基础上合理地开发自然，把人类的生产方式和生活方式规范在生态系统所能承受的范围内，倡导在热爱自然、尊重自然、保护自然和维护生态平衡的基础上，积极能动地改造和利用自然。

2. 通过城市的空间创造，形塑交通环境"新生态"

首先要创造一个适宜于"步行友好"的城市道路空间。随着可持续理论

---

① [美] 约翰·罗尔斯. 正义论 [M]. 何怀宏，等译. 北京：中国社会科学出版社，1988：24.

的影响，人们对于机动化潮流中弱势地位的步行交通关注越来越多，也逐渐认识到，通过步行区空间隔离或保护手段来满足步行交通的方法已不能满足现实的需要，而且在现实中也无法将步行交通与机动交通在空间上完全隔离开来，城市交通环境整体上对于行人越来越不利，步行交通的空间不断被蚕食，行人过街的距离越来越长，最终可能导致步行街区成为城市中机动交通大潮中的孤岛。要整合所有的交通空间，使每一个交通空间或多或少的考虑步行交通的需求，在最大程度上减少机动交通对步行交通的威胁和干扰。

应当充分认识到，城市道路不仅是交通空间，更重要的还是城市公共交往空间的主要部分。人们每天的公共活动实际上都是在城市道路空间进行，人们可以利用公园、广场、集中绿地进行休憩，同样可以利用良好的道路设施进行休憩；充满活力、独具特色的街道景观是城市特色的重要反映，理当成为流动的风景线。理性的城市规划应当承认并正视、利用人车共存的道路空间，而不是将两者隔离开来，所要做的仅仅是尽量创造舒适、安全的步行环境，并使机动交通便捷的为步行活动服务，这就是"步行友好"的城市道路空间的本质含义。

其次是创造公共交通友好的道路空间。街道空间（street space）作为公共空间的重要组成部分，除了提供交通通行空间以外，在提升街区活力、促进人际交往、创造更为适合人们居住的空间环境方面都具有重要作用。但是长久以来，由于机动交通的优势地位，街道空间理应具备的多重属性被人为地弱化了，除了尽量容纳更多的机动车辆外似乎并无他用，噪声、废气、汹涌的车流与急匆匆的人流构成了人们避之不及的恶劣环境，本来可以进行的漫步、会友、逛街等活动难觅踪迹。均衡的道路空间应当为所有使用者着想。在重视公共交通的同时也不能忽视其他类型的交通，这一工作是一个渐进的过程，应当随着时间做适当的修正、调整，并不是一定要采取大规模的建设活动才能取得实质性的结果。

其三也是最关键的是要塑造环境景观的"新生态"。人性化的道路景观设计从道路景观要素来讲，应充分体现对生态各要素的关心和对城市生态系统平衡的追求。这种"新生态"融合了现代生态学生物演进的规律，虽然城市永远不断地在变化，为人们提供着各种各样实验和探索的机会和场地，但其变化应有一条健康的主线。应当把一个城市的文脉、历史、文化、建筑、邻里和社区的物质形态当作一个活的生命来对待，当作一种生命的形式、一种生命体系来对待，要根据它的"生命"史和生存状态来维护它、保持它、发展它和更新它，从而糅合到道路景观的设计中，丰富其建成的语境，创造流动的人性化绿色道路景观。

3. 真正落实"以人为本"，创造一个市民快乐生活的环境

西方发达国家在经历车祸频发、交通污染严重等苦头后，终于认识到"车本位"的危害性，开始注重交通安全与道路环境建设，将城市交通系统发展引向"人本位"的发展轨道。然而，在中国的许多城市，西方昨天曾经走过的弯路与我们今天正在进行的却是惊人相似。国际经验和发达国家交通战略的转向，是否可以给我们一些启示？自行车道才是尊重人类尊严和优美城市的标志，人行道也是如此。这两者才是城市服务于人的体现，而不是为了服务于高收入阶层的小汽车。①

我们现在建设的城市大多是为了服务于汽车的机动化而不是城市居民的幸福生活。创建适合人类生存环境的任务不仅仅是简单地创造运营良好的城市，而更应该创造大多数市民能够快乐生活的环境。城市交通与社会发展中面临的其他问题不同，它随着经济的发展往往不是好转而是更加恶化，但它又与社会和经济有着深远的联系。因此，为了真正体现社会的公平、保持环境可持续性和经济增长，需要一种与过去以往我们所追求的模式截然不同的城市交通发展模式即绿色交通模式。这种新城市交通模式的一个非常重要的部分就是需要提供充分的、高质量的行人公共空间，至少要保证行人空间和城市道路空间一样多。我们要成为行走的动物：行人。就像鱼儿要遨游，鸟儿要飞翔，鹿儿要奔跑，人需要行走，不是为了生存而是为了快乐。行人公共空间的重要性是无法测算的。加宽的行人道、步行街和更多更好的公园使人变快乐是无法用数学来求证的，也无法测量其程度。正如友谊、美丽、爱和忠诚等很多无法测量的东西。

中国作为世界上人口最多的国家，拥有世界最大的少年儿童群体，按照国际标准，中国现有约3.6亿儿童，其中约1.5亿生活在城市中。武汉市的

---

① 德国技术合作公司（GTZ）. 可持续发展的交通：发展中城市政策制定者资料手册[M]. 钱振东、陆振波，译. 北京：人民交通出版社，2005：37.

调查发现，专门为儿童设计、符合其生理尺度和心理需求的活动空间缺乏，大量儿童不得不生活、游戏于高楼大厦的阴影中和车水马龙的城市道路周边，环境质量低下而安全难以保障。"我们不能让孩子们脱离自己的视线，因此只能开车送他们去运动场等其他地方，而不是让他们步行和骑自行车外出。把他们绑在汽车的后座，每日接送上下学、运动训练和钢琴课，男孩和女孩都像溺爱中的囚徒。"① 人们可能会认为发展中城市有那么多需要满足的需要，高质量的行人空间只能是无意义的想象。尽管高架桥梁和道路经常被用来象征城市的先进，但实际上只有高质量的步行道才是宜居城市的最基本要素。

  一个功能友好的交通环境会带给市民充分的愉悦感和美的城市体验。好的城市设计应当要为交通环境创造适宜的社会互动情境。适宜的交通环境支持多样化社会交往事件的发生，从而促进社会融合和社会资本积累。成功的关键是一个正确的价值观的普及和广为接受，绝不仅是拓宽道路、革新技术那么简单。城市交通环境治理之路任重而道远。

---

① ［澳大利亚］布伦丹·格利森，尼尔·西普. 创建儿童友好型城市［M］. 丁宇，译. 北京：中国建筑工业出版社，2014：38.

第七章

汽车时代城市交通治理的实践
——以南京为实证

第一节 汽车时代南京交通治理的基本情况

南京市位于长江下游，南起北纬31°14′，北抵北纬32°37′，西起东经118°22′，东迄东经119°14′，东西最大横距约70千米，南北最大纵距约150千米，市域面积6587.02平方千米。南京是铁路、公路、水运、空运、管道五种运输方式齐全的城市，是省内唯一同时拥有千万级大型机场、亿吨级海港、国家级铁路枢纽的城市，是中国东部地区重要的中心城市、全国重要的科研教育基地和综合交通枢纽，是长江三角洲唯一的特大城市和辐射带动中西部地区发展的重要门户城市，在国家综合交通运输发展中占有重要地位。

一、南京交通发展概况

南京是"一带一路"和长江经济带战略的交汇点，在全国综合交通运输体系建设中具有重要地位。南京市综合交通线网总里程近12600千米，2018年港口吞吐量达2.5亿吨，禄口国际机场航线通达国内80多个主要城市，32条国际航线通达30个国际和地区城市。至2017年底，全市公路里程11323千米，其中高速公路里程613千米。城市道路达8280千米，快速路250千米。航道总里程达798千米，港口生产用码头泊位达到254个。已经建成跨越长江的过江通道11条，这些过江通道大大加强了江北、江南地区的交通联系，加快了南京长江两岸通畅对接、深度融合。全市公共汽车运营线路网长度达12035千米，开行道路客运班线近700条，全市镇村公交实现全覆盖。

南京市公共自行车全国投放量第一。综合铁路、公路和轨道交通交汇枢纽场站有南京南站和南京站。实现全市行政区轨道交通全覆盖，开通线路和运营总里程位居全国第四位，轨道交通运营总里程394.3千米，其中地铁总里程377.6千米。城际轨道有宁高、宁溧、宁和、宁天等线路，开通"南京—中亚""南京—欧洲"国际集装箱班列，公铁水空多式联运的货运综合枢纽功能不断增强。

到2018年年末机动车保有量273.79万辆，比上年末增加15.86万辆，增长6.2%。民用汽车258.24万辆，比上年末增加19.04万辆，增长8.0%。汽车运营车辆9246辆，有轨交通运营车辆1725辆。公共汽车客运总量8.88亿人次，比上年下降1.2%；地铁承担客运人数11.15亿人次，增长14.1%①，出租车总数13354辆。旅客运输总量16062.87万人次，比上年下降2.2%。其中公路旅客运输9327万人次，比上年下降8.2%；铁路旅客运输5440.93万人次，比上年增长7.4%；水路旅客运输22.94万人次，比上年增长5.4%；航空旅客运输1272万人次，比上年增长5.4%。旅客运输周转量490.76亿人次，增长3.5%。2018年，全年货物运输总量38563.56万吨，比上年增长8.7%。货物运输周转量3123.57亿吨，下降6.2%。全年港口货物吞吐量25411万吨，增长4.9%。港口货物吞吐量中，集装箱吞吐量321万标箱，增长1.2%。

二、多重战略叠加下南京交通发展定位

城市交通治理是一个系统工程，涉及城市在国家交通发展中的地位作用、道路路权的分配、公共交通基础设施供给、公共交通基础设施布局、多种运输方式衔接、政府公共交通政策以及城市的产业布局等，这些因素共同构成了城市交通治理的内容，也是城市交通治理调控措施应当考虑的关键因素。

（一）长江三角洲城市群发展规划

2016年国务院批准的《长江三角洲城市群发展规划》② 中南京被定位为

---

① 南京市2018年国民经济和社会发展统计公报。
② 国家发展改革委、住房城乡建设部印发《关于印发长江三角洲城市群发展规划的通知》（发改规划〔2016〕1176号）。

"特大城市",规划指出长三角城市群处于东亚地理中心和西太平洋的东亚航线要冲,是"一带一路"与长江经济带的重要交汇地带,在国家现代化建设大局和全方位开放格局中具有举足轻重的战略地位。区域交通条件便利,拥有现代化江海港口群和机场群,高速公路网比较健全,公铁交通干线密度全国领先。要加强宁镇扬三市的南京都市圈建设,完善城际综合交通网络。以上海为核心,南京、杭州、合肥为副中心,建设以高速铁路、城际铁路、高速公路和长江黄金水道为主通道的多层次综合交通网络。加快建设南京等全国性综合交通枢纽,以按照"零距离换乘,无缝化衔接"的要求,着力打造集铁路、公路、民航、城市交通于一体的综合客运枢纽。大力推进综合货运枢纽和物流园区建设。强化南京城市轨道交通网,加快都市圈城际铁路建设,形成中心城市与周边重要城镇间以轨道交通为骨干、公路交通为基础的交通网络。强化中心城市之间点对点高速客运服务、中心城市与节点城市及节点城市之间快速客运服务、中心城区与郊区之间通勤客运服务。推进城市群内客运交通公交化运营,提供同城化交通服务,推行不同客运方式客票一体联程和不同城市一卡互通。

(二)"十三五"现代综合交通运输体系发展规划

1. 总体思路

2017年"十三五"规划中提出着力完善基础设施网络、加强运输服务一体衔接、提高运营管理智能水平、推行绿色安全发展模式,加快完善现代综合交通运输体系。[①]

2. 综合交通运输关键指标

(1)基础设施网络覆盖加密拓展。高速铁路覆盖80%以上的城区常住人口100万以上的城市,铁路、高速公路、民航运输机场基本覆盖城区常住人口20万以上的城市,城市轨道交通运营里程比2015年增长近一倍。

(2)综合衔接一体高效。重要城市群核心城市间、核心城市与周边节点城市间实现1~2小时通达。建设立体式综合客运枢纽,旅客换乘更加便捷。

(3)运输服务提质升级。铁路客运动车服务比重进一步提升,具备条件

---

① 国务院关于印发"十三五"现代综合交通运输体系发展规划的通知(国发〔2017〕11号).

的建制村通客车，城市公共交通出行比例不断提高。

(4) 智能技术广泛应用。交通基础设施、运载装备、经营业户和从业人员等基本要素信息全面实现数字化，交通枢纽站点无线接入网络广泛覆盖。铁路信息化水平大幅提升，客运网上售票比例明显提高。重点城市群内交通一卡通互通。

(5) 绿色安全水平提升。城市公共交通、出租车和城市配送领域新能源汽车快速发展，资源节约集约利用和节能减排成效显著，交通运输主要污染物排放量持续下降。

3. 南京交通发展的具体要求

加快长江南京以下负12.5米深水航道建设，万吨级海轮直达南京；加快港口集疏运体系建设，推进南京港口的铁路、公路连接线建设；发展现代航运服务，建设南京区域性航运物流中心；推进城际交通发展，加快建设长三角城市群城际铁路网，形成以轨道交通、高速公路为骨干，普通公路为基础，水路为补充，民航有效衔接的多层次、便捷化城际交通网络；加强轨道交通网络建设，优化城市内外交通；打通微循环，推进城市慢行交通设施和公共停车场建设；全面提升南京综合交通枢纽建设，优化中转设施和集疏运网络；按照零距离换乘要求，建设立体化综合客运枢纽；鼓励开展空铁、公铁等联程运输服务，提升中心城区与郊区之间的通勤化客运水平；大力发展公共交通，推进公交都市建设，提高公交出行分担率。①

(三) 全国民用运输机场布局规划

2017年《全国民用运输机场布局规划》明确提出民用运输机场作为重要的综合交通运输设施，是综合交通运输体系的重要枢纽。按照"一带一路"、京津冀协同发展、长江经济带和有关区域发展战略，以及国家主体功能区、新型城镇化的要求，统筹考虑经济社会发展和各种交通方式的衔接，建立与人口分布、资源禀赋相协调，与国土开发、城镇化格局等相适应的机场整体布局。在长三角地区世界级机场群中，增强上海机场国际枢纽的竞争力，与杭州、南京、合肥、宁波等机场共同打造长三角地区世界级机场群，与其他

---

① 国家发展改革委、民航局印发《全国民用运输机场布局规划的通知》（发改基础〔2017〕290号）.

交通方式优势互补深度融合。要注重机场与其他交通方式的无缝衔接，构建以枢纽机场为核心节点的综合交通枢纽。机场应尽可能地接入城际铁路或市郊铁路、城市轨道交通、高速铁路，同步建设高等级公路，同站建设城市公共交通设施或长途汽车站等换乘建设，延伸机场服务范围。

（四）国务院关于依托黄金水道推动长江经济带发展的指导意见

《指导意见》提出依托长江黄金水道，统筹铁路、公路、航空、管道建设，加强各种运输方式的衔接和综合交通枢纽建设，加快多式联运发展，建成安全便捷、绿色低碳的综合立体交通走廊，增强对长江经济带发展的战略支撑力。[①]

就南京市而言，要加快实施长江航道整治工程，长江下游重点实施12.5米深水航道延伸至南京，加快南京区域性航运物流中心建设。加强集疏运体系建设，加快铁路、高等级公路与重要港区的连接线建设，有效解决"最后一公里"问题。公路基础设施建设方面，南京重点建设南京第五长江大桥、七乡河公路过江通道。建设上元门、宁仪城际铁路过江通道。加快南京等机场的区域枢纽功能，提高主要城市间航班密度，增加国际运输航线；按照"零距离换乘、无缝化衔接"要求，加强水运、铁路、公路、航空和管道的有机衔接，完善集疏运系统，加快建设南京全国性综合交通枢纽；鼓励发展铁水、公水、空铁等多式联运，加快智能物流网络建设，增强沿江物流园区综合服务功能，形成若干区域性物流中心；加快城际铁路建设，形成与新型城镇化布局相匹配的城际交通网络，形成以快速铁路、高速公路等为骨干的城际交通网，实现中心城市之间以及中心城市与周边城市之间1～2小时交通圈。长江三角洲城市群要建设以上海为中心，南京、杭州、合肥为副中心，"多三角、放射状"的城际交通网络。

（五）南京铁路枢纽规划

根据2018年中国铁路总公司对南京铁路枢纽总图规划的批复，南京铁路枢纽将形成"两环、四跨、十五线、五个重要客站、四个物流节点、一主一辅编组站"的环形放射状格局，其中："两环"即铁路枢纽东西两个环线；"四跨"包括长江大桥、大胜关桥等4处铁路过江通道；"十五线"包括京

---

① 《国务院关于依托黄金水道推动长江经济带发展的指导意见》（国发〔2014〕39号）

沪、沪宁、宁杭、宁安、南沿江、北沿江、宁合、宁淮、宁扬宁马、宁宣（黄）、宁滁蚌11条客运专线以及京沪、宁启、宁芜、宁合4条普速及货运专线；"五个重要客站"包括南京站、南京南站、南京北站、仙林站及禄口空铁联运枢纽；"四个物流节点"包括尧化门一级物流基地、江宁镇二级物流基地和龙潭、永宁三级物流基地。

（六）国家发展改革委关于培育发展现代化都市圈的指导意见

2019年，国家发改委印发的培育发展现代化都市圈的指导意见中提出①：都市圈是城市群内部以超大特大城市或辐射带动功能强的大城市为中心、以1小时通勤圈为基本范围的城镇化空间形态。以促进中心城市与周边城市（镇）同城化发展为方向，以增强都市圈基础设施连接性、贯通性为重点，以推动一体化规划建设管护为抓手，加快构建都市圈公路和轨道交通网。

一是要畅通都市圈公路网。增加城市间公路通道，密切城际公路联系，加快构建高速公路、国省干线、县乡公路等都市圈多层次公路网。鼓励地方对高频次通行车辆实施高速公路收费优惠政策，加快推广ETC（电子不停车收费系统）应用，推动取消高速公路省界收费站，提升都市圈内高速公路通勤效率。实施"断头路"畅通工程和"瓶颈路"拓宽工程，全面摸排都市圈内各类"断头路"和"瓶颈路"，加快打通"断头路"，提升都市圈路网联通程度，推进"瓶颈路"改造扩容，畅通交界地区公路联系，全面取缔跨行政区道路非法设置限高、限宽等路障设施。打造一体化公路客运网络，完善充电桩、加气站、公交站场等布局，支持毗邻城市（镇）开行城际公交，加快推动近郊班线公交化。优化交界地区公交线网，促进与市域公交网络快速接驳。加快推进都市圈内城市间公交一卡互通、票制资费标准一致，健全运营补偿和结算机制，推动信息共享和监管协同。

二是要打造轨道上的都市圈。统筹考虑都市圈轨道交通网络布局，构建以轨道交通为骨干的通勤圈。在有条件地区编制都市圈轨道交通规划，推动干线铁路、城际铁路、市域（郊）铁路、城市轨道交通"四网融合"。探索

---

① 国家发展改革委印发《关于培育发展现代化都市圈的指导意见》（发改规划〔2019〕328号）．

都市圈中心城市轨道交通适当向周边城市（镇）延伸。统筹布局都市圈城际铁路线路和站点，完善城际铁路网络规划，有序推进城际铁路建设，充分利用普速铁路和高速铁路等提供城际列车服务。创新运输服务方式，提升城际铁路运输效率。大力发展都市圈市域铁路，通过既有铁路补强、局部线路改扩建、站房站台改造等方式，优先利用既有资源开行市域列车；有序新建市域铁路，将市域铁路运营纳入城市公共交通系统。探索都市圈轨道交通运营管理"一张网"，推动中心城市、周边城市、新城新区等轨道交通有效衔接，加快实现便捷换乘，更好适应通勤需求。

三是提升都市圈物流运行效率。打造"通道＋枢纽＋网络"的物流运行体系，推动物流资源优化配置。统筹布局货运场站、物流中心等，鼓励不同类型枢纽协同或合并建设，支持城市间合作共建物流枢纽。结合发展需要适当整合迁移或新建枢纽设施，完善既有物流设施枢纽功能，提高货物换装的便捷性、兼容性和安全性。畅通货运场站周边道路，补齐集疏运"最后一公里"短板。提高物流活动系统化组织水平。加强干支衔接和组织协同，大力发展多式联运，推动港口型枢纽统筹对接船期、港口装卸作业、堆存仓储安排和干线铁路运输计划；鼓励空港型枢纽开展陆空联运、铁空联运、空空中转。加强现代信息技术和智能化装备应用，实行多式联运"一单制"。

三、江苏省对南京市综合交通发展的定位

（一）江苏省"十三五"综合交通运输体系发展规划

江苏省"十三五"综合交通运输体系发展规划提出[1]，全省到2020年综合交通运输发展的目标：基本建成内畅外联、畅达高效、无缝衔接的综合交通枢纽体系，南京与长三角核心城市、各设区市至所辖县之间基本实现1小时连通，形成设区市到南京1.5小时的高铁交通圈，覆盖80%左右的县级及以上城市，全省高速公路里程达5000千米左右，综合客运枢纽覆盖50%左右的县级及以上城市。公共交通优先战略全面落实，城市居民公交分担率达26%。

---

[1] 参见：江苏省政府办公厅印发江苏省"十三五"综合交通运输体系发展规划的通知（苏政办发〔2016〕141号）．

一是推进综合交通基础设施建设。加快建设长江两岸高铁环线和过江通道，促进宁镇扬等跨江联动。加快推进重要城市间轨道交通建设。加强南京、连云港两大全国性综合交通枢纽城市的沟通，增强南京都市圈对苏中、苏北地区辐射。重点推进南京至连云港高速铁路通道规划建设。二是建设高品质的快速交通网。重点建设北沿江高铁、南京至淮安铁路等项目。加快高淳至宣城等项目建设，优先安排跨省、市未贯通路段和瓶颈路段建设，加快南京等市城市轨道交通线网建设。三是打造连接"一带一路"和长江经济带的全国性综合交通枢纽。增强南京长三角区域核心城市的辐射带动能力，重点建设和完善南京南站、南京北站和南京禄口国际机场等枢纽项目。完善南京禄口国际机场的公路、城市轨道等集疏运设施，完善城市轨道、快速路、社会停车场等客运集疏运设施。四是大力发展公共交通。大力推进城市轨道交通建设，积极构建城乡一体的公交线网。落实公交路权优先，推进公交专用道连续或成网。加强停车设施规划建设和运营管理，完善公共自行车系统。支持开展"互联网＋定制客运"等预约式个性化服务，推动网络约车、合乘车等新兴业态规范化发展。结合交通枢纽、轨道站点、旅游景点等发展车辆公共租赁服务。

（二）江苏省公共出行服务"十三五"发展规划

2017年江苏省交通运输厅印发《江苏省公共出行服务"十三五"发展规划》，提出"十三五"交通发展的主要任务是以一体化衔接为导向，推动快捷多样的城际客运发展；以提升品质为核心，发展更具吸引力的城市公交；以机制改革为重点，规范出租客运健康发展；以城乡一体为目标，因地制宜推进城乡客运一体化；以安全绿色为理念，增强可持续发展能力；以"互联网＋"为手段，提升智慧出行服务水平；以市场引导为手段，促进客运市场优质发展。

一是推动快捷多样的城际客运发展。拓展完善禄口国际机场综合客运枢纽功能，积极开展空铁、空巴等联程客运服务。构建"高效便捷、内联外通"的"三纵四横"高铁网，重点推进"沿江高铁环"建设，助力沿江城市集群发展、融合发展。到2020年，基本建成覆盖全省的高速铁路网，形成以南京为中心，辐射周边大中城市的1.5小时交通圈。二是发展更具吸引力的城市公交。推进南京等城市轨道交通系统建设，推进城市换乘枢纽建设，重点加快推进南京马群换乘枢纽等项目建设。加强公交首末站、停保场建设，确保2020年设区市公交车进场率达到90%，城市建成区公交站点500米覆盖率达到95%，重点推进设区市公交专用道成网。积极发展公共自行车等慢行交通系统，解决城市中短距离出行和公交"最后一公里"的无缝对接。规范出租客运经营权管理，鼓励巡游出租汽车通过电信、互联网等电召服务方式提供运营服务，鼓励巡游车企业转型提供网约车服务。加快综合服务区、专用候车站（点）、加气站、充电设施等出租汽车服务设施体系建设。推进异地租车换车等服务，引导汽车租赁企业规模化、网络化、品牌化发展。三是推进城乡客运一体化。促进城乡客运融入区域交通一体化体系，加强城市公交线路和毗邻地区城市公交线路、城乡客运班线、镇村公交线路的无缝衔接。合理确定城市公交、市镇班线、镇村公交的功能定位、线网布局、换乘体系、发展规模、运营方式、票价和补贴机制、监督考核机制等。完善农村客运基础设施建设，推进镇村公交配套道路和桥梁改造工程，实施农村公路安全生命防护工程。四是提升智慧交通服务水平。提升道路客运联网售票系统功能，构建统一公路客运联网售票平台，积极推进网络售票、手机App售票、自助终端售票等售票手段，构建多元化售票体系。发展公路铁路联程出行规划与售票，联合民航、铁路部门推进"一窗式"售票服务，发展"一票式"联程联网，普及电子客票，推进多种运输方式之间的往返、联程、异地等各类客票业务。

（三）长江经济带综合立体交通运输走廊建设实施意见

2018年，江苏省交通运输厅推进江苏省长江经济带综合立体交通运输走廊建设实施意见提出长江经济带综合立体交通走廊建设的发展目标[①]，提出到2020年，基本建成"面向国际、承东启西、辐射南北、顺畅高效"的综合立体交通运输走廊，江北干线铁路主骨架基本形成，铁路、水运在综合运输中的占比不断提升。到2035年，综合交通运输体系率先基本实现现代化，综合交通运输总体发展水平进入世界先进行列，全省高铁网、沿江城市群城际铁路网和过江通道体系全面建成，长江流域对外开放门户枢纽地位凸显。

---

① 参见：《推进江苏省长江经济带综合立体交通运输走廊建设实施意见》的通知（苏交计〔2018〕145号）．

重点任务：一是共建绿色生态廊道，实施最严格的港口岸线审批与管控制度，严禁在长江干流及主要支流岸线1公里范围内新建布局危化品码头、化工园区和化工企业。减少公路长途货运，提高铁路、水路运输比例，大力发展内河集装箱运输。二是强化以南京为中心的1.5小时高铁放射网建设，重点建设南沿江铁路、北沿江高铁等项目。加快建设沿江城市群城际铁路网，宁镇扬一体化地区以提升南京首位度为重点，开工建设南京至淮安铁路。三是提升航空服务能力，把南京禄口国际机场打造为国际枢纽，续建南京禄口国际机场T1航站楼改扩建工程。完善机场集疏运体系，加快高铁、城际铁路引入重点机场，打造"轨道上的机场群"。四是加快过江通道建设，建设南京上元门等铁路过江通道、宁仪城际铁路过江通道。五是提升南京全国性综合交通枢纽功能，建成南京至省内设区市"1.5小时高铁交通圈"，支持镇江、扬州融入南京枢纽布局。重点建设和完善南京北站等项目。构建以机场为主导的客运枢纽，重点建设和完善南京禄口国际机场等综合客运枢纽项目。六是完善交通运输体系，推动高淳至宣城等省际衔接项目建设、普通国省干线公路建设，全面消除跨区域"瓶颈路段"。加强"四好农村路"建设，实施城市群公共交通一体化。

（四）铁路发展的政策

2016年，《江苏省政府关于进一步加快推进铁路发展的意见》中提出铁路发展的目标[①]：要加快建设覆盖全省的高速铁路网，基本形成设区市到南京1.5小时的高铁交通圈。全面建成"三纵四横"高速铁路网，着力构建铁路客货运枢纽体系，大幅提升铁路跨江和互联互通能力。

1. 具体任务

一是全面建成"高效便捷、内联外通"的"三纵四横"高铁网。包括京宁（杭）通道、淮扬镇（沿运河）通道、沿海通道"三纵"通道和东陇海通道、徐盐通道、沿江通道、沪宁通道"四横"通道。二是着力构建铁路客货运枢纽体系。加强以铁路为骨干的客货运枢纽建设，推动"同站换乘""同台换乘"，实现客运"零换乘"。加快推进港口、园区铁路专（支）线的

[①] 参见：《江苏省政府关于进一步加快推进铁路发展的意见》（苏政发〔2016〕175号）．

综合货运枢纽建设，促进铁水联运、公铁联运、公铁水联运。三是大幅提升铁路跨江和互联互通能力。加快扬子江城市群高铁建设，提升铁路过江通道能力，规划建设一批过江通道。

2. 实现途径

一是加强规划引领。强化与国家规划的对接，做好与主体功能区规划、城市规划及土地利用规划等的衔接融合，与公路、港口、航空等其他交通运输方式的综合协调，构建现代综合交通运输体系。二是支持铁路专（支）线建设，加快港口、物流园区专支线建设。三是强化综合客货运枢纽功能，争取国家相关专项资金支持。四是保障用地。要加强获批规划中的项目与土地利用总体规划和城市总体规划的对接，做好城市规划融合、线位站址预留预控、综合枢纽衔接等方面的工作。五是建设资金保障，完善省市共担机制，省方资本金由省市共同分担。省级财政"十三五"期间每年安排铁路建设专项资金不低于30亿元。六是创新铁路投融资机制。全面开放铁路建设市场。鼓励和吸引社会资本投资铁路建设，积极探索运用PPP模式（政府和社会资本合作）建设铁路项目和地方配套设施。多渠道筹措铁路建设资金。

第二节 汽车时代南京城市交通治理基本做法

南京市城市交通发展本着堵疏结合的原则，大力发展城市公共交通，加大公共基础设施建设的投入，注重交通基础设施的合理布局和各种运输方式的有效衔接，出台政策措施鼓励社会公众选择公共交通出行，取得了较好的成效。

一、全力打造公交都市

南京市公交都市建设起步比较早，2012年即被作为国家首批15个"公交都市"试点示范城市，长期以来按照多元公交、一体公交、畅达公交、品质公交、智慧公交以及绿色公交的原则推进公交都市建设。2016年南京市政府出台了《公交都市创建工作计划》，根据国家公交都市建设的要求并结合南京市实际，制定了公交都市建设的目标和考核标准。主要是通过加强交通基础设施的投入、持续动态科学调配运力、缩短多种运输方式换乘衔接的时间，来鼓励和引导社会公众选择公共交通的方式出行。2017年，交通运输部评选了两个城市作为"国家公交都市建设示范城市"，南京市是两个城市中的一个，在全国率先实现所有行政区通达轨道交通，公交线网城乡全覆盖。

南京市打造公交都市的具体做法如下。

（一）科学确立了公交都市建设指标参数

明确了公交都市创建的具体指标体系，公共交通机动化出行分担率达到61%；公共交通站点500米覆盖率达到95%；公共交通乘客满意度达到80%；公交专用道设置比率达到14%；绿色公共交通车辆比率达到70%；智慧公交服务全覆盖。

（二）明确了公交都市建设的具体目标

提出2017年底实现以下目标：推进轨道交通建设力争新增轨道运营里程33.8千米，续建和新建3处换乘枢纽中心，建成17座公交场站，改造完成7座公交场站，更新公交车1000辆，新建30千米公交专用道，新辟、优化调整30条以上公交线路，新增公共自行车服务点380个、公共自行车14500辆。

（三）制定了推进的具体措施

1. 健全公交都市发展政策

编制公交线网、公交专用道和公交场站建设专项规划，开展地铁站点换乘设施一体化规划、轨道交通站点综合城市设计与公交场站复合利用城市设计；健全优化公交成本规制政策，健全公交企业成本规制办法，采取"定额+单项补贴"的方式，发挥补贴的经济杠杆作用；完善公交行业考核办法。健全公交企业安全营运服务、高层管理人员等考核办法，将公交企业营收、成本、安全和服务作为考核重点，引入第三方专业机构实施考核，保障社会公众的知情权。

2. 强化基础设施建设

充分发挥轨道交通大批量运输的优势，地铁4号线一期建成投入运营，5号线开工建设，宁和线、宁高线、宁溧线、麒麟有轨电车1号线工程建设按照计划进行。推进公交场站建设，新辟公交专用道，装置移动抓拍电子监控设备。

3. 强化多种运输方式的衔接

加强轨道交通干线、常规公交主线和微循环的支线有机结合,合理投放和调整公交运力,提高站点覆盖率和线网覆盖率。优化公交线网布局,缩短市民出行时间、候车时间和换乘时间。

4. 落实公交便民措施

完成地铁和公交一卡通改造,方便市民出行换乘。实现"掌上公交""我的南京"交通频道和基于百度地图的交通出行服务等多渠道信息服务。大力倡导绿色出行,大力建设公共自行车服务网点,投放公共自行车供市民出行使用。通过实施公交都市计划,交通基础设施建设的投入不断增强,公共交通出行更加便利,在全国特大城市公共交通出行服务综合指数排名第三、轨道交通密度排名第一。①

二、城乡交通一体化发展

针对南京市客观上存在的城乡二元体制现状,要重点加强农村公路建设,加强干线公路和轨道交通建设,统筹城乡交通基础设施布局和交通运输网络的整体规划,实现中心城区与郊区之间的交通畅通,建立畅通、安全、便捷的城乡综合运输体系和"无缝""零距离换乘"的交通服务系统。

(一) 实施农村公路提档升级工程

南京市城乡一体化建设起步比较早,早在2000年就在大规模建设高等级公路的同时,筹措资金建设农村公路,在全市推行"镇村公路灰黑达标工作",2013年12月南京市政府印发《市政府关于加快推进农村公路提档升级工程的实施意见》,从推动城乡交通一体化发展出发提出了农村公路发展的具体目标。

农村公路建设的目标。①到2015年,镇村公交配套农村道路基本达到三级及以上公路技术标准,受限路段应达6米路面宽双车道四级公路技术标准,市域范围内县道公路根据规划达到三级及以上公路技术标准。2018年底,全市农村公路三级及以上等级公路比重由2012年的25.64%提升到32%;乡村道四级及以上双车道公路比例由2012年的12.5%提升至38%。

---

① 2017年中国主要城市公共交通大数据分析报告。

②到2015年，基本消除等外农村公路和现有农路危桥，同时完善公交配套桥梁的建设和改造，完善安保设施和绿化，从而使沿线自然风貌得到保护，更具田园风光、水乡风韵，有效促进村庄环境整治和美丽乡村建设。③到2018年，区及以上人民政府批准建设的居民点和重要农村经济节点，实现双车道或路面宽度6米及以上的等级公路通达。④加强农村公路周期性、预防性养护，年大中修比例逐步达到5%以上。确保2015年底，全市及各区县道公路优良路率及乡、村道公路好路率超过全省平均水平。2015年5月，南京市交通运输局和市财政局联合印发《南京市农村公路提档升级工程暨"四好农村路"建设管理办法》，对农村公路建设养护的职责分工、规划建设、养护管理、政策支持与资金管理等做了详细规定，便于各项政策的落地生根。2015年交通运输部"四好农村路"建设意见出台之后，南京市制定了具体实施方案，实现农村公路提档升级、安保设施到位，便于群众交通出行，以推动城乡一体化的发展。

（二）干线公路和轨道交通建设

2011年南京市政府印发《关于全面推进"十二五"干线公路建设发展的实施意见的通知》（宁政发〔2011〕156号），提出"十二五"期间，南京市干线公路建设将围绕"干线公路连街镇"的总体目标，实现市域干线环路全线贯通、一级干线通街镇。加强干线公路建设与高速公路、县乡公路和城市道路的方案统筹和计划对接，充分发挥路网建设的整体效益。"十二五"期间，市政府安排市级干线公路建设专项资金用于补助干线公路建设建安费用。区县政府负责筹措解决项目征地拆迁、补偿安置等相关资金。"十二五"期间按照干线公路"一环八横十八射"规划推进，干线公路网规划形成后市域所有自然村15分钟内到达干线公路。截至2015年末全市已基本实现"区至区高速公路，区至镇（街）干线公路"连通的格局。通过统筹干线公路建设，为城乡一体化发展奠定了良好的基础设施条件。轨道交通随着3号线、10号线过江连通，机场线、宁天线、地铁4号线一期、宁和线一期、宁高线二期、宁溧线的建成通车，运营线路达7条，里程232公里，实现了区区通地铁。

（三）城乡客运统筹发展

长期以来，由于政策和管理体制的不同，南京市城乡客运二元制情况更为明显。原来的江宁、溧水、六合、浦口实行服务质量招投标等无偿方式取得出租汽车经营权,而市区实行拍卖有偿取得的方式获得经营权,因此在经营的范围上有所不同,原郊区的出租汽车不得进入城内经营。公交企业和道路旅客运输企业在国家规费征收和价格上也各不相同,道路客运不能满足镇村群众公交化出行需求,也在实施公交化运行改革。城内交通和城外交通管理部门分别为市政部门、交通部门,因此形成相关政策的壁垒。为适应新要求,交通部门实施农村客运班车通达工程,推进农村客运班线公司化改造,道路客运企业实行公司化经营,解决农村客运中的热线与冷线矛盾问题。2010年南京市新一轮行政管理体制改革后将市政公用局的城市客运管理的职责划入市交通运输局,为统筹城乡客运发展理顺了管理体制。在交通运输的职责中也明确提出要加强统筹区域和城乡交通运输协调发展职责,优先发展公共交通,大力发展农村交通,加快推进区域和城乡交通运输一体化。推行城乡交通一体化发展是经济发展的内在要求,统筹规划城乡交通基础设施建设,合理确定轨道交通、城市公交、市镇班线、镇村公交的功能定位、线网布局、换乘体系、发展规模、运营方式、票价和补贴机制。

三、统筹都市圈交通发展

南京都市圈由南京、扬州、镇江、淮安、滁州、马鞍山、芜湖、宣城8个城市组成,自2007年起就建立了定期联席会议机制,统一协调都市圈基础设施对接和交通运输发展。2009年5月南京都市圈城市之间达成开通道路客运班车公交化运行、开行旅游直通车的协议,方便了都市圈内交通出行。在城际轨道方面,规划建设轨道交通线路8条,总长为267.6千米。其中已建成宁溧城际轨道交通、宁高城际轨道交通、宁和城际(南京段)轨道交通、宁天城际(一期)轨道交通。已开工建设的有宁句城际轨道交通,大力推进宁马、宁滁、宁扬、宁淮、宁宣等城际铁路的合作共建。高速公路方面,建设新的高速公路项目,同时对既有的高速公路进行扩容改造,增强都市圈高速公路的通行能力和打通城际断头路,从而满足都市圈内不断增长的公路通行需求。陆续新建成了溧水至马鞍山、南京至滁州的高速公路或快速化道路。马群换乘中心作为实现都市圈城际与南京中心城区交通无缝对接的基础设施项目正在建设之中。

为深化南京都市圈一体化发展，落实《长三角地区一体化发展三年行动计划（2018年—2020年）》，2019年南京都市圈各城市通过了《南京都市圈一体化高质量发展行动计划》，行动计划提出到2020年基本建成一体化程度较高、具有较强影响力和竞争力的国家级现代化都市圈。都市圈内交通基础设施要从互联互通向快联快通加快转变，南京国际门户型综合交通枢纽地位进一步增强，中心城市与周边地区之间的交通快速通达体系进一步健全，基本解决"断头路"问题，轨道交通覆盖面进一步扩大，多种交通方式顺畅换乘、无缝对接，都市圈快速通勤水平明显提升，基本实现都市圈城市交通一卡通互通，建成安全、便捷、高效、绿色的现代综合交通运输体系，并提出了打造综合交通枢纽示范区的目标。

一是要打造"轨道上的都市圈"。打造都市圈"一日生活圈""一小时通勤圈"。加快推动南沿江、北沿江铁路建设，形成沿江高铁环线。加快推进宁合、镇宣、宁淮、宁宣、宁滁、宁扬宁马城际等铁路建设以及南京北站规划建设，推动宁句城际轨道、宁芜铁路电气化改造等项目建设，实现南京都市圈城市全部通行高铁或城际铁路，构建以南京为中心的"米"字形高铁网络，实现都市圈内主要城市半小时高铁通达。联合编制都市圈市域铁路建设规划，促进干线铁路、城际铁路、市域铁路、城市轨道交通"四铁融合"。

二是完善高速公路网络。基本建成以南京为核心辐射都市圈地区的"一环两横一纵十五射"放射状高速公路网格局。积极推动宁盐、宁常沪、宁杭第二高速、宁和等高速公路规划建设。加快328国道扩建、宁马高速改扩建、宁芜高速改扩建等工程进度。逐步撤销或减少都市圈城市间普通公路收费。重点推动主枢纽、主景区、主城区之间的快联快通，加密过江通道建设，加快形成宁镇扬、宁滁3011交通圈，即30分钟的快速通勤圈、1小时的休闲旅游生活圈、1小时的生产要素物流圈。实施"断头路"畅通工程，滚动编制打通省际市际"断头路"年度计划，提升都市圈公路通达能力。

三是提升空港枢纽能级。形成以南京禄口国际机场为核心，扬州泰州机场、淮安涟水机场、芜湖宣城机场为辅助。实施禄口机场T1航站楼改造工程，将禄口机场打造成为中国大型国际门户和枢纽机场、中国航空货物与快件集散中心。拓展加密国际航线，提升货邮吞吐量，构建干支联程、国际中转航线网络，实现全球联通、洲际直达，进一步提升南京航空枢纽机场服务都市圈的能力。

四是创新交通基础设施投融资机制。鼓励探索都市圈重大交通基础设施投融资新机制新模式，促进跨区域重大项目建设，制定交通基础设施项目建管养运投融资政策，构建投资、融资、建设、经营、偿债良性循环机制。拓宽融资渠道，鼓励各类金融机构和产业投资基金、保险资金参与都市圈重大项目建设。建立社会资本投资项目年度清单制度，共建都市圈PPP合作项目库。

五是构建同城化交通服务体系。整合公共客运资源，建设交通信息服务系统，为居民提供快速化、低成本的同城交通服务。推进各市道路客运互联互通，构建以城际快巴和城际公交为主的公交体系，提供点点直达、站站停靠等多样化运输服务。继续推广都市圈公共交通"一卡通"。

四、开展城市治堵工程

2018年，南京市公安局、文明办、城乡建设委、规划局、交通运输局、城市管理局六部门联合制定《南京市城市道路交通文明畅通提升行动计划（2018—2020）》。

（一）城市治堵的目标

①路网体系更加科学合理。城市建成区平均路网密度提高到8千米/平方千米，支路长度比例达到道路总长度45%，城市道路面积率提高至15%。②道路交通更加精细规范。合理配置道路资源和通行权，城市主干路、次干路交叉口渠化率达到90%以上，交通管理设施规范设置率达到95%以上。城市道路交通标志、标线、信号灯设置科学规范。③道路出行更加安全有序。严查道路交通违法行为，降低酒驾醉驾、工程运输车辆、电动自行车等交通事故的发生。④绿色交通更加便捷高效。城市公共交通出行分担率平均达到40%。中心城区公共交通站点500米全覆盖，公交服务满意率不低于80%。示范道路上公交专用道设置率不低于20%。⑤停车供需更加平衡适宜。按照配建停车为主导、公共停车为辅助、路内停车为补充的原则，新建项目停车设施建设数量达到本市建筑物停车设施配建标准，路内停车泊位数量占城区停车泊位总数比例不高于8%。⑥文明交通更加自律普及。全市文明交通指数达到90分以上，居民交通违规和安全常识普及率达到80%以上。

（二）城市治堵的具体举措

1. 完善城市交通基础设施

完善市域路网体系、打通市内道路交通的瓶颈是缓解城市交通拥堵的一项重要举措。

（1）城内道路的快速化改造。实施城东龙蟠路、城西干道、江东北路、模范马路、栖霞大道的快速化改造；加强江北新区快速路网建设，包括临江路、江北大道等；提升了单位面积上道路使用的效率，使市内道路交通环境发生了根本性变化。

（2）新建街区路网加密。新建地区积极推行小街区、密路网模式，已建地区因地制宜逐步推进路网加密改造，加强道路交通安全管理设施建设，形成功能明确、级配合理、设施完备、安全便捷、生态宜居的路网体系与结构。

（3）加强跨江通道建设。为实现南京拥江发展，推动江北新区建设，南京市不断完善跨江通道及两岸集散路网建设。已建成通车了11条过江通道，长江五桥、和燕路等过江通道正在建设之中。完成了长江隧道、扬子江隧道两岸接线、扬子江大道快速化改造，使跨江交通更加便捷。

（4）建设主城与副城快速通道。统筹协调主城、副城的道路建设，加快主城与副城之间的快速通道衔接和既有道路的快速化改造，S122快速化改造完成，加强了主城与江宁麒麟汤山地区的联系。栖霞大道快速化改造大大缩短了主城与仙林的通行时间。江北大道快速化改造使浦口、六合与主城区道路通行时间缩短，宁高新通道加强了高淳与主城区的联系。突出主城内部、主城与新市区、新城之间和城市出入口快速通道建设。

（5）推动断头路的改造。推进大光路、光华路等主干路向老城外围延伸扩展，提升交通品质。利用大校场机场搬迁契机，重点完善城东南片区路网及其与主城、江宁的路网衔接。推进麒麟与仙林、麒麟与东山跨区通道建设。

2. 加强停车设施建设

新建建筑和住宅小区按照《南京市建筑物配建停车设施设置标准与准则》，同步规划建设停车设施，鼓励配建车位向社会开放。基于老城、中心区、商业繁华地区和老居住小区等停车供需矛盾比较突出，提出每年新增1

万~1.5万个公共停车泊位。2015年南京市出台了鼓励公共停车设施建设的优惠政策：一是在公共停车场用地供给上给予政策扶持。每年对规划性质为公共停车设施的用地，优先纳入储备和供地计划，用于引进社会力量投资建设公共停车设施。二是鼓励城市土地的综合利用。政府或国有公司投资建设的公共停车设施项目用地，以及利用城市交通、绿地、人防等配建停车场，可按相关程序，办理项目立项、规划等审批手续，土地以划拨方式供地。对需移交给政府的配套公共停车设施用地，在土地出让文件或划拨批准文件中，明确约定配建的停车设施建成后无偿移交给政府，土地按划拨方式管理。利用原有住宅小区空地、学校操场等建设地下停车设施，并按相关程序办理相关手续。土地使用权可在地上或地下分别设立，确权发证给不同的主体。三是鼓励社会资本参与公共停车场建设。鼓励土地使用权者利用自有土地投资建设公共停车场，也可通过BOT（建设—经营—转让）、租赁、合作经营等方式引入其他投资主体进行建设。四是通过出台商业配套政策鼓励建设公共停车场。新建的公共停车设施泊位数达到100个以上的，原则允许配建不超过30%的商业面积。五是实施规费减免政策。公共停车设施建设免缴城市基础设施配套费等市权范围内的相关行政事业性收费。六是对投资建设公共停车场给予资金补助。市、区两级财政对停车设施建设资金实行一次性奖励补助，补助标准为：地下停车库补助20000元/泊位；地上停车楼补助10000元/泊位。七是灵活的收费政策。专业机械式立体停车设施收费实行市场调节价，其他公共停车设施收费实行政府指导价。八是政府提供运营保障政策。公共停车设施应按规划要求配建电动汽车充电装置，为电动汽车等新能源汽车的普及和推广创造条件。公共停车设施正式营运后，停车需求未能达到饱和状态，公安交管、城管等相关职能部门应逐步减少或取消周边200米内的道路停车泊位，并加强对违法停车的查处力度。

3. 鼓励绿色交通出行

出台鼓励公共交通出行的优惠政策。南京市物价局、交通运输局、财政局2017年出台了《关于加大公共交通换乘优惠力度的通知》，规定三类对象乘坐公共交通的优惠政策：市民持市民卡、智汇卡刷卡乘坐城市空调公交车、普通公交车实行8折优惠。实行18周岁以下中小学生刷卡乘车优惠，学生刷卡乘坐城市公交车实行5折优惠。70周岁以上老年人、革命残疾军人、残疾人免费乘车及60~69周岁老年人半价乘车。为贯彻"地铁为骨干，地面公交为网络，其他公共交通形式为补充"的原则，合理配置和利用公共交通资源，南京市出台了公共交通换乘优惠政策。2019年2月，南京市发改委、交通运输局、财政局联合印发《关于调整公共交通换乘优惠政策的通知》，提出为加快实现地面公交与轨道交通两网融合，在调整南京地铁线网票价的同时，继续加大公共交通换乘优惠力度。发改委印发《关于调整南京地铁网票价的通知》，继续实行按里程分段计价票制，对通勤乘客优惠措施进行了调整，取消月卡，实行地铁消费累进优惠。普通成人持储值卡乘坐地铁出行，达到规定的消费累计金额后的乘次，享受相应的折扣优惠。持学生卡、60-69周岁老人卡、市民诚信卡乘坐地铁，给予基本票价半价优惠。70周岁以上老人、残疾人、见义勇为人员等刷卡乘坐地铁，予以免费。

这次地铁票价的调整，地铁票价提高了近100%，实际上体现了政府鼓励乘坐地面公交的倾向，通过鼓励换乘，维持地面公交的原来价格，鼓励大家出行尽量选择地面公交，有效缓解了轨道交通的运输压力。

4. 发展公共自行车

公共自行车是城市轨道交通和地面常规公交的重要补充和延伸，是为市民提供绿色出行、解决"首末一公里"交通的重要公共资源。2015年，南京市出台了国内首部公共自行车管理办法——《南京市公共自行车管理办法》（政府令第311号），明确公共自行车是具有公益性质的城市公共交通组成部分。把公共自行车定位为城市轨道交通和地面常规公交的重要补充和延伸，是为市民提供绿色出行、解决"首末一公里"交通的公共产品。为适应互联网经济发展的要求，2017年，南京市交通、公安、城管等部门联合发布了《关于引导和规范互联网租赁自行车发展的意见（试行）》，2015年，市政府出台了南京市公共自行车发展工作方案，明确了组建市公共自行车公司、制定全市公共自行车运作模式及财政补贴政策。主城区公共自行车发展工作由市公共自行车公司负责，江北地区、江宁、溧水、高淳区由各区成立自行车公司负责。主城区公共自行车建设和运营费用由市、区财政各50%比例分担；江北新区、江宁区由所在区财政承担80%，市财政补贴20%；溧水区、高淳区由两区自行承担。通过政府主导、国企运营、财政保障等措施，有效保障了我市公共自行车良性和可持续运营。

南京市公共自行车发展实施统一规划，编制了公共自行车发展专项规划；统一标准，制定了全市公共自行车软硬件系统及价格标准；统一政策，出台了南京市公共自行车管理办法；统一运营管理系统，建成使用全市管理系统平台。多渠道收集信息，引入第三方机构对我市公共自行车发展情况开展市民使用满意度调查，客观评价服务水平及存在问题，加强对公共自行车发展规律研究，改善服务质量。同时科学规划设置站点，公共自行车布局重点在居住小区、公共交通站点、大型公共设施周边等地，方便市民换乘其他公共交通工具。在新、改建道路和市政配套设施中，按照规划预留站点用地。为让站点设置更加科学合理，在具体选点时，由主城各区根据专项规划，充分考虑区域客流、交通集散、换乘衔接、站点接电等实际，由社区、街道逐级上报建点需求，区牵头责任部门负责收集，会同公共自行车公司共同制订年度布点计划并在网上进行公示，报市城市公共交通委员会办公室审批后实施网点建设工作。市民可用手机下载 App "畅行南京"注册办卡和借还车辆，相比以往在网点办卡和用卡租车，更加灵活便捷。

在政府加大公共自行车投入的同时，对新出现的互联网租赁自行车的发展进行大力扶持，一是明确互联网租赁自行车是城市慢行交通系统的组成部分，确立了与城市空间承载能力、停放设施资源、公众出行需求等相适应的车辆投放机制。二是明确了各部门的服务职能。规划部门负责完善慢行交通系统规划，城管部门负责指导非机动车停放泊位的施划和停车标识的设置，公安部门负责互联网租赁自行车注册登记并颁发牌证，交通部门负责发布运力监测报告和进行运力投放引导。三是明确互联网租赁自行车经营企业的责任，需要对用户实名登记、公开收费标准和收费方式、为用户购买人身意外伤害险、维护停放秩序、做好运营调度和维护、完善网络安全管理、建立用户押金消费预付金专用账户、与运管部门共享信息等。

五、建设综合客运枢纽

2010 年，南京市制定了公路运输枢纽总体规划，提出全市建设"六个客运站和若干配客站"的总体布局思路，建设客运南站、小红山站等 6 个一级客运站，在城区及城郊开放式快速通道边设置若干配客站。按照构建综合交通运输体系建设的要求，客运南站、小红山站均实现与铁路、轨道交通无缝衔接。

2014年1月,《江苏省综合客运枢纽布局规划（2013—2030年)》中明确南京市2020年前将形成包括禄口机场、南京南站特大型综合客运枢纽,小红山站大型综合客运枢纽,紫金站、客运北站中型综合客运枢纽,中胜站、客运东站小型综合客运枢纽的综合客运枢纽体系。南京市城市总体规划中提出构筑多层次客运枢纽体系。建设禄口空港、六合空港、南京南站、南京站4处区域综合客运枢纽,服务于都市圈国际交流与跨区域快捷联系。马群等区域建设停车换乘中心,服务区域及外围地区建设小汽车停车换乘轨道交通。在综合客运枢纽建设中,南京市以"布局合理、功能齐全、换乘顺畅、高效运转"为目标,重点推进综合客运枢纽和公交场站建设。2017年以前,规划建设四类共计46个枢纽项目。南京站北广场综合客运枢纽等5个城市综合换乘枢纽,突出铁路公路复合型综合枢纽主导地位。马群综合换乘中心等11个城际公共换乘枢纽,强化对外交通方式与公共交通衔接。

南京市共规划建设的综合性交通枢纽有三个,分别为南京站、南京南站和南京北站,目前投入使用的有南京南站和南京站两个综合性枢纽。

1. 南京南站

南京南站是南京重要的高铁枢纽站,于2008年1月开工建设,2011年6月南京南站及北广场投入使用、2015年1月南广场投入使用,是全国首个实现立体"零换乘"的综合客运枢纽。南京南站具有强大的换乘功能,实现了铁路、轨道交通、公路客运、城市公交、出租汽车等运输方式在枢纽体内的无缝衔接,配置建设公共停车场方便社会车辆停放,枢纽配套建设了高效的集疏运系统,便于客流聚散。大大减轻和缓解了城市出行特别是节假日出行的交通压力,也有效缓解了城市道路拥堵。随着高铁南京南站的投入使用,与其相配套的南京汽车客运南站与公交汽车站也同时启用,南京市对公路长途客运站的布局进行了重新调配,撤销了汉中门长途汽车站、下关长途汽车站、马群长途汽车站等站点,同时从中央门客运站、桥北客运站和长途客运东站调配了部分线路至南京汽车客运南站,新组建了南京公路站务公司。南京南站启用时轨道交通1号南延线同时开通,后陆续开通机场S3号线、宁和线（S3号线）、3号线。S3号线将南京南站与禄口国际机场相连,南京南站作为南京最重要的综合性交通枢纽极大地满足了交通出行需求。

2. 南京站

南京站是在原南京火车站的基础上建成的又一个综合性交通枢纽，南京火车站紧邻公交车站，是南京第一条轨道交通1号线的起点站。2005年9月南京火车站新改造完成，2010年11月，南京站北广场开工建设。2014年8月，南京站北站房工程竣工启用，同时位于北广场的小红山汽车客运站也同步运营。小红山汽车客运站启用后，原来的中央门长途汽车客运站关闭，至此南京市第二个综合交通枢纽正式启用。轨道交通1号线、3号线分别经过南京站并将其与南京南站相连。南京站也是集铁路、轨道交通、公路客运、城市公交、出租汽车等运输方式于一体的综合交通枢纽，配置建设公共停车场和高效的集疏运系统，将长途客运与城内公共交通紧密联系在一起，便于客流聚散。

3. 南京北站

综合性枢纽为客运北站综合客运枢纽，为江北新区规划建重点枢纽建设项目，将与南京南站和南京站一样统筹考虑铁路、公路、城市轨道（3号线）、公交、出租车、社会车功能布局，共同构成南京市三大铁路主枢纽，服务于都市圈国际交流与跨区域快捷联系。客运北站是枢纽重要组成部分，近期对客运北站进行规划预留，远期按照江北新区规划要求适时启动建设。目前轨道交通3号线北起林场站，林场站即为规划中的客运北站位置。

第三节 汽车时代南京城市交通治理的评价与展望

新时期南京交通发展以科学的发展理念为指导，坚持统筹考虑规划先行，不断健全完善地方交通法制体系，推动社会公众积极参与城市治理，深化交通运输管理体制改革，为实现城市交通依法治理奠定了良好的基础，交通对城市发展的引领作用日益彰显，综合交通运输体系建设实践取得了较好的效果。

一、基本经验

（一）科学的发展理念

南京交通发展以创新、协调、绿色、开放、共享等发展理念为指导，把法治交通、绿色交通、智慧交通和平安交通作为根本指导思想和发展目标，将科学的发展理念贯穿于交通基础设施建设和公共服务的方方面面，推动了城市交通的可持续发展。

1. 法治交通

南京市特别注重交通行业的依法治理。坚持依法管理，结合南京交通行业管理的实际，在尚未有行业上位法的情况下，积极推动先立法、努力健全法制规范体系，然后再严格依法管理，一方面通过立法确立相关制度培育市场发展、规范市场发展，另一方面严格依法行政，不断提升自身依法服务的能力和水平。在全国率先推动和出台了公路路政、航道管理、船舶修造管理、长江桥梁隧道管理、农村公路管理等地方性法规、政府规章，特别是为了尽快适应互联网新兴业态管理的需要，出台了网约出租车管理、公共自行车管理等制度，对防范市场风险，维护行业稳定等发挥了重要作用。

2. 绿色交通

绿色交通不仅体现在大量使用新能源车、建设新能源交通配套设施和给予资金扶持、限制能耗高的车船使用方面，关键要从交通基础设施建设和交通行业发展更高层面贯彻绿色交通发展的理念。交通基础设施建设中减少对能耗高、环境污染严重的材料的使用，在公路维修中注重原来材料的第二次处理使用，如沥青面层铺设充分利用原有材料，在工程建设施工中避免扬尘污染、杜绝水泥浆砂子的现场搅拌等。按照宜水则水、宜铁则铁的原则，鼓励发展水路运输和铁路运输，政府加大投入建设港口设施和航道设施，提升南京支线航道的通行等级，大力开展芜申线、秦淮河、滁河支线航道的整治工作，建设疏港铁路专用线和专用公路建设，打通最后一公里，实施公铁水联运，充分发挥水运节能的优势，实现南京产业的合理布局。大力发展公共交通，创建公交都市，发挥轨道交通客流量大的优势，将其与地面公交、公共自行车的使用有机结合起来，发挥综合枢纽换乘无缝衔接的优势，鼓励市民换乘并给予相应政策扶持，引导市民优先选择公共交通出行。这些措施既有效缓解了城市拥堵，又对城市的生态修复发挥了积极推动作用。

3. 智慧交通

南京智慧交通首先运用于公路客运联网售票系统，解决了旅客出行需到汽车站窗口排队买票的问题，同时逐步发展为南京都市圈内相应城市间的联通，实现了异地联网售票。"南京e交通"提供实时公交信息、换乘查询、长途客运、公共自行车、汽车维修、铁路航空、交通路况等综合信息服务，实现了"手机查询全覆盖、智慧交通进乡村"惠民目标。建立公交大数据平台，实现掌上公交、"我的南京"交通频道和百度地图App交通出行服务的查询。督促网约车平台安全运作，公交地铁移动支付等功能逐步健全。逐步建立交通大数据系统，对城市交通信息进行高效分析，为城市治堵提供信息化支撑。在货物运输领域充分运用信息化技术，减少车船的空载率等。在全国率先实现"96196"交通信息全天候服务，为旅客出行提供咨询服务。随着互联网技术的深入发展，智慧交通运用的广度和深度将会进一步增加，为旅客出行提供多种选择和服务，保障出行便捷、安全。

4. 平安交通。任何时候交通安全都是摆在首要位置的：一是任何交通政策的制定和交通地方立法，都是把保障社会公众出行安全作为重要内容，公路路政、航道航政、轨道交通、公共客运每一个领域的立法都是围绕一个目的，即保障交通安全。政府对国省道干线公路的改建及养护、农村公路提档升级建设等给予相应的政策扶持，明确相应的技术安全要求，从根本上而言就是保障出行安全。二是在交通工程建设中严格贯彻执行国家相应规定，实施招投标管理、合同管理、监理管理等一系列制度，强化质量安全和施工安全管理。全面实施信用管理，从源头上抓质量安全和施工安全，全面推行交通安保工程。三是强化行业安全管理。交通领域日常运营管理均是基于安全角度考虑的，如收费公路经营者应当加强桥梁隧道安全的检测，做好设施维护工作，防止公路通行技术标准和通行能力降低。强化危险化学品港口经营企业的安全监管，充分运用监控技术手段强化对长途客运车的动态监管，这些举措取得了较好的效果。

（二）健全完备地方交通法制

南京市把法治交通建设作为推进行业依法管理的重要手段，对于国家上位法尚未规定但是交通行业管理实际需要的制度，以地方性法规和政府规章确定下来，不断推进地方法治建设进程，贯彻依法治国、依法行政基本方略，努力实现行业的依法治理。为实现公路路政依法管理，于1996年制定了《南京市公路路政管理条例》。为促进南京造船业的发展，提高造船业的整体服务水平，1997年在全国率先出台了《南京市船舶修造业管理条例》。2002

年出台了《南京市机动车维修市场管理条例》，大大提升了南京机动车维修的质量，推动了机动车维修产业的快速发展。2005年国务院出台《农村公路管理养护体制改革方案》，南京市于2009年出台了《南京市农村公路条例》，率先实行农村公路管理授权执法，《南京市农村公路条例》规定把农村公路养护资金纳入政府财政预算，保证了农村公路可持续发展。2008年为加强轨道交通的管理，制定了《南京市轨道交通管理条例》。2011年为适应南京市交通管理体制改革的需要和推动城乡交通一体化发展，制定《南京市公共客运管理条例》。为推进长江桥梁隧道管理的综合立法，特别是适应社会资本参与全市过江通道建设与经营，2011年出台了《南京市长江桥梁隧道条例》。2018年出台了《南京市道路交通安全条例》，该条例对网络预约出租汽车、互联网租赁自行车的规范管理进行了规定。

在政府规章及规范性文件方面，南京市政府自20世纪90年代以来出台了一系列交通运输政府规章及规范性文件，如《南京市水路运输管理办法》《南京市航道管理办法》《南京市搬运装卸业管理实施细则》《南京市内河交通安全管理办法》《南京市镇村道路管理办法》《南京长江第二大桥管理办法》《南京港长江公用锚地使用管理规定》《南京市公路及公路附属设施管理办法》《南京市长江公路桥梁隧道管理办法》《南京市轨道交通管理办法》《南京市道路客货运输站场管理办法》《南京市停车场建设和管理办法》《南京市公共自行车管理办法》《南京市有轨电车交通管理办法》《南京市长江岸线管理办法》《南京市网络预约出租汽车管理暂行办法》。这些政府规章或政府规范性文件是紧密结合社会经济发展出现的新问题、新要求而出台的，有些政府规章随着管理的实际需要逐步上升为地方性法规，有些政府规章和规范性文件主动适应新出现的业态，超前考虑行业监管，有效防范了社会风险，如结合互联网时代的需要及时制定了《南京市网络预约出租汽车管理暂行办法》《南京市公共自行车管理办法》，强化对新兴业态的行业管理，从而有效防范和化解社会风险。为加强长江生态保护，制定了《南京市长江岸线管理办法》。这些为实现交通运输行业依法管理奠定了良好的法治基础，为推动国家层面的立法提供了良好的经验。

（三）有效的社会公众参与机制

交通承担着保障社会公众出行的问题，无论是交通基础社会建设还是道路运力服务的供给,都与群众日常生活密切相关。因此了解群众的出行需求,是政府提供安全便捷交通服务的关键。南京市在交通运输领域引入了社会公众参与制度,并通过地方立法的形式将这项制度确定下来。2012年《南京市城市治理条例》出台,标志着政府行使城市的管理职能由原来的"管理"向"治理"迈进,"管理"则意味着政府对城市管理是单向的,是政府的一种自觉独立行为,而"治理"则意味着主体的多元化、政府与个人在城市管理方面是双向流动的。该条例第2条规定,所谓城市治理,是指为了促进城市和谐和可持续发展,增进公众利益,实行政府主导、公众参与,依法对城市规划建设、市政设施、市容环卫、道路交通、生态环境、物业管理、应急处置等公共事务和秩序进行综合服务和管理的活动。条例规定了城市治理委员会的组成人员,公众委员的比例不低于50%。公众委员应当通过公开公正的方式产生。条例设"公众参与治理"专章,规定公众可以通过专家咨询、座谈会、论证会、听证会、网络征询、问卷调查等多种方式参与城市治理活动。公众委员参与城市治理决策前,应当就会议讨论事项事先深入开展调研,听取和汇集公众意见。政府、城市治理委员会和城市管理相关部门应当按照规定采用便于公众知悉的方式,公开有关行政决策、行政执法、行政裁决、行政监督等城市治理的信息。召开座谈会、论证会、听证会,应当提前将会议的时间、地点、主要议题等事项书面告知相关公众,为公众参与提供必要条件,并应当认真研究公众提出的意见,采纳合理可行的建议。2011年《南京市公共客运管理条例》中规定,调整和开辟公共汽车客运线路应当事先征求公安机关意见,并听取社会公众意见。2011年10月,成立南京市城市公共交通乘客委员会,该委员会具有5项工作职责:①志愿义务参加乘客委员会的各项活动,根据乘客委员会的要求开展工作;②对城市公共交通营运服务活动进行监督,按要求提交乘坐公共交通情况"现场记录表";③对收集的城市公共交通意见建议进行整理、分析,提交书面报告;④对公共汽车车辆、线路、站点设置,城市公共交通行业政策、服务质量、社会评价等涉及公众利益的事项展开咨询和调研,提交书面建议;⑤完成专业委员会安排的其他工作。该委员会在南京市公交班线优化调整、公交都市创建等方面发挥了重要作用,大大提升了交通运输的服务品质,最大限度满足群众出行需求。

（四）交通基础设施科学规划布局

交通基础设施建设对城市的发展具有引领作用，科学的交通规划促进城市发展合理布局，交通基础设施的布局直接决定着城市居民出行的交通成本，而且直接关系到城市发展规模和产业布局，影响到该城市的城市化进程。科学的交通布局可以引导城市功能科学定位，减少和缓解城市交通压力，改善和优化城市人居环境。南京交通发展坚持科学规划先行，将城内与郊县、中心城市与都市圈交通发展规划和城市道路、轨道交通、公路、水路、铁路、航空等专项规划统筹考虑，最大限度地减少换乘或缩小换乘距离。

首先，坚持以发展轨道交通为主、地面交通为辅的原则科学规划市内交通。南京市加大轨道交通建设的推进力度，目前轨道营运里程居全国第四位。随着江北新区的快速发展和江苏省对南京市提高城市首位度发展的相关要求，南京轨道交通实行多线并建，轨道交通资金投入越来越大，实现了南京市所有区通轨道交通。轨道交通可以充分利用城市有限的土地资源和空间资源，最大限度地减少了对环境的影响，其运量大、运输速度快且准时，承担着全市大批量旅客运输的任务。

其次，南京城乡交通与都市圈交通统筹考虑。南京市交通规划坚持与南京市都市圈交通规划协调发展，每年通过都市圈交通专项会议研究公路、航道和轨道交通建设规划，解决都市圈内的断头路，推进都市圈重大交通建设项目的对接。通过宁天城际、宁和城际以及宁句城际等轨道交通项目的推进，实现都市圈交通一体化。充分利用综合换乘枢纽的优势将市内轨道交通和城际轨道交通有效连接起来，将都市圈城际轨道交通一并纳入南京轨道发展规划中统筹考虑，最大限度缩小换乘距离实现无缝衔接。在高速公路和干线公路建设方面，增加都市圈内的路网密度，做好现有公路的改扩建工作，实现公路技术等级等基本通行条件的统一，减少交通梗阻现象。同时统筹城际公共客运和道路旅客运输，逐步规划南京市与都市圈内各市公交线路互通，双方的公共交通向对方城乡延伸，推进公交一体化发展。

再次，交通规划以强化综合运输建设为出发点，实现各种运输规划的互补与衔接。大力发展水路运输业，不断提升内河航道的技术等级，提升航道通行能力。加大疏港公路和疏港铁路专用线的建设，打通最后一公里，实现公铁水联运。以推动海港枢纽城市建设为目标,在规划上推进各种运输方式的有效衔接,大力发展临港产业,实现沿江产业的优化。真正按照宜铁则铁、宜水则水的原则布局项目建设。充分发挥南京长江水运优势,降低运费成本和对环境的不利影响。

最后,将交通运输规划与城市经济紧密结合。近年来南京市抓住国家发展综合交通运输的有利时机和国家对南京综合交通运输体系建设的政策,充分利用滨江临海、水陆运输体系完善的优势,提出了打造枢纽经济的发展战略,交通规划围绕航空枢纽经济区、铁路枢纽经济区和海港枢纽经济区,以大型综合换乘枢纽和现代化的港口码头为连接点,强化基础设施建设的对接,充分发挥对周边地区社会经济发展的辐射能力。因此,中心城市交通在统筹区域和城乡经济发展中发挥着不可替代的作用,近年来区域经济一体化、城乡经济一体化发展的实际情况也充分展示了交通一体化的重要推进作用。

(五) 大部制改革为统筹区域交通、城乡交通发展提供了保障

自 2000 年以来南京市交通管理体制改革大致经历了三个阶段。

第一个阶段,将交通与港口管理职能整合实施统一管理的阶段(2003—2010 年)。以 2003 年港口法的颁布为标志,港口行政管理职能纳入交通部门统一行使。港口法的核心内容之一就是确立了中国港口由地方政府直接管理并实行政企分开的行政管理体制。2001 年国务院办公厅转发交通部关于深化中央直属和双重领导港口管理体制改革的意见中明确[1]:将现由中央管理以及中央与地方政府双重领导的港口全部下放地方管理。港口下放后原则上交由港口所在城市人民政府管理;港口下放后,实行政企分开,港口企业不再承担行政管理职能,成为自主经营、自负盈亏的法人实体。2003 年南京市政府设立南京市港口管理局,与市交通局合署办公(对外挂南京市港口管理局牌子)。港口管理局依法管理全市港口行政事务,主要职能为:贯彻执行国家有关法律、法规和规章,制定相关管理规定,协同编制港口发展总体规划,对港口的岸线、陆域、水域实施统一的行政管理;负责港口公用基础设

---

[1] 《国务院办公厅转发交通部门关于深化中央直属和双重领导港口管理体制改革意见的通知》(国办发〔2001〕91 号).

施的建设、维护和管理工作,划定港区内危险货物作业泊位、库场的区域范围,并实施监督;负责征收和代征国家行政性收费,对企业经营性收费项目和价格,按有关规定实施监督和管理。① 这一阶段南京市交通局主要职责是承担着全市公路航道的建设、养护和管理,负责道路客货运输、机动车维修、驾驶员培训的行业管理,负责港口水路运输的行业管理。但是,城市公交、出租汽车行业管理仍由南京市市政公用局负责,不同行业管理政策和标准,难以实现统筹城乡交通一体化发展。最为显著的就是同属出租汽车经营,城内实行有偿拍卖的方式取得出租汽车经营权,而各郊区出租汽车由交通行政主管部门管理,实行服务质量招投标无偿方式取得经营权,因此城内的出租汽车经营者可以在南京市全域内从事经营,各郊区的出租汽车经营者只能在本区内经营。

第二阶段,大交通格局初步形成阶段(2010—2015年)。这一时期国家交通发展政策发生了很大的变化,提出了综合交通运输体系建设的方略,既有的管理体制显然与新形势要求不相适应。2010年在南京市的政府机构改革中,除原市交通局、港口管理局的职能外,将原市市政公用局城市客运管理的职责,原市经济委员会全市春节运输组织协调职责,原市口岸委员会长江岸线资源管理协调等职责,以及轨道交通运营管理、航空运输、铁路运输产业管理职责,整合划入市交通局,市交通局更名为市交通运输局。② 这次机构改革最大的特点就是将城内交通与城外交通的行业管理都交由市交通运输局统一实施行业管理,将轨道交通运营管理、铁路、航空的管理职责交由市交通运输局统一实施管理,这在管理体制上为统筹区域交通和城乡交通一体化发展、加强综合交通运输发展创造了条件,有利于实现各种运输方式的有效衔接。

第三阶段,大交通格局稳步发展阶段(2015年至今)。2015年政府机构改革市交通运输局增加的职能主要有:原市住房和城乡建设委员会承担的城市道路、社会公共停车场、公交场站建设职责,指导城市轨道交通建设职

---

① 南京市人民政府关于印发《南京港港口管理体制改革的实施意见》的通知(宁政发〔2003〕156号)。
② 中共南京市委、南京市人民政府关于南京市人民政府机构改革的实施意见(宁委〔2010〕43号);市政府办公厅关于印发南京市交通运输局主要职责内设机构和人员编制规定的通知(宁政办发〔2010〕84号)。

责；市城市管理局承担的城市道路、人行道等设施日常管养维修，城市道路挖掘、临时占用审批等职责；市发展和改革委员会承担的综合协调地方铁路建设的职责。① 使交通运输局以下三方面职责得到了加强：一是综合交通运输体系规划的协调职责，有利于优化城乡交通运输布局。二是统筹区域和城乡交通运输协调发展的职责，有利于推进区域交通和城乡交通一体化发展。三是强化了港口航运、地方铁路和民航的管理，有利于推进各种运输方式的有效衔接。

二、存在的问题及解决对策

（一）存在的问题

1. 汽车保有量的不断增加，路权供需矛盾将越来越难以调和

交通运输基础设施建设的逐步完善，通过基础设施建设、路网扩密来治理拥堵的空间和潜力逐步缩小，同时交通基础设施建设用地与城市土地资源保护、环境生态保护的要求提高的矛盾将日益突出。虽然南京市没有像外地城市那样限制车辆号牌上户、征收城市道路通行费和采取车辆单双号限行，相较于其他同类城市而言城市拥堵问题尚不十分突出，但情况不容乐观，据高德地图智慧交通行业中心团队评估，在全国 50 城市 2019Q1 交通健康指数排名中，南京交通健康指数为 68%，略低于均指 71.48%。② 随着道路扩张潜力缩小、汽车保有量快速增加、公共停车场供给不足，占用道路现象将增多，城市治堵的压力将会持续增加。同时随着科学技术的发展，交通基础设施建设对城市空间利用也达到了极致，其利用潜力的空间越来越小。

2. "互联网+"新型交通业态为绿色交通发展创造了条件，但也产生较大社会风险

从防范风险等角度出发需要超前谋划交通发展，特别是网约车、共享单车的出现，政府的行业管理呈现出滞后性，对新业态的管理无所适从，对其可能引发的社会风险预计不足，认识不准确，管理手段单一，特别是对其资

---

① 市政府办公厅关于印发南京市交通运输局主要职责内设机构和人员编制规定的通知（宁政办发〔2015〕147 号）。

② 参见高德地图智慧交通行业中心：2019 年 Q1 中国主要城市交通分析报告，https://report.amap.com/share.do?id=8b9b04376a2e2ab0016a2e9240c00005。

金监管、服务标准和服务质量的监管缺乏有效的制约手段，对其实施管理还存在着一管就死、一放就乱的问题，使政府的治理能力面临挑战。对公共自行车占用城市道路等公共资源，其承担的使用对价缺乏相应的政策支持，市场准入门槛过低，造成经营者对城市道路占有、使用权利的滥用，直接影响到社会公共利益。

3. 城市慢行系统路权供给不足，市民慢行权需要加强保障

当前一方面是机动车道不断扩展，导致自行车道和行人步行车道混合使用，将机动车的路权保障放到了优先的位置。二是电动车挤占行人步行道，对自行车和行人的出行安全造成很大的隐患，特别是随着"互联网＋"的发展，许多实体商场和店铺由于其成本较网上销售高，将逐步被市场淘汰，快递业大军正在形成，对快递业使用电动车进行货物配送缺乏有效的法律管制制度来进行监管，快递配送中途需要用手机不断联系对方，道路交通安全事故逐年攀升。2019 年实施的《南京市道路交通安全条例》第 10 条规定，倡导慢行优先，改善慢行交通环境，保障慢行交通通行空间。但是在实际中往往是机动车车道不断扩建挤占慢行通道，难以从根本上得到改观。

4. 城市功能布局需优化，尽量缩短平均通勤距离

《2018 城市交通研究报告》中，南京通勤距离优良率排在第二位，单程平均通勤距离接近 9 千米，时间接近 40 分钟。从有关情况的比较分析来看，愈是大城市其平均通勤距离就愈长、途中花费的时间就愈多。从南京市的发展来看，其被国家定位为长三角特大城市，未来一段时间随着城市化的发展，城市人口将不断增长，中心城区将不断向郊区延伸，大城市通常都具有的"城市病"也将越来越明显。因此如何通过科学规划的手段来实现城市合理的功能布局，最大限度地缩短通勤距离和通行时间是解决城市拥堵、实现绿色交通发展的关键。尽管近年来国家建立了交通影响评价制度，如 2009 年、2019 年南京市在地方性法规中确立了交通影响评价制度[①]，虽然规定

---

① 参见：2018 年 12 月 21 日南京市第十六届人民代表大会常务委员会第十次会议通过、2019 年 1 月 9 日江苏省第十三届人民代表大会常务委员会第七次会议批准的《南京市道路交通安全条例》第 12 条规定，按照国家和省有关交通影响评价制度的要求，对规划和建设项目实施后可能造成的交通影响进行分析、预测和评估，提出预防或者减轻不良交通影响的设计和管理方案。

"按照国家和省有关交通影响评价制度的要求,对规划和建设项目实施后可能造成的交通影响进行分析、预测和评估,提出预防或者减轻不良交通影响的设计和管理方案",但是这种规定缺乏刚性要求,这种交通影响评价缺乏超前指引性,仅是项目规划应当考虑的一个环节,同时也不向社会公布,缺乏程序性和规范性,因此必然缺乏法律权威性,难以实现通过科学的交通影响评价制度来引领城市的发展。

5. "互联网+交通"城市交通信息平台缺失

城市交通是一个庞大而复杂的系统,若系统中各子系统(要素)能很好配合、协同,多种力量就能集聚成一个总力量,形成"1+1>2"的效果,即系统产生超越原各自功能总和的新功能。相反,若各种子系统(要素)互相拆台,不能很好协同,这样的系统必然呈现无序状态,形成"1+1<2"的效果,导致发挥不了整体性功能而终至瓦解。随着城市规模的日益扩大、"互联网+交通"的提出,城市交通决策者和管理者对交通规划、建设、管理等决策和行动越来越难于凭自己的经验来进行,越来越需要足够而及时的信息支持①。信息掌握的不充分、不及时,无法协同各种力量,城市交通无序、失衡难以避免。

(二) 解决对策

1. 汽车时代的交通发展关键在于提供与城市发展相匹配的公共基础设施和交通服务供给

汽车化时代相较于公民个人私权彰显的时代而言进入了以优先保障社会公共利益、限制私权的时代。因城市道路路权、车辆停放权的紧张,原来无序发展的社会车辆投放将受到国家的政策影响和被强制性国家政策所支配。国家需要出台一些强制性措施和引导性措施,鼓励城市居民出行尽最大的可能选择公共交通,最大限度通过换乘来改善城市核心区的交通拥堵问题。引导性的政策是关键,为防止社会车辆增长过快造成城市拥堵:一是落实车辆停放场所。要求购车人必须有固定的、长期可供车辆停放的场所,没有车辆停放场所的一律不予上牌过户,最大限度地减少城市道路路面停车。二是加

---

① 周佑勇,等. 现代城市交通发展的制度平台与法律保障机制研究 [M]. 北京:中国社会科学出版社,2017:281.

大车辆停放的成本,道路公共停车车位、城市核心区域内的公共停车场收取的停车费用要远远高于城市非核心区域。三是合理分配路权。要对现行的城市道路进行改造,分为快速车道和慢速车道,对于车内有两人(包括两人)以上的,可走城市道路快速车道。车内仅1人的只能在慢车道行驶。要增强法律的刚性规定,违反相关规定者要受到法律的严厉制裁。四是大力发展车辆租赁行业提供定制化的交通服务。出台政策引导车辆租赁业的发展,实现网格化、便捷化服务,改变传统的"拥车"思维,只求所用不求所有,通过集中的社会化服务供给水平的提高来遏制城市个人用车辆的不断攀升。

2. 加大无缝衔接的交通枢纽建设力度

鼓励公共交通出行,最大限度地减少个人驾驶车辆出行是绿色出行的关键所在。而鼓励城市旅客出行选择公共交通方式出行的前提是,公共交通方式相较于个人驾车出行而言更加便利、快捷。一是要加大综合交通枢纽和换乘中心建设。综合交通枢纽和换乘中心是多种运输方式的衔接点,是市外交通与市内交通的无缝对接点,这种市外交通既包括外省市(含都市圈城市)又包括南京市郊区,通过交通枢纽和换乘中心,可以选择更加便捷的交通方式出行,最大限度地减少城市道路拥堵。综合交通枢纽和换乘中心的选址应当在城乡结合部,以便于市内与市外换乘的实施。二是综合交通枢纽和换乘中心的功能必须齐全。综合枢纽和换乘中心应当具备铁路、轨道交通、地面公交、道路客运、出租汽车客运和社会个人车辆停放等多种运输方式齐全、多种运输方式旅客集散的场所。交通枢纽和换乘中心最大的作用就是保障公共出行的便捷,同时为公共出行提供便利的条件。目前综合交通枢纽和换乘中心基本上都实现了立体换乘。但是从实际情况来看,特别是换乘中心在空间规模上普遍偏小,功能开发强度不够,特别是社会公共停车场车位偏少,公共停车场的公益性地位不够明确,收费较高,这两方面条件的不足提高了道路旅客出行的成本,旅客通过价值对比选择,一旦停车换乘的成本超过了其直接开车进城的标准,则会选择直接开车进城,这将大大加大城市道路的拥堵。三是换乘的时间和距离不能太长。影响市民出行选择交通工具的关键因素有两个:其一通勤的时间,无论是选择公共交通出行还是选择个人驾车的方式出行,主要考虑通勤时间的长短,如果乘坐公共交通花费的通勤时间更短,则选择公共出行的可能性就更大。其二是换乘的距离长短。如果换乘距离过长,旅客外出携带行李通行不方便,则也会选择个人自驾方式出行。

3. 应按宜铁则铁、宜公则公、宜水则水、宜空则空的原则发展综合交通运输体系

南京发展交通运输的条件得天独厚,五种交通运输方式齐全,因此在推动交通绿色发展上回旋的余地较大。

一是选择经济环保的运输方式。对旅客长途运输、时间性要求比较高的大宗货物,可采用铁路运输方式。对于时间要求不高的大宗货物运输可以采用水运的方式,对长距离短时间要求的客货运输可选择航空模式。都市圈内的短途运输则宜采用城际轨道交通的形式加强各市的联系。

二是要加强与港口、货运中心、客运综合枢纽的集疏运系统建设,要大力开展疏港铁路专用线、疏港公路建设,要加强航空综合枢纽、铁路综合枢纽的集疏运道路建设,便于实现公铁水等多式联运。

三是要围绕高铁枢纽经济区、空港枢纽经济区、海港枢纽经济区建设布局的思路,推进城市功能定位的合理布局,要进一步强化大型货运枢纽建设,健全快速的城市配送体系。要将城乡交通资源进行整合,进一步加强货运枢纽的合理布局。

4. 充分发挥交通影响评价制度基础引领作用

交通影响评价制度是近年来交通发展规划中引进国外城市交通治理中的一项制度,它的核心是在城市开发中通过实施交通环境评价来确定开发的强度。交通影响评价是指对规划和建设项目实施后可能造成的交通影响进行分析、预测和评估,提出预防或者减轻不良交通影响的交通设计、交通管理方案和措施。2010年的《南京市道路交通安全管理条例》中明确了这一制度,长期以来实际上由规划部门组织实施。2010年南京市政府印发的南京市交通运输局主要职责内设机构和人员编制的规定中明确规定,"加强综合交通运输体系的规划协调职责,优化交通运输布局,推进交通影响评估,促进各种交通运输方式的相互衔接"。其中明确了内设规划部门的职责是"承担研究城市交通影响评估工作"。2015年南京市交通运输局主要职责内设机构和人员编制的规定似乎弱化了市交通运输局关于交通影响评价工作的职责,仅在内设机构规划部门的职责中规定,"推进综合交通调查、城市交通影响评估工作"。交通影响评价制度对城市交通治理工作十分重要,为推进这项制度

的科学落实：一是要明确交通影响评价制度的法定地位，在地方交通立法中应当明确实施交通影响评价是城市项目开发立项的必经程序，不能仅停留在研究阶段，应该重点推进制度的健全和执行。二是强化交通部门在交通影响评价实施中的法定职责。交通部门根据各专项交通发展规划对城市建设新的用地的功能定位进行审查，明确新的城市土地开发交通基础设施配备的相应的标准和基本要求，纳入项目建设中一并解决，从源头上解决城市道路资源过度使用、公共停车车位不足的问题，将城市居民的车位建设纳入开发商实施商品房开发的强制性要求中，确定居民小区停车场的产权，最大限度地减少城市道路车辆停放，配建必要的城市慢行系统。三是明确交通部门在城市土地新的开发利用中交通服务供给义务的具体内容。交通影响评价对管理部门而言是把双刃剑，在明确开发商的义务之后，应当明确交通部门需要在哪些方面提供公共交通服务的供给义务，为群众出行提供公共交通保障义务。

5. 强化交通法治建设

城市交通的发展必须以法治为根本保证，南京市应当走精细化立法的道路。新的地方交通立法应当建立在发展理念科学、道路路权分配合理和社会公共利益得到有效维护的基础上，通过实施政策引导和强制性规定相结合的方式来引领城市发展。一是应当以城市道路这一公共资源的合理使用为出发点，合理配置道路路权。应当将绿色交通出行的理念贯穿始终，将慢行系统的建设和公共交通发展放到首要位置。政策的出台是鼓励选择公共交通，对社会车辆发展采取一定程度上的抑制政策，不鼓励市民选择个人出行的方式解决通勤交通问题。二是要将防范金融风险放到立法的重中之重，要加强对互联网出租汽车、公共自行车和租赁车的监管，明确市场准入的条件，加强对企业运营过程的监管，实施信息公开制度，加强"互联网+"新型业态营运资金的监管，特别是让市民缴纳使用互联网自行车保证金以及使用账户，防止企业经营不善造成的社会不稳定问题。三是加强交通行业信用管理的立法。要改变过去重市场监管、重行政处罚的传统做法，向重视市场主体和交通服务接受方信用管理转变，强化源头管理，对于进入黑名单的人员限制其对相应领域权利的享有，增强地方性法规和政府规章的权威，推动交通行业的依法治理。

三、南京交通运输发展的展望

南京是全国重要的交通枢纽城市，是"一带一路"建设、长江经济带发展、长三角区域一体化发展等重大发展战略交汇地区，因此充分利用国内外两个市场，统筹推进交通基础设施布局与城镇化发展、交通运输发展与生态环境保护，推进区域交通协调发展和城乡交通一体化发展，统筹公铁水空管五大系统协调发展对于提升城市发展品质具有十分重要的意义。随着国家和江苏省对推进现代综合交通运输体系建设的政策支持、南京市加强"一带一路"交汇点重要枢纽城市建设、提升南京社会城市功能和中心城市首位度等重大部署的实施，南京市对都市圈城市的交通辐射作用将进一步加强，交通网络更加便捷畅通，在全国中心城市中的地位和作用将会越来越强。

在今后一段时间内，发展仍然是交通的永恒主题，用交通发展来解决发展中遇到的问题。政府对交通基础设施建设的投入将不断加大，管理的理念和手段将不断得到创新。南京市围绕绿色发展的理念，将加大发展综合交通运输体系，进一步建设国家综合交通枢纽，推动"米"字形高速铁路网，建成"轨道上的 2 小时江苏"、南京市都市圈"1 小时城际交通网"，航空、海港、铁路三大枢纽经济效能日益凸显。南京南站、南京站、南京北站、南京禄口机场的综合枢纽地位日益巩固，健全的集疏运体系形成，各种交通方式的立体式零距离换乘将更加便捷，南京市域在全覆盖轨道交通的基础上向都市圈延伸织密，过江通道更加顺畅。公铁水空联运条件形成，南京区域国际航运物流中心的地位得到巩固。产业布局将更加科学，公共交通出行成为市民出行的首选，公交线路与轨道交通衔接补充功能日益紧密。交通规划在城市发展中的引领作用日益加强，城市道路快速化改造、城市道路拥堵点的治理水平将大大提高，养护管理更加科学细致。公共停车场的建设将持续加大，在治理城市拥堵上取得显著的有益探索。交通依法治理的能力大大提升，地方交通法治建设不断健全完善，交通安全、便捷出行环境持续巩固发展，汽车时代出现的"城市病"得到有效的遏制，城市生态经济环境持续科学发展。

第八章

汽车时代城市交通治理须绿色转向①

当代中国正处于一个比以往任何时候、任何国家都未曾经历的快速城市化阶段,与此同时,中国的发展正越来越受到来自环境、资源、社会等的多重压力,城市交通问题也正演变成为中国城市环境恶化的首要难题。如何面对又如何破解这道难题,在深刻地考验着我们的智慧。交通问题的解决,需要超越交通本身来思考。发展绿色交通被认为是解决问题的一个出路。换言之,城市交通发展的绿色转向已经成为一种重要选择。

第一节 城市交通发展绿色转向的理论依据

城市化和工业化的进程带来了环境严重破坏、资源能源快速耗竭等矛盾与问题,这说明外延增长式城市发展模式已难以适应可持续发展的需求。城市交通作为城市建设的重要部分,其发展模式同样需要转型。绿色转向是未来城市交通发展的一个重要趋势。

一、交通绿色转向是生态学发展的必然结果

现代生态学发展的一个突出特点是,其研究不仅关注生物有机体与其外部世界(广义生存条件)之间的相互关系,而且更加深入地关注人类这一特殊生物与其生产、生活和环境之间的关系。这主要是由于人类社会进入20

---

① 本章主要内容署名何玉宏,以《城市交通发展的绿色转向》为题,发表于《中州学刊》2018年第7期。

世纪 60 年代以后，全球范围内不断涌现出诸多涉及人类生存和发展的重大问题，如人口膨胀、能源危机、自然资源匮乏、环境恶化等。上述问题从根本上都可归结为人与环境或者更深层次的人与人的矛盾关系问题。解决这些问题迫切需要生态学的积极介入。人类开始意识到，高速发展的社会如果只是一味向环境索取，那么环境也会反过来阻碍社会发展并危及人类生存。现代生态学的发展反映了人类认识自然和自身及两者关系的过程：人不仅作为主体站在自然面前，而且同时作为客体受到自然的制约；无论人类技术多么发达，人类都不能随心所欲地改造自然；人类社会的发展必须遵循自然规律，坚持可持续的绿色发展理念。

根据生态学发展规律，马世骏、王如松等学者早在 20 世纪 80 年代就尝试将生态学原理运用到推进经济社会发展中，并提出了"社会—经济—自然复合生态系统"理论。该理论认为大到人类社会，小到区域或城市发展，其实质都是以人的行为为主导、以自然环境为依托、以社会体制为经络的人工生态系统。① 交通同样是一个复合生态系统，交通问题不只是路与车、通与达的物理问题或经济问题，更是一个由车、路、土地、能源、环境和人组成的复合生态系统问题。② 一个城市的交通系统涉及区域内物流人流的规划问题、城乡土地利用的布局问题、社会与经济效益的权衡问题、人与自然的协调问题以及内部调控与外部诱导的关系问题，因此需要从统筹的高度去系统规划、建设和管理生态合理型交通体系。这种生态交通体系既涉及人类活动范围内的自然生态系统如城市生态系统，同时又是由人类活动构筑的一个大型人工生态系统。在这样的体系中占主导地位的生物是人，环境主要指人居环境，交通活动成为联系人与其他生物和环境的纽带。

随着生态科学的不断发展和广泛普及，人们逐渐认识到，要实现人类社会的可持续发展就必须遵循生态规律，按照生态平衡的思想去努力调控经济、社会与自然之间的关系。生态学的思想理论给城市交通发展带来了诸多有益启示，是交通绿色转向理论形成的重要思想基础。可以说，如果没有生态学的指导，交通发展的绿色转向就失去了行动准则。

---

① 马世骏，王如松. 社会—经济—自然复合生态系统［J］. 生态学报，1984（1）.
② 王如松. 北京应向"生态交通"方向发展［N］. 光明日报，2004-09-02.

二、交通绿色转向是可持续发展环境伦理观的客观要求

环境伦理是一门研究全人类持续生存与发展的伦理科学。严格意义上的环境伦理的孕育，起始于20世纪初至20世纪中叶。在西方，工业革命的兴起促进了生产力的巨大进步，同时也造成森林资源和野生物种的破坏，带来城市的空气、水源和生活环境的污染。一些有识之士开始关注人类保护生态环境的责任和义务，反思人与自然关系的本质。1923年，德国人道主义思想家阿尔贝特·史怀泽（Albert Schweitzer, 1875—1965）出版了《文明与伦理》一书，提出了"敬畏生命"的伦理思想。1949年，美国著名的科学家和环境保护主义者奥尔多·利奥波德（Aldo Leopold, 1887—1948）的论文集《沙乡年鉴》出版。他提出为了保护"生命共同体的和谐、稳定和美丽"①，需要一种新的大地伦理。在这个生命共同体中，人类只是"普通的成员和公民"。

环境伦理倡导尊重生命、尊重自然、热爱自然，不仅关心人的幸福，而且关心自然界其他生物的环境福利。然而，人与自然关系的不断恶化迫使人类一次又一次沉痛地反思人在自然界的位置以及人类如何尊重与保护自然等问题。当代环境伦理学在注重伦理研究的同时也注重实践，是一个富有开放性和包容性的新学科，形成了多种理论模式和学说。其中，可持续发展环境伦理观，既避免了对人类特有"能动作用"的过度强调，又规避了非人类中心主义在实践中可能产生的困难，因此更具有适用性。可持续发展环境伦理观在强调人与自然和谐统一的基础上，更承认人类对自然的保护作用和道德代理人的责任，以及对一定社会中人类行为的环境道德规范。任何一种思想，它的活力主要表现在实践中，只有面向现实生活，从理论走向实践，对解决现实生活问题给予指导，才能充分体现它的价值，它才是有前途的②。可持续发展环境伦理观关注人类的合理需要、社会的文明和进步，倡导与大自然协调相处的绿色生活方式和可持续发展理念，是人类生态智慧的集中

---

① [美]奥尔多·利奥波德. 沙乡年鉴[M]. 侯文蕙，译. 长春：吉林人民出版社，1997：213.
② 余谋昌. 生态伦理学——从理论走向实践[M]. 北京：首都师范大学出版社，1999：3.

体现。

环境伦理学对现代工业社会的物质主义、享乐主义和消费主义持批评态度，它倡导一种与大自然协调相处的"绿色生活方式"，主张用节制物质欲望的"生活质量"（living quality）概念来代替工业社会的"生活标准"（living standard）概念。①

为了促进实现全球的可持续发展，世界各国已在多个领域就不同的问题采取了共同的行为，其中包括绿色交通实践。为了尽快实现全球可持续发展，世界各国在多个领域就不同的问题采取了共同的绿色行为，其中包括绿色交通实践。绿色交通的建设与推广，不仅有赖于交通建设方案的科学化、标准化、绿色化，而且有赖于人的道德自觉。在绿色交通的理论探讨和实践操作过程中，除了要遵循普遍的社会伦理规范，更应考虑人类必须承担的生态伦理义务和责任。反思传统环境伦理观念，建构适应人类可持续发展的环境伦理观，并将其内化为全社会特别是城市居民的自律意识，是绿色交通体系健康发展的重要保证。

绿色交通的构想凝聚了人类对环境危机的忧虑，是支撑人类持续发展的信心、勇气和使命感，表现了一种全新的交通文化意识和改善生态环境，提高环境质量的强烈的道德责任意识。为确立人和自然的新型关系，我们要重新确定人对自然、对后代、对社会的责任。

第二节　绿色交通的发展模式契合中国国情

资源是城市交通发展的物质基础。中国是一个人口众多而人均资源却极其有限的国家。要解决中国的城市交通问题，使城市交通逐步走上健康发展的轨道，必须立足于当代中国"直接碰到的、既定的、从过去承继下来的条件"②，即必须从中国的国情出发。

---

① 余谋昌，王耀先．环境伦理学［M］．北京：高等教育出版社，2004：3.
② 马克思，恩格斯．马克思恩格斯选集：第1卷［M］．北京：人民出版社，1995：603.

一、中国国情现实：地大物博抑或资源匮乏

长期以来，"地大物博，人口众多"成了我国妇孺皆知的对国情最恰当的概括之词。说中国"人口众多"，此话不假。全国人口总数1953年为6亿，1964年为7亿，1969年为8亿，1974年为9亿，1982年为10亿，1989年为11亿，1995年2月15日达到12亿，一直居世界各国之首。根据国家统计局2015年发布的数据公报，2015年末中国内地总人口为137462万人。

说我国"地大物博"，则要看从什么角度而言。从绝对量即总量上来分析，我国国土面积960万平方千米，仅次于俄罗斯和加拿大，位居世界第3位。但由于我国人口众多，因而从相对量即人均占有量上来分析，我国的资源就显得非常匮乏，"地"既不"大"，"物"也不"博"。我国国土资源、耕地资源、林地资源、草地资源等可更新资源的人均占有量，居世界第120位，是7个资源大国中资源人均占有量最低的国家。

目前制约我国走向汽车社会进程的最严重的资源问题，当数能源与土地资源的缺乏。政府不从这个国情出发，不现实。因为小汽车交通作为居民提高生活质量的消费选择，它必须建立在可持续的基础上。这样我们就不得不面对能源与土地资源的双重挑战。①

一是能源挑战。由于我国的石油储藏量和开采量有限，石油需求将越来越多地依赖进口。汽车拥有量的增加，引发了强劲的石油需求，进而对能源供给提出了严峻的挑战。从1993年开始，中国就进入了石油净进口国的行列，而且进口量与日俱增。1996年中国成为继美国、日本之后的世界第三大石油消费国。2003年成为世界第二大石油进口国。国际能源组织和国内十几个中期战略规划预测：中国原油产量到2020年至多能达2.0亿吨的规模。这样，保守估计2020年中国原油则进口量将超过2.0亿吨。② 而据预测，我国机动车的燃油需求直线上升，因此，石油的高对外依存度已经成为中国一个十分重要的战略问题。如果中国的汽车人均拥有量达到每10人一辆的世界平均水平，全世界的石油出口量也不能满足要求；如果中国的轿车发展达到

---

① 何玉宏.挑战、冲突与代价：中国走向汽车社会的忧思[J].中国软科学，2005（12）.
② 隋舵.国际石油资源博弈与中国的石油外交战略[J].学习与探索，2005（3）：27.

美国那样的水平,而全世界的石油产量也没有这么多。正如美国 INFORM 公司提供的一份报告中指出,"如果中国达到美国人均汽车的水平,那么中国的公路上将有 9 亿多辆汽车,比目前全世界汽车的总和还多 40%。中国的石油需求将超过目前全球石油生产总量的 18%。朝着这个方向发展,无疑将给中国和全世界带来可怕的后果"。

二是土地资源挑战。以占世界 7% 的耕地养活占世界 22% 的人口,这既是我国人民创造的一项惊人奇迹,也是中华民族背负的一个沉重包袱。我国人均占有耕地面积仅为 1.3 亩(1 亩 ≈ 666.67 平方米),不足世界水平(人均 4.8 亩)的 1/3,而且我国耕地总量以及人均占有量减少的趋势仍然十分明显。毫不夸张地说,耕地已成为中华民族赖以生存和发展的生命线。

汽车不同于家电产品,它的消费需要一系列外部配套条件才能实现,除了能源耗费外,还需要道路、停车场等基础设施。"汽车所到之处,铺筑的地面就扫荡了这里的土地——田地变成了停车场,森林变成了汽车道"①。由于农业结构调整和灾害损毁耕地、非农业(如开发区与大学城)建设占用耕地的原因,我国人均耕地面积迅速下降,而汽车数量的迅速增长必然导致对耕地资源需求的增加,刺激城市居民住宅郊区化,使城区面积大幅度增加。这还不包括未来我国农村人口拥有小汽车所带来的耕地浪费。而耕地资源属于"生存资源",即人类生存最不可缺少的因素。中国作为一个人口大国,不允许将养命活口的土地,大量用来修建道路或停车场。否则,美国地球政策研究所所长莱斯特·布朗博士 1994 年提出的"谁来养活中国"问题就不再是预测而会是现实。②

二、城市交通发展绿色转向切合中国实际需要

当前,在我国多数城市特别是人口 200 万以上的大城市中,随着私人小汽车进入家庭的步伐加快,交通越来越拥挤,行车难、停车难、交通堵塞状况日益严重;并导致城市生态环境恶化,大气环境污染日益严重,使得城市

---

① [美] 艾伦·杜宁. 多少算够——消费社会与地球的未来 [M]. 毕聿, 译. 长春: 吉林人民出版社, 2000: 56.
② [美] 莱斯特·R. 布朗. 生态经济: 有利于地球的经济构想 [M]. 林自新, 等译. 北京: 东方出版社, 2002.

交通污染已成为当今难以解决的顽症。因此，如何重新定义与发展交通系统，成为现代文明下一步发展不可或缺的内容，其中，如何使交通系统的发展符合未来环境保护、健康、安全和效率的共同需要是其重点之一。在此情形下，从国外将"绿色交通"引入中国正切合了社会的实际需要。

在国外，自1992年里约热内卢世界环发会议诞生《21世纪议程》，向世界敲响环境恶化的警钟以来，保护生态环境、实现可持续发展就成为人类为自己的未来奋斗的共同目标。为了保护我们赖以生存的地球，专家们甚至提出了"环境革命"的新概念，认为21世纪是"环保世纪"，也是"环境革命"的世纪，人类应从以耗费大量化石资源创造财富的资源经济转向无污染的知识经济，人类应从大自然的掠夺者变为保护大自然的亲密朋友。绿色交通正是这一理念在交通方面的具体化。为了解决日趋严重的城市环境危机，呼唤绿色交通就成了全人类共同的呼声。为此，许多人在为倡导绿色交通努力着。欧美等西方国家先后推广的"自行车交通""交通安宁运动""无车日"以及使用轨道交通、电动汽车、氢气汽车、太阳能汽车等无污染新能源交通工具，正是这种努力的具体表现。因此，可以说，绿色交通是世界发展对21世纪交通提出的一种更高的要求，它是交通可持续发展的必然趋势，是解决长期以来一直困扰我们的交通发展与交通对环境污染日趋严重矛盾的重要途径，它的实现与否关乎这个生态环境被破坏得伤痕累累的世界的未来以及与之相连的人类的命运。

第三节　城市交通发展绿色转向何以可能

"绿色"是象征生命的颜色，代表着生机和活力，在当代语境中，特指尊重生态规律，实现生物多样性的和谐发展。"转向"则表征着一种不同以往的趋势，呈现出一种异质性乃至"断裂"①。城市交通发展绿色转向何以

---

① "断裂"是一个很有穿透力和学术潜力的概念。孙立平用这个概念来表明我国社会生活中存在的种种不和谐的现象及其背后的原因。参见：孙立平. 断裂——20世纪90年代以来的中国社会 [M]. 北京：社会科学文献出版社，2003. 但作者在此所表达与这个意思有别。

可能取决于两个问题：一是转向何处？二是如何转？而绿色交通与绿色化恰好对这两个问题进行了回答。

一、绿色交通是城市交通绿色转向的目标

1994年，加拿大环保学者克里斯·布拉德肖（Chris Bradshaw）首次提出了"绿色交通体系（Green Transportation Hierarchy）"的概念，并将绿色交通工具进行优先排级，依次为步行、自行车、公共交通、共乘车，最末者为单人驾驶自用车（Single-Occupant Automobile）。① 根据有关文献，台湾鼎汉国际工程顾问股份有限公司沈添财先生是第一个将克里斯·布拉德肖的观点介绍到国内的学者②，他认为，"绿色交通系基于永续运输的内涵，发展一套多元化的都市交通工具，以减低交通拥挤、降低污染、促进社会公平、节省费用的交通运输系统"，并对绿色交通做了具体化的阐述，"减少个人机动车辆的使用；提倡步行，提倡使用自行车与公共交通；减少高污染车辆的使用；提倡使用清洁干净的燃料与车辆"。③ 另一位来自台湾大学的张学孔教授则认为，绿色交通本着永续发展的理念，将促进城乡发展、民众生活、交通运输及资源应用等全面性的调整改变。绿色交通的意义是人类完成社会经济活动所需各种运输方式，能符合生态均衡及环境容忍力之基准，进而创造适合人类居住环境，并确保人类在旅途过程中达到安全、便利、舒适及可靠等目标。④

绿色交通既可说是一个理念，也是一个实践目标。绿色交通的本质是建立维持城市可持续发展的交通体系，以满足人们的交通需求。这样一个交通体系必须做到：具有明确的可持续发展的交通战略；能够以最少的社会成本实现最大的交通效率；与城市环境相协调；与城市的土地使用模式相适应；多种交通方式共存、优势互补。需要特别强调的是，在推动绿色交通发展的进程中，我们必须紧密结合中国国情，在城市可持续发展的前提下，构建中

---

① Chris Bradshaw, The Valuing of Trips. Revised Sep 1994. Prepared for Ottwalk and the Transportation Working Committer of the Ottawa-Carleton Round-Table on the Environment.
② 从论文发表时间看，沈添财并非中国第一个在文中使用"绿色交通"概念的学者。
③ 沈添财. 绿色交通与空气质量的改善 [J]. 城市交通, 2001（2）：1-7.
④ 张学孔. 永续发展与绿色交通 [J]. 台湾：经济前瞻, 2001（76）：116-121.

国特色的城市绿色交通系统。绿色交通的核心是倡导步行、自行车等慢行交通及优先发展公共交通的观念。

交通运输是人类追求良好生活品质的一个方法，干净清新的空气是优质生活的一个内涵。更进一步说，良好的生活品质，也是人的生命的价值之一，其愿景不仅在于追求自己高品质的生活内涵，同时也造福别人的高品质生活。① 只有健康的城市交通系统才会有健康发展的城市，才会有健康的人类社会。绿色交通就是实现健康的、可持续发展的城市交通系统的必由之路。笔者认为，"当人们走进现代交通文明的时代，我们应该更深刻地认识到，城市交通系统不只是一种特殊的城市基础设施，同时也是国家'能源交通'的重要组成部分"②。

二、交通发展绿色转向是"绿色化"在城市交通领域的体现

党的十八大提出"促进工业化、信息化、城镇化、农业现代化同步发展"。2015年3月24日中共中央政治局召开会议，审议通过《关于加快推进生态文明建设的意见》（以下简称《意见》），指出"协同推进新型工业化、城镇化、信息化、农业现代化和绿色化"。第一次提出"绿色化"概念，并将"四化"拓展为"五化"，表明党中央对生态文明建设的高度重视，已将其上升为战略部署。

"绿色化"内涵丰富。如前所述，绿色是生命的本色，是生态系统生机勃勃的自然展现。化是一个过程，指事物要达到的某种状态。绿色化不仅表现为生态系统的自然本性，而且体现在人的精神世界中，即把绿色的理念、价值观，内化为人的绿色素养，外化为人的绿色行为。党的十八大把绿色发展作为生态文明建设的重要发展方式之一，绿色化就是绿色发展的内在要求和外在体现。绿色化赋予了生态文明建设新的内涵：它是一种绿色化的生产方式，也是一种绿色化的生活方式，还是一种以绿色为主导的价值观。

"绿色化"是一项重大的历史使命。在改革开放推进到深水区和攻坚期之际，我们党果断提出推进"绿色化"，就是从过去常规手段的环境治理提

---

① 沈添财. 绿色交通与空气质量的改善 [J]. 城市交通, 2001 (2).
② 何玉宏. 城市交通领域的人本主义 [J]. 现代城市研究, 2004 (9).

升到政治任务的高度，体现了共产党人的责任和担当。推进"绿色化"发展，是我们党对人民、对世界、对未来的庄严"政治承诺"。"绿色化"发展，是全面建成小康社会的重要方面，有利于实现人民对绿色福利、生态福祉的新期待；"绿色化"发展，符合世界发展的时代潮流，有利于在国际上树立我国负责任大国的形象；"绿色化"发展，关系到子孙后代的生存发展空间，有利于民族未来的长远发展。①

"绿色化"意味着从改变自然观和发展观开始，驱动生产方式与生活方式转变，培育生态文化，最终浸染社会的价值底色，融入社会主义核心价值体系，形成一个以观念转变助推制度建设、再由制度建设凝练价值共识的良性发展路径。它是生产方式、生活方式与价值取向的双重改变，是社会关系与自然关系的和谐共进。②

绿色交通作为一种新的理念和目标，与可持续发展密切相连，因符合可持续发展而具有生命力，而可持续发展又通过它的实施得以实现。只有健康的城市交通系统才会有健康发展的城市，才会有健康的人类社会。"绿色交通"的核心是资源、环境和系统的可扩展性，它要求我们从发展战略的高度去认识交通系统的发展与资源和环境的关系。因此可以说，交通发展的绿色转向思路正是党中央所倡导的"绿色化"在城市交通领域的具体实践。

第四节　城市交通发展绿色转向如何实施

城市交通发展绿色转向是一个系统工程，涉及交通运输的每一个环节和相关要素，从车、路（基础设施）到交通环境、交通组织、交通管理乃至其所处的整个社会系统。城市绿色交通体系的形成必须依靠政府的力量进行推动，要在政策法规、交通规划、技术标准、经营规则以及管理体制上进行统一的协调和宏观调控，避免各种交通方式以自我为中心，各自规划、各自建

---

① 梁勇，龚剑飞. 绿色化：开拓生态文明建设新路径 [N]. 光明日报，2015 – 11 – 07 （10 版）.
② 光明日报编辑部. 为什么要在"新四化"之后增加"绿色化" [N]. 光明日报，2015 – 05 – 06.

设，最终导致系统总体效率降低和资源浪费。具体地讲，可从以下五个方面入手推动城市交通发展绿色转向。

一、重建"慢行系统"，让步行融入城市生活

步行作为人类几百万年的历史里最基本的行为，在今天的城市中似乎越来越被人们忽视。城市从根本上来说需要步行这种基本的交通方式，也必须拥有步行的环境。汽车城市有许多固有的问题，问题的根源是缺乏步行的能力。① 门到门的汽车出行固然方便，但对于人们的健康、家庭、社区以及城市发展却是有害的。城市的绿色发展需要步行这种基本的交通方式，但是当前的城市交通设计普遍缺乏对步行、步行者路权的应有关注。2014年年初，为切实改善居民出行环境，倡导绿色出行，加强城市步行和自行车交通系统建设，住房和城乡建设部首次发布了《城市步行和自行车交通系统规划设计导则》，要求设区城市编制步行和自行车交通系统规则。实行"慢行系统"专用道，真正让城市交通规划从"车性"回归到"人性"，并不是让城市发展减慢速度，而是让城市发展更加和谐。

一个具有充分自由选择权的交通系统，必须给步行者、骑车者留有足够的空间。尽管鼓励更多的人步行可能并不如改变物理环境那样简单易行，但是很有必要自上而下地宣传步行的价值，呼吁人们在力所能及的情况下主动选择绿色出行方式。步行性和社会性价值是街道作为城市重要公共空间的属性所在。"步行上班，每天走上1英里，在大多数季节中是一剂滋补药"。② 当在一个很优雅的环境中漫步，步行成了一种高雅的行为，而不再是一种穷人的低档次行为，这种行为不仅意味着环保的交通模式，更是一个城市现代文明的标志。

二、让自行车回归城市，规范共享单车出行

20世纪，自行车是很多中国家庭最常用的交通工具。但在社会经济发展

---

① [澳大利亚] Peter Newman：《历史上、国际社会和当代环境中的步行》. 参见 [英] 罗德尼·托利. 可持续的交通：城市交通与绿色出行 [M]. 孙文财，等译. 北京：机械工业出版社，2013：37.
② [美] 刘易斯·芒福德. 城市发展史——起源、演变和前景 [M]. 宋俊岭，等译. 北京：中国建筑工业出版社，2005：562.

的洪流里,不少人将自行车视为落后的交通工具,不少城市一再发生将非机动车道缩减或改建为机动车道的现象。2016年,共享单车在资本的大力支持下快速进入市场,并在全国一、二线城市全面铺开。"共享经济""低碳生活方式"等概念伴随共享单车迅速回归国人视野。但共享单车在快速发展中也遇到不少问题:如乱停乱放导致市容混乱;有些人独占私藏车辆,甚至故意严重损耗车辆导致共享失灵,等等。

要"让自行车回归城市",首先得"让城市对自行车更友好",即在全社会形成一种尊重自行车的文化。当前最重要的工作主要有以下四个方面:第一,城市规划设计包括道路基础设施的扩充重建、自行车停车场的规划和建立等,能够支持或满足一座自行车友好城市的建设标准;第二,应从制度入手规范"共享单车"出行,制定与完善单车管理法律条例;第三,营造共享单车公平竞争的市场环境,坚持市场在资源配置中起决定性作用;第四,提高公众对共享单车的认知水平。共享单车作为一种新的交通方式,要求使用者秉持共享理念,主动促进单车的有效利用率,通过合理停放、主动爱惜、及时报修等自律行为让单车实现最大限度的循环利用。这一场由单车(更准确地说应是单车背后的资本)掀起的交通革命能否取得成功,既取决于政府的引领和顶层设计的科学性,也和投资者的获利本能与公益爱心考量以及普通城市居民对单车的文明素养提升与适应息息相关。显然,在中国的许多城市道路管理、规划设计等已遗忘了自行车的今天,自行车友好城市还有很长的一段路要走。我们不仅要明确自行车在城市交通中的不可替代性,更应该明确自行车在城市公共交通体系中的定位,这才是切合实际的、符合绿色交通转向的真正要义。

三、优先发展城市公交,构造"公交都市"

优先发展公共交通是当今世界各国解决城市交通问题的共识。世界上许多国家在经历了痛苦的曲折后,才重新认识到其对解决城市地区尤其是大城市地区交通问题的重要性和有效性。自2005年国务院发布《关于优先发展城市公共交通意见的通知》,公交优先发展就成了我国城市和交通发展的核心战略。多年来通过积极推动公交优先政策,部分城市交通发展质量得到不同程度的提升,但也有专家认为内地大部分城市的表现乏善可陈,一个有力的证据是至今内地还没有建成一个如香港、东京那样国际公认的"公交都市"。① 相反，滞后的公交服务水平与市民的出行需求产生愈来愈大的矛盾，导致小汽车拥有与使用过快甚至过度增长，成为城市交通可持续发展的重大障碍。影响我国城市公交优先发展战略实施的问题，包括"公共交通"和"公交优先发展"内涵不够明确；缺乏国家层面战略高度的考虑；未充分认识到城市公共交通能够组织引导城市发展的主动性作用等。特别是，忽视或者不重视城市公交的全民性是过往工作中一个主要误区，即片面强调城市公交服务工薪阶层和中低收入人群，而未认识到提高城市公交服务水平满足全体城市居民的重要性和紧迫性，导致城市公交发展"量高质低"，不断丧失吸引力，从更深层看，还会导致将城市居民通过交通出行方式分为三六九等，觉得城市公交穷人坐，属于低等交通出行方式；小汽车富人坐，是高尚的交通出行方式。② 不仅严重影响和制约了对城市公交优先发展的重视程度，更影响社会公平，引发社会内部的对立和矛盾。

　　成功的公交都市不仅在整个区域范围享有良好的出行机动性，而且支持着更大的政策性目标，包括促进城市的可持续发展、建设更宜居城市等。从当前我国实际情况来看，积极推动公共交通与城市和谐共存已到了一个刻不容缓的重要关口。第一，完善的法律法规体系建设是构建公交都市的重要前提。建议以现行《城乡规划法》等法律的相关内容和精神为基础，结合实际情况，推动出台国家层面的《城市公共交通优先发展促进法》，通过基本立法为中国城市公交优先发展提供全局性、纲领性依据。第二，以城市规划推进和保障城市公交优先发展战略的实施。公交优先发展的关键是在公共交通服务和城市形态发展之间创建和谐关系，因此，在城市规划方案的制定和实施细节中应体现公交优先的思想理念。

四、建立"汽车共享"制度，减少汽车依赖现象

　　城市交通绿色转向的最大威胁是市民对私人汽车出行的严重依赖。驾车已成为人类的第二天性。当人们拥有一辆汽车时，更倾向的是使用它；而当

---

① 黄良会. 香港公交都市剖析［M］. 北京：中国建筑工业出版社，2014：8.
② 汪光焘，陈小鸿，等. 中国城市公共交通优先发展战略：内涵、目标与路径［M］. 北京：科学出版社，2015：48.

人们在真正需要一辆汽车时,才去使用它,将有可能减少道路上的车辆,并且也能提高公共交通、自行车及其他出行方式的使用率。"想象一下当我们需要时就可以有一辆小汽车,而当我们不用时又用不着为它操心。"如此美妙又富于创意的方案就是"汽车共享"。建立汽车共享制度,就省去了自己买私家车的需要。美国建筑师莫什·萨夫迪首先提出了公用汽车或汽车共享的概念,他甚至将这种交通方式称之为"公共私人交通"。"小汽车不是私有的,而是以小时、天、周和月供我们支配的一群小汽车的一部分。"①

将小汽车作为公用设施的直接益处之一是可以改变整个程序,既省时间又省空间。而公用小汽车系统的最大效益是减少了所需小汽车的总数,每辆车都可被更高效地使用,而且作为大众交通的一部分,将剧烈地削减用来满足私人汽车的空间。德国一家拥有3100名会员的汽车共享组织通过评估得出结论,汽车共享的形式对环境的好处非常可观:每年减少80万吨碳化物的排放,每辆共享车辆可取代5辆私人车辆的行程。② 在这样的情形下,汽车集中在车场等候载客,在目的地停放,"像机场手推车一般紧密地储存在一条连续的带子上,将一条汽车带存到统仓一样的结构中,只需现在车辆占据空间的四分之一。"③ 这样,可将停车库建设的成本减少百分之七十五,为城市公共领域提供了大量的可能:更多的景观,较少的沿街停车;最为明显的是为行人增加了更多的活动空间。

"汽车共享"对我国城市交通机动化发展有着重要的意义。据统计,一辆共享汽车可以解决14个人的自驾出行需求。对于中国这样一个人口大国而言,实施会比欧美国家效果更明显,也更有益,因为这意味着许多家庭虽然不拥有小汽车或停车位,偶尔使用又唾手可得,既节约了开销,又避免了拥有小汽车带来的各种麻烦。鉴于汽车共享所带来的多种效益,有必要由政府组织推动,在全国推广这种交通出行方式,使这种新型的交通方式受惠于国内民众,并在缓解城市交通问题中发挥其重要作用。不过,"共享汽车"

---

① [美]莫什·萨夫迪.后汽车时代的城市[M].吴越,译.北京:人民文学出版社,2001:119.
② [美]蒂莫西·比特利.绿色城市主义——欧洲城市的经验[M].邹越,李杏涛,译.北京:中国建筑工业出版社,2011:99.
③ [美]莫什·萨夫迪.后汽车时代的城市[M].吴越,译.北京:人民文学出版社,2001:122.

的使用权下放至流动的个体,也对使用者的素质和社会诚信度提出了很高要求。因此,建议加快实现企业内部信用信息与社会诚信体系建设的衔接,并以此为依据出台相关法律法规来约束、规范汽车租赁企业与使用者的行为。

汽车依赖现象是财富增加的必然结果,也是现代生活的重要特征。① 既然人类天性如此,"汽车共享"不妨是一种两全其美的策略。

五、调控和引导私家车发展,从拥有管理转向使用管理

与公共交通相比,私人交通工具的最大特点是出行灵活,不受时间、线路限制。基于我国国情,有必要实行小汽车"计划生育"政策,走控制性发展小汽车交通的"因势利导"之路。政府有充分的理由和必要,引导对小汽车的拥有行为,同时限制和管理小汽车的使用行为,让消费者支付真实的成本。

那么,如何调控与引导?一要在政策设计下功夫;二要注重使用管制手段。目前,北上广深等一线城市对小汽车采取了限购政策,但其中又有不同。有的实行摇号如北京;有的实行牌照拍卖,如上海。拍卖和摇号两种方式的目的一致,都是为了控制小汽车总量,但性质和基础有所区别:摇号带来的车辆壁垒让有购车愿望者(而非计划购车者)蜂拥入场,在此情景下,中签者不会放弃来之不易的"幸运",客观上刺激了无车族"得牌为安"的心理,并产生部分不必要汽车消费;而车辆牌照有偿拍卖本质上是无车群体让渡道路资源使用权、购车群体通过付费获得道路使用权、牌照费用再投入公共交通实现对无车群体反馈的制度设计。显然,牌照拍卖的限购政策可能更为有效。我国有必要实现道路资源从有偿限制使用到基于激励的有价有限使用管制的转变。

但"当斯定律"告诉我们:道路增加永远赶不上车辆增加,通过修路也永远无法解决交通拥挤问题。无论怎样限购(摇号或牌照拍卖)限行(尾号限行或单双号出行),有限路网上的车辆都会只增不减,甚至连机动车保有量的期望值也难以设定。因此,问题解决必须从拥有管理逐渐转向使用管

---

① [美]彼得·纽曼,杰弗里·肯沃西. 可持续发展与城市:克服汽车依赖问题[M]. 游宏滔,吴田,吴德纲,董文丽,译. 北京:中国建筑工业出版社,2016:131.

理。在这方面,英国的伦敦开创了大城市以收费方式来缓解交通拥堵的先河,为我们提供了解决交通拥堵问题的思路和参照。

任何事物的发展都有其客观规律。人们一直在努力寻求解决城市交通问题的对策与摆脱困境的途径而不得或收效有限,究其原因,固然有诸多主客观因素的制约,但很大程度上还由于我们对城市交通的属性特征及其内在发展规律缺乏足够准确的认识。城市交通问题不单单是一个工程技术问题,更是一个社会生态问题。[1] 为此,解决城市交通问题需要超越交通发展的技术、经济指标,重新审视交通与人、交通与社会、交通与自然(资源、环境)等的关系,透过交通思考人类生存的方式和意义。解决城市交通问题应有社会学、生态学及环境哲学思想的指导,选择绿色交通体现的是城市交通治理转向的思路。

从汽车导向转变为步行、单车和公交导向的绿色出行,转型异常艰难,但为了中国城市的未来,我们已经到了一个必须反思并采取切实行动的阶段,否则,我们将无路可走。

---

[1] 何玉宏. 城市交通问题的社会性与生态性. 现代城市研究, 2002(3).

主要参考文献

一、著作

[1] 毛泽东选集：第一卷［M］．北京：人民出版社，1991．

[2] 习近平．习近平谈治国理政：第一卷［M］．北京：外文出版社，2014．

[3] 习近平．习近平谈治国理政：第二卷［M］．北京：外文出版社，2017．

[4] 黎德扬，等．社会交通与社会发展［M］．北京：人民交通出版社，2001．

[5] 宋林飞．现代社会学［M］．上海：上海人民出版社，1987．

[6] 郑杭生．社会学概论新修［M］．北京：中国人民大学出版社，2003．

[7] 童星．现代社会学理论新编［M］．南京：南京大学出版社，2003．

[8] 景天魁，何健，等．时空社会学：理论和方法［M］．北京：北京师范大学出版社，2012．

[9] 郑也夫．城市社会学［M］．上海：上海交通大学出版社，2009．

[10] 蔡禾．城市社会学：理论与视野［M］．广州：中山大学出版社，2003．

[11] 陈清泰，刘世锦，冯飞，等．迎接中国汽车社会：前景·问题·政策［M］．北京：中国发展出版社，2004．

[12] 陈清泰．汽车产业与汽车社会：一个汽车人的思考［M］．北京：

中信出版社，2014.

［13］汪光焘．城市交通学导论［M］．上海：同济大学出版社，2018.

［14］全永燊，刘小明，等．路在何方——纵谈城市交通［M］．北京：中国城市出版社，2002.

［15］文国玮．城市交通与道路系统规划［M］．北京：清华大学出版社，2013.

［16］荣朝和，等．综合交通运输体系研究——认知与建构［M］．北京：经济科学出版社，2013.

［17］王炜，过秀成，等．交通工程学［M］．2版．南京：东南大学出版社，2011.

［18］王炜，陈学武，陆建．城市交通系统可持续发展理论研究［M］．北京：科学出版社，2004.

［19］陆化普．解析城市交通［M］．北京：中国水利水电出版社，2001.

［20］孔令斌．城市发展与交通规划［M］．北京：人民交通出版社，2009.

［21］张文尝、马清裕，等．城市交通与城市发展［M］．北京：商务印书馆，2010.

［22］杨保军．城市发展规律——知与行［M］．北京：中国建筑工业出版社，2016.

［23］刘冰．世纪之城：中国城市规划再出发［M］．上海：同济大学出版社，2015.

［24］黄怡．城市社会分层与居住隔离［M］．上海：同济大学出版社，2006.

［25］晏克非．交通需求管理理论与方法［M］．上海：同济大学出版社，2012.

［26］汪民安，陈永国，马海良．城市文化读本［M］．北京：北京大学出版社，2008.

［27］陶东风，周宪．文化研究［M］．北京：社会科学文献出版社，2010.

[28] 黄良会. 香港公交都市剖析 [M]. 北京：中国建筑工业出版社, 2014.

[29] 汪光焘, 陈小鸿, 等. 中国城市公共交通优先发展战略：内涵、目标与路径 [M]. 北京：科学出版社, 2015.

[30] 周佑勇, 等. 现代城市交通发展的制度平台与法律保障机制研究 [M]. 北京：中国社会科学出版社, 2017.

[31] 薛美根, 朱洪, 邵丹. 上海交通发展政策演变 [M]. 上海：同济大学出版社, 2017.

[32] 上海市人民政府. 上海城市交通发展白皮书（2013年）[M]. 上海：上海人民出版社, 2014.

[33] 王俊秀. 中国汽车社会报告（2011）[M]. 北京：社会科学文献出版社, 2011.

[34] 何玉宏. 汽车社会与城市交通：交通社会学的探索 [M]. 上海：上海三联书店, 2012.

[35] 何玉宏, 等. 城市交通社会学 [M]. 武汉：华中科技大学出版社, 2014.

[36] 何玉宏. 城市绿色交通论 [M]. 北京：光明日报出版社, 2015.

[37] 林晓珊. "汽车梦"的社会建构——中国城市家庭汽车消费研究 [M]. 北京：社会科学文献出版社, 2012.

[38] 王蒲生. 轿车交通批判 [M]. 北京：清华大学出版社, 2001.

[39] 张生瑞. 公路交通可持续发展问题研究——理论、模型及应用 [M]. 北京：人民交通出版社, 2005.

[40] 马强. "小汽车城市"到"公共交通城市" [M]. 北京：中国建筑工业出版社, 2007.

[41] 詹运洲. 城市客运交通政策研究及交通结构优化 [M]. 北京：人民交通出版社, 2001.

[42] 李朝阳. 现代城市道路交通规划 [M]. 上海：上海交通大学出版社, 2006.

[43] 杨涛. 城市交通的理性思索 [M]. 北京：中国建筑工业出版社, 2010.

[44] 贾元华. 城市交通经济 [M]. 北京：北京交通大学出版社，2013.

[45] 世界银行. 可持续发展的交通运输—政策改革之优先课题 [M]. 建设部城市交通工程技术中心，译. 北京：中国建筑工业出版社，2002.

[46] 郭继孚，徐康明，等译. 国内外快速公交系统发展实践 [M]. 北京：中国建筑工业出版社，2008.

[47] [美] 约翰·罗尔斯. 正义论 [M]. 何怀宏，等译. 北京：中国社会科学出版社，1988.

[48] [美] 刘易斯·芒福德. 城市发展史—起源、演变和前景 [M]. 宋俊岭，等译. 北京：中国建筑工业出版社，2005.

[49] [美] 艾伦·杜宁. 多少算够——消费社会与地球的未来 [M]. 毕聿，译. 长春：吉林人民出版社，2000.

[50] [美] 罗伯特·瑟夫洛. 公交都市 [M]. 北京：中国建筑工业出版社，2007.

[51] [美] 莫什·萨夫迪. 后汽车时代的城市 [M]. 吴越，译. 北京：人民文学出版社，2001.

[52] [美] 丹尼尔·贝尔. 资本主义文化矛盾 [M]. 北京：三联书店，1989.

[53] [美] 何瑟·奥沙利文. 城市经济学（第四版）[M]. 北京：中信出版社，2003.

[54] [美] 约翰·M. 利维. 现代城市规划 [M]. 北京：中国人民大学出版社，2003.

[55] [美] 苏珊·汉森，吉纳维夫·朱利亚诺. 城市交通地理学 [M]. 金凤君，王姣娥，等译. 北京：商务印书馆，2014.

[56] [美] 彼得·纽曼，杰弗里·肯沃西. 可持续发展与城市：克服汽车依赖问题 [M]. 游宏滔，吴田，吴德纲，等译. 北京：中国建筑工业出版社，2016.

[57] [美] 奥利弗·吉勒姆. 无边的城市——论战城市蔓延 [M]. 叶齐茂，倪晓晖，译. 北京：中国建筑工业出版社，2007.

[58] [美] 迈克尔·D. 迈耶，埃尔克·J. 米勒. 城市交通规划 [M].

2版.杨孝宽,译.北京：中国建筑出版社,2008.

[59] [美] 莱斯特·R.布朗.B模式：拯救地球延续文明 [M].林自新,等译.北京：东方出版社,2003.

[60] [美] 莱斯特·R.布朗.环境经济革命 [M].北京：中国财经经济出版社,1999.

[61] [美] 安德里亚·伯德斯等著,城市交通需求管理培训手册 [M].温慧敏,等译.北京：中国建筑工业出版社,2009.

[62] [美] 戴维·波普诺.社会学 [M].10版.李强,等译.北京：中国人民大学出版社,1999.

[63] [美] 科滕·塞勒.汽车化时代 [M].边卫花,王冬,朱丹,译.石家庄：河北教育出版社,2016.

[64] [美] 爱德华·格莱泽.城市的胜利 [M].刘润泉,译.上海：上海社会科学院出版社,2012.

[65] [美] 兰德尔·奥图尔.交通困局 [M].周阳,译.上海：上海三联书店,2016.

[66] [英] 罗德尼·托利.可持续的交通：城市交通与绿色出行 [M].孙文财,等译.北京：机械工业出版社,2013.

[67] [英] J·M.汤姆逊.城市布局与交通规划 [M].倪文彦,等译.北京：中国建筑工业出版社,1982.

[68] [英] 马丁·G.理查兹.伦敦交通拥堵收费：政策与政治 [M].张卫良,等译.北京：社会科学文献出版社,2017.

[69] 德国技术合作公司（GTZ）.可持续发展的交通：发展中城市政策制定者资料手册 [M].钱振东,陆振波,译.北京：人民交通出版社,2005.

[70] [法] 皮埃尔·梅兰.城市交通 [M].北京：商务印书馆,1996.

[71] [法] 亨利·列斐伏尔.空间与政治 [M].李春,译.上海：上海人民出版社,2008.

[72] [法] 波德里亚.消费社会 [M].南京：南京大学出版社,2000.

[73] [加] 简·雅各布斯.美国大城市的死与生 [M].金衡山,译.南京：译林出版社,2005.

[74] [日] 饭田恭敬. 交通工程学 [M]. 邵春福, 杨海, 史其信, 等译. 北京: 人民交通出版社, 1994.

[75] [日] 北村隆一. 汽车化与城市生活 [M]. 吴戈, 石京, 译. 北京: 人民交通出版社, 2006.

[76] [日] 宇泽弘文. 汽车的社会性费用 [M]. 郑剑, 译. 成都: 四川教育出版社, 2013.

[77] [日] 矢岛隆, 家田仁. 轨道创造的世界都市——东京 [M]. 陆化普, 译. 北京: 中国建筑工业出版社, 2016.

[78] [日] 山中英生, 等. 城市交通中存在的问题及对策 [M]. 张丽丽, 译. 北京: 中国建筑工业出版社, 2009.

[79] [澳大利亚] 布伦丹·格利森, 尼尔·西普. 创建儿童友好型城市 [M]. 丁宇, 译. 北京: 中国建筑工业出版社, 2014.

[80] 交通运输部道路运输司. 城市交通拥堵治理实务 [M]. 北京: 人民交通出版社, 2013.

[81] 公安部道路交通安全研究中心. 中国大城市道路交通发展研究报告——之四 [M]. 北京: 中国建筑工业出版社, 2018.

[82] 曹南燕. 汽车文化——中国面临的挑战 [M]. 济南: 山东教育出版社, 1996.

[83] 秦红岭. 城市规划: 一种伦理学批判 [M]. 北京: 中国建筑工业出版社, 2010.

[84] 侯景新, 肖龙, 等. 城市发展前沿问题研究 [M]. 北京: 经济管理出版社, 2018.

[85] 刘涟涟. 德国城市中心步行区与绿色交通: 理论、规划、策略 [M]. 大连: 大连理工大学出版社, 2013.

[86] 陈佩红. 城市交通规划制度研究 [M]. 北京: 中国铁道出版社, 2018.

[87] 王坚. 路权研究——以公路及城市道路为中心 [D]. 重庆: 西南政法大学, 2012.

[88] 陈育彬. 马克思主义哲学视阈下的城市交通管理 [D]. 杭州: 浙江工业大学, 2012.

[89] 刘媛媛. 城市交通中的冲突问题研究——以郑州市为例 [D]. 郑州：郑州大学，2014.

[90] 余凌云，施立栋. 醉驾、电动自行车与其他类型电动车的治理 [M]. 北京：清华大学出版社，2017.

[91] André Gorz. *Ecology as Politics* [M]. Boston：South End Press，1980.

[92] 劳伊德·赖特：无小汽车发展，http：//www.chinautc.com/information/newslunqita.asp？classid=137

[93] World Bank. China in 2020：Development Challenges for the New Century. Chinese version published in 2002 by China Finance and Economics Press，1997.

[94] Newman. P. and Kenworthy. J. Sustainability and Cities：Overcoming Automobile Dependence. Washington Island Press，1999.

[95] Donald Appleyard. *Livable Streets*，Berkeley：University of California Press，1981.

[96] Kingsley Dennis and John Urry. *After the Car*. Polity Press，2009.

[97] HENRILEFEBVRE. The Production of Space [M]. Translated by Donald Nicholson–Smith，Oxford：Basil Black–wellLtd，1991：358.

[98] Michael Cahill. The New Social Policy [M]. Blackwell Publish–ers，1994：121.

二、论文

[99] 汪光焘. 城市交通治理的内涵和目标研究 [J]. 城市交通，2018（1）.

[100] 仇保兴. 中国城市交通模式的正确选择 [J]. 城市交通，2008（2）.

[101] 徐巨洲. 理性看待中国21世纪城市发展 [J]. 城市规划，1998（2）.

[102] 颜晓峰. 论新时代我国社会主要矛盾的变化 [J]. 中共中央党校（国家行政学院）学报，2019（2）.

[103] 于海. 民生理念下的空间生产与路权分配 [J]. 城市管理, 2008 (4).

[104] 杜萍. 治理交通拥堵的公共管理学思考 [J]. 学术论坛, 2015 (3).

[105] 郏国中. 治理城市交通拥堵的社会学思考 [J]. 中州学刊, 2014 (7).

[106] 胡小武. 汽车社会的来临与城市治理模式的变革 [J]. 城市问题, 2010 (09).

[107] 邓万春, 王晓珏. 汽车社会的政治图谱 [J]. 北京工业大学学报（社会科学版）, 2015 (6).

[108] 陈永森. 汽车的福与祸——国外学者对汽车社会的批判性思考 [J]. 国外社会科学, 2015 (4).

[109] 杨向前. 社会学视野中的北京城市交通拥堵问题 [J]. 北京工业大学学报（社会科学版）, 2011 (4).

[110] 丁宏祥. 汽车社会与交通治理 [J]. 城市问题, 2012 (2).

[111] 卓健. 速度·城市性·城市规划 [J]. 城市规划, 2004 (1).

[112] 王世军：中国城市机动性与社会排斥 [J]. 城市规划学刊, 2011 (4).

[113] 胡金东, 桑业明. 汽车社会交通问题及共同体合作治理思路 [J]. 长安大学学报（社会科学版）, 2015 (1).

[114] 林晓珊. 城市、汽车与生活世界的空间重构 [J]. 学术评论, 2012 (3).

[115] 周建高. 城市化如何与汽车社会兼容 [J]. 城市学刊, 2015 (3).

[116] 周建高, 刘成哲, 何玉宏. 东京都市圈轨道交通发展及其启示 [J]. 城市, 2015 (3).

[117] 李建华, 袁超. 论城市空间正义 [J]. 中州学刊, 2014 (1).

[118] 王谦. 小汽车与大城市的空间正义 [J]. 城市学刊, 2018 (2).

[119] 高春花、孙希磊. 我国城市空间正义缺失的伦理视阈 [J]. 学习

与探索, 2011 (3).

[120] 何玉宏. 挑战、冲突与代价: 中国走向汽车社会的忧思 [J]. 中国软科学, 2005 (12).

[121] 何玉宏. 城市交通的社会学分析 [J]. 社会科学家, 2016 (1).

[122] 何玉宏, 谢逢春. 制度、政策与观念: 城市交通拥堵治理的路径选择 [J]. 江西社会科学, 2011 (9).

[123] 何玉宏. 生态文明建设视域下的汽车消费: 影响、根源及应对 [J]. 生态经济, 2016 (11)

[124] 何玉宏. 中国城市交通问题的理性思考 [J]. 中州学刊, 2005 (1).

[125] 何玉宏. 城市交通环境的社会功能与治理路径 [J]. 中国名城, 2018 (8).

[126] 何玉宏. 城市交通问题的社会性与生态性 [J]. 现代城市研究, 2002 (3).

[127] 何玉宏. 城市交通公平中的多元利益均衡 [J]. 上海城市管理, 2010 (3).

[128] 何玉宏. 消费主义与汽车消费 [J]. 内蒙古社会科学, 2010 (5).

[129] 何玉宏. 中国城市交通建设运动的反思——基于宽马路与高架桥为特征的城市交通环境建设 [J]. 城市观察, 2013 (4).

[130] 马世骏、王如松. 社会—经济—自然复合生态系统 [J]. 生态学报, 1984 (1).

[131] 李晓江. 中国城市交通的发展呼唤理论与观念的更新 [J]. 城市规划, 1997 (6).

[132] 陆化普. 城市绿色交通的实现途径 [J]. 城市交通, 2009 (6).

[133] 陆化普. 绿色交通: 我国城市交通可持续发展的方向 [J]. 综合运输, 2011 (2).

[134] 陆化普. 城市交通拥堵机理分析与对策体系 [J]. 综合运输,

2014（3）．

[135] 马清．城市交通治理模式变革［J］．城市交通，2019（1）．

[136] 王蒲生．轿车交通的伦理问题——作为技术伦理学的一个典型案例［J］．道德与文明，2000（3）．

[137] 王志刚：当代中国空间生产的矛盾分析与正义建构［J］．天府新论，2015（6）．

[138] 戴东吕、蔡建华．国外解决城市交通拥堵问题的对策［J］．求是，2004（23）．

[139] 杨文银．试论构建和谐社会背景下交通发展新的价值取向［J］．北京交通管理干部学院学报，2006（4）．

[140] 王振坡，朱丹，宋顺锋，王丽艳．时间价值、移动互联及出行效率：一个城市交通拥堵治理的分析框架［J］．学习与实践，2016（12）．

[141] 刘贤腾，沈青，朱丽．大城市交通供需矛盾及发展对策——以南京为例［J］．城市规划，2009（1）．

[142] 肖秀娟．论破解我国城市"堵局"的法律需求——以行路人的权益保护为中心［J］．经济经纬，2010（6）．

[143] 曹芳萍，潘焕学，沈小波．解决城市交通拥挤的道路收费理论及实践探索［J］．价格理论与实践，2010（5）．

[144] 李妮，王建伟．治理理论视阈下交通运输社会管制制度分析［J］．技术经济与管理研究，2009（5）．

[145] 李晔，邓皓鹏，卢丹妮．基于理念更新的城市公共交通优先发展制度框架［J］．城市交通，2013（2）．

[146] 林群，赵再先，林涛．城市公共交通优先发展制度设计［J］．城市交通，2013（2）．

[147] 张钟允，李春利．交通拥堵治理及拥堵费制度的机理分析与探究［J］．城市发展研究，2014（9）．

[148] 李春利，张钟允．汽车社会成本中的交通拥堵机理分析与"东京模式"［J］．汽车安全与节能学报，2015（2）．

[149] 徐丽群，鲁昊昆．公共交通产权制度安排困境与对策［J］．现代管理科学，2015（3）．

[150] 张卿. 论大城市治理交通拥堵的政府监管制度选择与优化 [J]. 行政法学研究, 2017 (6).

[151] 黄伦宽. 城市慢行交通的制度构建研究 [J]. 法制与社会, 2017 (35).

[152] 赵坚, 赵云毅. 我国大城市发展公共交通的制度安排——城市空间权利的视角 [J]. 北京交通大学学报（社会科学版）, 2018 (2).

[153] 易汉文. 加法与减法——中美城市交通综合治理的观察和思考 [J]. 城市交通, 2015 (1).

[154] 孙章. 城市交通应从"以车为本"转向"以人为本" [J]. 城市轨道交通研究, 2013 (6).

[155] 陆礼. 功利性与公共性的博弈：我国城市交通困扰的伦理焦点 [J]. 中国软科学, 2007 (4).

[156] 陆礼, 程国斌. 人性化的诉求与缺憾——伦理学视域中的现代交通 [J]. 江苏社会科学, 2007 (2).

[157] 刘治彦, 岳晓燕, 赵睿. 我国城市交通拥堵成因与治理对策 [J]. 城市发展研究, 2011 (11).

[158] 周军, 苏云亭, 梁彦彦. 治理城市交通拥堵的国际经验与启示 [J]. 价格理论与实践, 2012 (11).

[159] 徐振宇、韩禹、庞毅：中外对比视角下的北京城市交通拥堵治理思考 [J]. 城市发展研究, 2012 (10).

[160] 孙颖. 法国巴黎自行车租赁业务及对我国的启示 [J]. 交通运输工程与信息学报, 2010 (2).

[161] 张暄. 对东京整治城市交通拥堵政策的分析与研究 [J]. 城市管理与科技, 2015 (3).

[162] 林敏. 韩国首尔交通管理及启示 [J]. 城市公用事业, 2011 (4).

[163] 徐琮垣, 陆化普. 首尔市交通需求管理政策及其效果分析 [J]. 综合运输, 2009 (4).

[164] 罗兆广. 新加坡交通需求管理的关键策略与特色 [J]. 城市交通, 2009 (6).

[165] 徐东云, 张雷, 蒋晓旭. 大城市中心效应地位与城市交通拥堵问题 [J]. 北京交通大学学报 (社会科学版) 2010 (3).

[166] 陆绮雯, 任翀. 新加坡经验: 用经济杠杆缓解交通拥堵 [J]. 决策探索, 2014 (7).

[167] 王逢宝, 巩丽媛. 首尔公共交通运营改革对我国城市公交改革的启示 [J]. 人民公安, 2017 (2).

[168] 段里仁. 一个城市交通的国际典范——巴西库里蒂巴市整合公共交通系统 [J]. 城市车辆, 2009 (12).

[169] 杨曾宪. 库里蒂巴: 城市快速公交系统样板 [J]. 北京规划建设, 2006 (3).

[170] 邓智团: 经济欠发达城市如何应对快速城市化——巴西库里蒂巴的经验与启示 [J]. 城市发展研究, 2015 (2).

[171] 陆锡明, 顾煜: 交通政策顶层设计的战略意义与关键作用——《上海市城市交通白皮书》十五年历程启示 [J]. 城市交通, 2013 (5).

[172] GTZ. Sustainable Transport: A Source book for Policy – makers in Developing Cities Division44 in Project. *Transport Policy Advice*, 2003

[173] Inge Mayeres, Stef Proost, Kurt Vandender, "The Impacts of Marginal Social Cost Pricing," Research in Transportation Economics, 2005, vol. 14.

[174] James P. People, planet and the Anthropocene: Spectators of our own demise? [J]. 2013 (41/42).

[175] Todd Litman, Using Road Pricing Rwvenue: Economic Efficiency and Equity Considerations, Journal of the Trasportation Research Board, 1996, vol. 1558: 24.

[176] Taylor M. Exploring the Nature of Urban Traffic Congestion: Concepts, Parameters, Theories and Models: Proceedings, 16th Arrb Conference, 9 – 13 November 1992, Perth, Western Australia; Volume 16, PART 5, 1992 [C].

[177] Downs A. The Law of Peak – hour Expressway Congestion [J]. Traffic Quarterly, 1962 (3).

[178] Downs A. Can traffic congestion be cured [J]. The Washington Post,

2006（4）．

［179］Peter R. Stopher. Captivity and Choice in Travel – Behavior Models［J］. Transportation Engineering Journal，1980（04）．

［180］Downs A.："Stuck in Traffic：Coping with Peak – Hour Traffic Congestion"，The Brookings Institution，Washington，D. C. and Lincoln Institute of Land Policy，Washington，D. C. 1992：210.

［181］Salomon I，Mokhtarian P L. Coping with congestion：Understanding the gap between policy assumptions and behavior［J］. Transportation Research Part D：Transport and Environment，1997（2）．

［182］Palma A D，Lindsey R. Traffic congestion pricing methodologies and technologies［J］. Transportation Research Part C Emerging Technologies，2011（6）．

［183］Mineta N. National Strategy to Reduce Congestion on America's Transportation Network［J］. US Department of Transportation，2006.

［184］Geoff Vigar. ReappraisingUK Transport Policy 1950 – 1999：the Myth of 'Mono – Modality' and the Nature of 'Paradigm Shifts'．*Planning Perspectives*，2001（16）

［185］International Mayors Forum，OP. Cit．note17：L．Fulton and L. Schipper，Bus Systems for Future：Achieving Sustainable Transport Worldwide（Paris：International Energy Agency and Organization for Economic Cooperation and Development，2002）

［186］John Pucher and Lewis Dijkstra，"Promoting Safe Walking and Cycling to Improve Public Health：Lessons from theNetherlands and Germany，" American Journal of Public Health 93，（3）（2003）．

后 记

这是我的第五本研究城市交通的书。光阴荏苒,不知不觉专注于城市交通问题或交通社会学研究,一晃20多年过去了。

城市交通的发展日新月异,但交通研究似乎永远赶不上现实世界"鲜活生动"的事件:刚刚过去的这个夏天,河南"玛莎拉蒂"撞车事故、重庆"保时捷"帽子姐风波、北京"劳斯莱斯"堵医院紧急通道等影响全国的交通冲突案一件接着一件发生。美国城市规划专家利维在《现代城市规划》的中文版序言中指出,"如果一个人想对美国20世纪的规划找到一个核心题目的话,那么汽车就是关键词。而21世纪的中国将经历上个世纪美国所经历的由于私人交通增长所带来的、现在仍然能看到的一切。如果能从这个方面来审视一下美国的经验将是有用的"。

中国城市交通进入汽车交通时代,城市交通系统的主要矛盾转变为人民日益增长的美好交通需要与交通出行的不平衡不充分发展之间的矛盾。不只是"一切美好的事物在路上",交通矛盾冲突也在路上,交通问题研究也在路上。

本书的顺利完成,得力于两位合作者秦志凯、任海青的大力支持。全书共分八章,由何玉宏整体构思并拟定纲目。其中第一章由何玉宏、秦志凯撰写;第二章、第三章、第五章、第六章、第八章由何玉宏撰写;第四章由秦志凯撰写;第七章由任海青撰写。秦志凯协助本人编制了参考文献并承担了校对及其他大量琐碎的工作,最后由何玉宏对全书进行修改、统稿。

本书是江苏省高校哲学社会科学重点项目"汽车化时代江苏城市交通综合治理社会性路径研究"(项目批准号:2017ZDIXM088)的最终成果。在项目的申报、中期检查及研究过程中得到了学校科技处刘方、张丽、孔冀等提供的帮助，谨向各位表示感谢。多年来学院党政领导一直关心我的研究工作，并为之提供了良好的学术条件，在此一并表示感谢。在本书稿撰写、打印及校对过程中，还得到了本校马克思主义学院同仁周本红、覃章慧、徐燕秋等老师的帮助，在此谨向各位表示真挚的感谢。

感谢我的家人多年来对我的研究给予无私的支持和帮助，特别感谢我的妻子晓兰君，尽管她工作上的压力也很大，但依然给予了我最大程度的理解和支持。

最后还要说明的是，在本书的研究和写作中，我们曾参阅了大量的文献资料，对于所引文献，虽尽量一一标明出处，但因成书仓促，仍恐有疏漏之处，谨此表示歉意。书中的不足之处，敬请专家、同行及读者朋友不吝批评指正。

何玉宏
2019 年 8 月 20 日